초보 창업자의
당구장 자리 찾기

초보 창업자의 당구장 자리 찾기
실전 방법론

© 조창현, 2015

1판 1쇄 인쇄__2015년 07월 01일
1판 1쇄 발행__2015년 07월 10일

지은이__조창현
펴낸이__홍정표

펴낸곳__글로벌콘텐츠
　　　　등록__제 25100-2008-24호

공급처__(주)글로벌콘텐츠출판그룹
　　　　이사__양정섭　디자인__김미미　편집__김현열 송은주　기획·마케팅__노경민
　　　　경영지원__안선영
　　　　주소__서울특별시 강동구 천중로 196 정일빌딩 401호　전화__02-488-3280　팩스__02-488-3281
　　　　홈페이지__www.gcbook.co.kr

값 14,000원
ISBN 979-11-85650-96-8 13320

초보 창업자의 당구장 자리 찾기

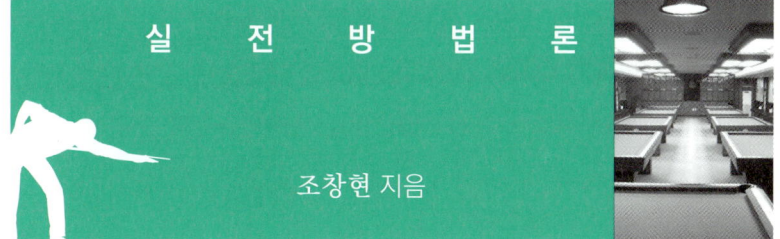

실전방법론

조창현 지음

글로벌콘텐츠

저는 당구를 아주 좋아합니다. 저의 유일한 취미생활이기도 하죠. 참새가 방앗간을 찾듯 그렇게 오늘도 어김없이 문 밖을 나섰죠. 저는 제가 이용하는 당구장에 도착할 때까지 당구장 간판 두 개를 무심히 지나칩니다. 그렇게 도착한 당구장의 거리를 따져보니 버스로 한 정거장 거리도 넘더군요. 운동 삼아 일부러 먼 곳을 택한 건 아니냐고요? 그럴 리가 있겠습니까.

당구를 좋아하는 이들이 새로 이사 온 동네에서 제일 먼저 찾는 것은 무엇일까요? 당구를 좋아하는 이들이 제일 먼저 찾는 것은 오직 당구장 간판입니다. 그리고 그 간판으로부터 집까지의 좌표를 머릿속에 저장하죠. 입가에 만족스런 표정을 하나 가득 담고 말이죠.

당구장 창업을 준비하는 분이라면 최소한 당구에 관심이 많은 분들일 것입니다. 어쩌면 선수 생활을 하셨거나 상당한 수준의 당구 실력을 갖추고 있겠지요. 하지만 당구에 관심이 많고, 당구를 잘 치는 것과 당구장 창업은 어쩌면 전혀 별개일 수 있습니다. 선수급의 실력을 갖추고 있다면 당구장을 운영하는 데 도움은 되겠지만 사업은 당구 실력만으로 하는 게 아니기 때문이지요.

당구장 창업을 성공적으로 이루기 위해서는 고려해야 할 사항이 정말로 많습니다. 당구장 창업을 준비할 때 가장 중요한 고려사항 가운데 하나는 바로 위치 선정일 것입니다. 저자는 오랫동안 당구장 창업 컨설팅을 해오면서 쌓인 노하우를 바탕으로 이번에 당구장 자리 찾기에 도움이 되는 책을 출간했습니다. 시중에 일반적인 점포 창업에 대한 안내서들은 많이 나와 있지만 아마도 당구장 창업에 대한, 특히 당구장의 자리 찾기를 이처럼 자세하게 소개한 책은 최초가 아닐까 싶습니다.

많은 예비 창업자들이 부동산 소개업자나 주변 지인들의 이야기를 바탕으로 대충 판단하여 실패를 보는 경우가 많습니다. 이 책에서는 당구장 점포 개발을 위한 구체적인 방법론과 다양한 사례를 통해 당구장 창업자가 직접 당구장 자리를 찾고, 판단할 수 있는 명확한 기준을 제시하고 있습니다. 당구장 창업을 준비 중인 분들이라면 반드시 일독할 것을 권합니다.

당구를 좋아하는 이들에게 당구장이란 그들만의 성역과도 같은 제2의 '홈'이라 할 수 있습니다. 저 역시 이사 온 동네의 모든 당구장을 한 번씩 다 방문해 보았습니다. 시설이며 분위기를 하나씩 꼼꼼히 체크해가며 당구장마다 점수를 매겼습니다. 물론 그중 가장 점수가 높은 당구장을 선택한 것은 두말할 필요도 없겠죠. 그리고 그렇게 선택한 당구장은 어김없이 많은 손님들로 북새통을 이룹니다. 당구장의 시설과 분위기를 만드는 것은 업주의 몫입니다. 자신의 몫을 틀림없이 해낼 때 그 결과는 언제나 우리를 행복하게 만들죠.

저 역시 아라의 당구홀릭 시리즈를 출간하기 위해 적잖은 당구장을 돌아다니며 연구도 하고, 많은 당구장 사장님들과 매니아들을 만나보기도 했습니다. 당구장은 운영하시는 사장님들의 마인드에 따라 정말 천차만별이었지요.

창업이란 제2의 인생입니다. 당구장 창업으로 제2의 인생을 출발하려는 모든 분들에게 자신이 원하는 멋진 당구장으로 이끌어 주는 최고의 길라잡이가 되기를 기대해 봅니다.

아자~아자~파이팅!!

아라의 당구홀릭 저자
폴드랑

머리말

　시간이 참 빠르게 흘러 가는 것 같습니다. 2010년 첫 번째 책을 출간한 지가 벌써 4년이 흘러버렸습니다. 당시에는 인터넷과 이야기들로만 떠도는 당구장 창업에 관한 많은 정보들을 정리하고 하나로 모으는 것에 만족을 해야 했습니다. 왜냐하면 당시 필자의 경험이 미천하고 필자의 생각과 논리를 전달하기에는 무언가 스스로 부족함을 많이 느꼈기 때문입니다. 또 하나, 그 산재된 정보라는 것들을 하나로 묶는 과정이 당구장 창업에 있어서의 '정보의 표준'이 될 것이라는 확신이 있었기 때문입니다.

　필자의 두 번째 집필인 이 책은 2012년 가을에 완성이 되었습니다. 집필을 위하여 시중에 나와 있는 창업관련 도서와 입지와 관련된 도서들을 닥치는 대로 읽고, 정리하고, 참고하였으며, 그것들 중에서 당구장과의 연관성을 찾아 당구장 자리를 찾고 선택하는 하나의 방법을 찾고자 했습니다.

　그러나 필자는 이 모든 것을 지워야만 했습니다. 왜냐하면 필자 스스로가 당구장 창업의 전문성과 특수성, 현재성을 반영한 독창성을 발견하지 못했으며, 정리하고 찾아낸 그 방법이라는 것이 기존(타 업종) 창업도서의 정리에 지나지 않앉기 때문입니다. 해서 타 업종과 관련된 필자의 머릿속에 정리된 모든 것들을 지워내기로 결심했으며, 그것들을 모조리 지워내는 데 꽤나 오랜 시간이 걸렸습니다.

물론, 시중에 나와 있는 창업관련 도서들이 당구장 창업을 생각하는 많은 분들에게 범용적인 창업의 범위에서 많은 도움이 될 것이라는 생각입니다. 분명 읽을 만한 가치가 있고 당구장 창업에도 점포 선택에 도움이 되는 좋은 내용들입니다. 그러나 당구장 창업을 생각하고 필자의 책을 읽는 분들은 보다 당구장 창업에 있어서 전문성 있고 독창적인 시각을 바랄 것이라는 생각에 필자 스스로의 공부를 새로이 시작했습니다.

필자는 이 책의 집필을 위해서 앞서 이야기한 세 가지 즉, 전문성, 특수성, 현재성을 찾기 위해 약 6개월 정도의 연구사업(2013, 당구장 상권 분석 및 상권별 성공 사례 조사)이 진행이 됐으며, 그 결과물과 필자의 실재적 경험을 토대로 책이 완성이 되었습니다.

이 책은 당구장 자리를 선별하는 최소한의 기준과 방법을 제공하는 데 주목적이 있습니다. 상황에 따라서는 필자의 성공과 실패의 경험을 바탕으로 한 고집스런 의견의 주장도 있으며, 타 전문가와는 다른 '자리 판단'에 대한 의견의 제시가 있을 수도 있습니다. 그로 인하여 누군가의 오해를 살 수도, 누군가의 지탄을 받을 수도 있습니다. 그럼에도 불구하고 필자가 이를 여과 없이 기술함은 당구장 창업을 생각하는 독자분들에게 필자의 다양한 실전 경험을 통하여 채득된 당구장 자리에 대한 생각과 검증된 연구의 결과들을 실재적이고, 현실성 있게 전달해주기 위함입니다. 타 전문가와의 상이한 의견에 대하여서는 어디까지나 독자 여러분의 판단에 맡겨 두겠습니다.

마지막으로,

이 집필을 필두로 하여 당구업계 여러 전문가분들의 다양한 경험과 생각 그리고 통계와 연구의 결과들이 당구장 창업자와 당구장 운영자들에게 제공될 만한 알찬 집필로 넘쳐나길 간절히 바랍니다.

2015년 인덕원 연구소에서
조창현

Contents

Contents

초보 창업자의 당구장 자리 찾기 **실전 방법론**

Contents

1부

당구장
자리에
대하여

당구장 점포 개발을 위한 방법론의 제시와

사례별 예시를 통하여 당구장 창업자가

직접 자신의 당구장 자리를 찾고 판단하는

기준을 제시하고자 한다.

01
당구장 자리 찾기에 대한 이해

당구장 자리의 올바른 해석과 결정의 과정, 즉 당구장 점포 개발의 과정은 ① 위치적인 자리를 찾고(가정하고), ② (가정된) 위치에서의 효과적인 전략을 찾는(세우는) 과정을 통틀어 당구장 점포 개발이라고 이해해야 한다.

첫째, 위치적인 자리를 찾고(가정하고)는, 목표상권(또는 목표건물)의 특성과[1] 소비자 그룹의 상권 이용목적과 방법을[2] 세분화하여 분석하는 과정으로, 이는 소비자 그룹이 상권을 이용하는 목적과 방법에 유효한 (편리한) 주목적동선을 찾아내는 과정이 된다. 그 결과로 위치적인 관점에서의 당구장 자리를 선정(가정)할 수 있게 된다.

둘째, (가정된) 위치에서의 효과적인 전략을 찾는, (가정된) 위치에서의 당구장 이용 고객의 형태적 분류와[3] 이용목적과 방법에 대한 세분화를 통하여 목표상권(또는 목표건물)에서의 적합한 창업전략을 수립하는 과정이다. 즉 가정된 목표상권(또는 목표건물)에서의 영업 전략, 시설 전략, 경쟁 전략, 홍보 전략, 타깃 고객선정, 예산편성 등의 구체적인 전략을 수

---

1) 목표상권의 지리적 특성, 형태적 특성, 상권 또는 건물의 형성 배경 등에 대한 구체적인 사항들.
  p. 50~52 상권의 형태적 분류 이해 참조. p. 50 〈그림 4-1〉
2) p. 34 [표 2-2]
3) p. 99 당구장 이용 고객의 이해

립하는 과정이다. 또한, 결과로 도출된 창업전략이 창업자가 세워둔 창업목표와 잘 부합이 되느냐, 아니냐에 대한 판단의 과정이다.

결론적으로 위치에 따른 창업전략의 수립 또는 창업전략에 따른 위치선택 과정이 당구장 점포 개발의(당구장 자리 찾기의) 진정한 의미가 된다.

때문에 당구장 자리의 해석과 판단에 있어서 '상권 내외(內外)의 어느 위치'라는 위치적인 해석만으로 이해해서는 안 되며, 위치적인 조건만을 가지고 '나쁜 자리'와 '좋은 자리'를 구분 지어서도 안 되며, 그 표현 역시도 '적합한', '적합하지 않은'이란 표현이 맞을 것이다.

부연하여 당구장의 위치적인 분포를 살펴보면, 흔히 말하는 역세권유흥상권의 핵심에 위치하는 경우도 있고, 동네 상권의 중심에 위치하는 경우, 시내의 사무실 뒷골목 작은 소비 상권에 위치하는 경우도 있고, 사무실의 퇴근길 대로변에 위치하는 경우, 때로는 산업도로 변두리의 작은 상권에 위치하는 경우도 있으며, 근무하는 건물 내에 있기도 하다. 이처럼 당구장의 위치는 유흥상권의 중심과 주변에 있기도 하며, 소비자 그룹의 생활권에 인접한 위치에 있기도 하다.

어느 위치를 막론하고 당구장이 성공하는 경우도, 실패하는 경우도 존재하는데, 이러한 성공과 실패의 이유는 각각의 위치에 따라서 목표상권의 특성과 소비자 그룹의 형태와 상권 이용목적에 의하여(위치적 특성) 당구장을 이용하는 목적과 방법이[4] 다르게 결론지어지며, 각각 위치에서의 효과적인 창업전략이 장사의 성패를 가르게 된다. 때문에 당구장 자리를 단순히 위치적인 특성과 조건만으로 판단하여서는 안 된다.

---

4) p. 99 당구장 이용 고객의 이해 참조

즉, 당구장 자리의 올바른 해석은, 가정된 목표상권(또는 목표건물)이 수립된 창업전략 또는 창업목표와 잘 부합하는 자리냐, 아니냐에 따라서 결론지어져야 하며, 반대로 목표상권(또는 목표건물)에서의 위치적인 특성에 따른 유효한(적합한) 창업목표와 창업전략을 수립하는 것으로도 이해할 수 있다.

당구장의 일반적인 위치적인 특성에 대하여 설명하면, 일반적으로 당구장은 개설하고자 하는 상권과 목표건물에 대한 유동 인구와 소비자의 목적동선에 크게 영향을 받지 않는다고 알려져 있기 때문에 주(主)상권 또는 주(主)목적동선에서 조금 벗어나 있다고 하더라도 영업적인 방법으로 입지적인(위치적인) 단점의 극복 가능하다는 것이 정설이다. 다시 말해서 당구장의 이용은, 고객의 뚜렷한 이용목적 즉, '당구를 치자'라는 분명한 목적성이 있는 업종이기에 유동 인구에 영향을 많이 받는 소비성 타 업종에[5] 비하여 충동적인 방문이 드물다는 뜻이며, 그러한 이유로 상권의 핵심요지에서 조금 벗어나 있더라도 입지적인 불리함을 영업적인 방법으로(노하우로) 충분히 극복하고 고객의 당구장 방문을 원활히 유도할 수 있다는 논리다. 때문에 일정한 규모의 소비 상권 또는 유흥상권이 형성된 곳의 어느 곳이 되었건 위치적으로는 당구장을 개업하기에 큰 무리가 없다. 그러나 당구장의 입지적인(자리선택의) 부분에서의 이러한 논리는 어디까지나 유동 인구를 중요시하는 업종에 비하여 비교적 자유롭다는 뜻이며, 상권을 해석하고 당구장 자리를 찾고, 선택하는 과정에

---

5) 소비성 타 업종-커피숍, 핸드폰 매장, 분식점, 악세서리 매장, 아이스크림 매장 등의 유동 인구의 양과 동선에 영향을 많이 받는 업종들을 일컬으며, 충동적, 비목적성 소비(구매) 패턴을 보이는 업종을 뜻함.

서 고려되어야 하는 많은 것들 중[6] 일부일 뿐이라는 것을 알아두어야 한다. 또한 '당구를 치자'라는 고객의 뚜렷한 목적이 있는 '시설임대서비스' 업종이라는 즉 '스포츠시설'이라는 가정 하에서의 일반적인 논리라는 것 또한 알아 두어야 한다.

그렇다면, 당구장의 위치적 특성에 대하여 다시 생각해 보자.

당구장을 과연 탁구장, 볼링장과 같은 체육활동기반의 단순한 ①스포츠업종으로 간주하고 기존의 논리에 의하여 위치적인 선택을 해야 할 것인지? 아니면 추가적으로 놀이 문화가 더하여진 ②유흥 업종의 일부로 간주하고 위치적인 선택기준을 적용할 것인지에 대하여서는 현실적으로 생각해 볼 필요성이 있다. 당구장을 스포츠업종이라는 가정에서는 상권의 형태 또는 특성에는(주목적동선에는) 비교적 자유로운 위치의 선택이 이루어질 것이며, 유흥 업종의 일부라는 가정하에서는 상권의 형태와 특성에 매우 밀접한 연관성을 갖는 위치선택이 필요하게 된다.

이를 다른 시각으로 표현하면, 즉 당구장을 이용하는 고객의 이용목적과 방법의 시각으로 표현하면,

내가 하고자 하는 당구장의 운영형태가 동호인을 중심으로 한 국제식 대대 전용 또는 포켓전용 당구클럽과 같은 스포츠적인 특성의 당구장의 운영형태인지, 아니면 '놀다가' 또는 '술 한 잔 마시고' 이후에 방문하게 되는 유흥 업종 형태의 당구장인지에 따라서 당구장의 위치선택과 운영방법이 달라지게 된다. 즉 당구장의 위치선택은 당구를 즐기는 소비자가 '어떠한 목적과 이유'에 의하여 당구장을 방문하는지에 대한 검토가 필

---

6) 입접지를 최종 선택 한다는 것은 자금 규모, 경쟁 상황, 건물의 형태와 구조, 상권의 형성배경 등 수많은 것들의 종합적인 판단이다. 따라서 '유동 인구'라는 것은 그 중에 고려되어야 할 중요한 하나라는 의미임

요하며, 그 이유와 목적에 부합하는 당구장 자리의 선택이 이루어져야 한다. 즉 검토의 결과에 따라서 해당 상권(또는 목표건물)이 유흥 업종에 가까운 입지적인 특성을 반영해야 할 수도, 스포츠업종에 가까운 입지적인 특성을 반영해야 할 수도 있게 된다. 다시 말해서 특정한 소비자의 상권 이용목적과 소비자의 당구장 이용목적을 반영한 적정한 곳을 선택해야 하며, 선택된(가정된) 위치에서의 효과적인 창업전략의 수립이 필요하다(반대로 창업자의 운영목표에 적합한 고객의 형태에 알맞은 입지의 특성을 갖춘 선택이 되어야 한다).

당구장 자리를 찾는 창업자의 입장에서는 '상권의 특성은 이미 결정되어 있다'는 가정하에서 당구장 자리를 찾고 결정해야 하며, 특성이 규정되어 있는 목표상권(또는 목표건물)을 이용하는 소비자 그룹의 상권 이용방법과 이용목적을 추론하고 함으로써 1차적으로 당구장 개설이 가능한 위치를 가정할 수 있게 되며, 각각의 위치에서의 창업전략을 수립(구상)할 수 있게 된다.

이러한 논리로, 이 책에서는 올바른 당구장 자리의 선택을 위한 접근방법으로 '상권의 특성은 이미 결정되어 있으며, 상권을 이용하는 소비자의 목적과 방법도 이미 결정되어 있다'는 결정론적 입장에서의 '상권중심의 분석'과 '소비자중심의 분석' 두 가지 방향으로의 접근을 시도해 보고자 한다.

첫째, 상권중심의 분석은 상권의 규모와 위치에 따라서 집중상권, 위성상권, 단일상권으로[7] 나누어 볼 수 있으며, 소비자의 상권 이용목적과

---

7) p. 50 〈그림 4-1〉 상권의 형태적 분류

방법은 상권에서의 세부적인 위치에 따라서 단순 퇴근길 동선, 귀가길 경유지, 퇴근길 회식, 귀가길 쇼핑, 유흥 업종이용 등으로 다양하게 존재한다. 즉 하나의 상권은 소비자 그룹의 다양한 이용목적과 방법에 의하여 상권 내외(內外)의 업종 구성, 주요활동지역, 주요활동시간(영업시간) 등의 특성이 이미 소비자 그룹의 동선의 형태로 표출되며 결정되어 있는 의미이며, 소비자 그룹의 결정된 상권 이용목적과 방법에 의하여 당구장을 이용하게 되는 목적과 방법이 결정되어 있다는 논리다.

둘째, 소비자중심의 분석은 당구를 즐기는 소비자 그룹의 당구장 이용목적을 중심으로 한 접근방법이다. 소비자 그룹의 당구장 이용목적과 방법은 당구동호회 활동, 퇴근 후 여가활동, 귀가 후 여가활동, 유흥활동의 일부 등으로 나누어 볼 수가 있으며 각각의 이용방법을 가정할 수 있다. 즉 소비자 그룹이 당구장을 이용하는 상황을 '목적성 방문'과 '비목적성 방문'의 경우로 나누어 생각할 수 있게 된다. 다시 말해서 '당구를 치자'라는 목적이 뚜렷한 경우와 '당구를 꼭 치겠다'는 뚜렷한 목적은 없지만 소비자의 특정한 목표수행과정 또는 수행 이후에 당구장을 방문하는 경우로 가정할 수 있으며, 이러한 당구장 이용 고객의 형태와 목적에 따라서 이용 가능한 당구장의 위치와 소비자 그룹의 구성 형태에 따른 적합한 운영형태가 결정되어 있다는 논리다.

당구장 자리 판단의 방법

당구장 자리를 찾고 판단(점포 개발)하는 방법에는 당구업계 전문가마다의[8] 여러 가지 방법이 존재할 것으로 생각한다. 예를 들어 상권의 중심사거리의 코너자리가 유효하다든지, 지하철역에서 가까워야 한다든지, 유동 인구가 많아야 한다든지, 주거지 입구의 버스정류소이어야 한다든지, 직장인이 많은 지역이어야 한다든지, 눈에 잘 보이는 건물이어야 한다든지 하는 일반적인 이유와 함께 전문가마다의 직·간접 경험에 의한 당구장 자리를 찾고 판단하는 다양한 방법이 존재한다.

일반적으로 당구장 자리를 찾고 판단하는 과정은 위에 제시한 여러 가지 이유와 경험적인 방법들에 대한 {단일이유} 또는 {복합적인 이유의 결합}을 통하여 이루어지며, 이렇게 얻어진 특정한 당구장 자리를 창업자에게 추천하기도 하며, 창업자가 보아둔(알아본) 특정한 자리에 대한 좋고 나쁨을 판단해 주기도 한다. 또한 이 과정에서 당구업계 전문가 개개인마다의 경험적 직관에[9] 의하여 '이런 곳이 당구장을 하기에 좋더라'라는 종합적인 견해(見解)를 창업자에게 제시하곤 하는데, 일반 창업자가

---

8) 당구업계 전문가–당구 재료상, 당구 선수(Pro Player), 당구장 인테리어업체 등에 종사하는 사람(실제 창업 현장에서는 이들이 각 분야의 전문가로 통칭되기도 하며 '당구장 창업 전문가'로 불려지기도 한다).

9) 경험적 직관은 감각, 경험, 연상, 판단, 추리 따위의 사유작용을 거치지 아니하고 대상을 직접적으로 파악하는 작용으로, 전문가마다의 수많은 경험과 채득된 노하우를 바탕으로 당구장 자리를 판단하는 과정에서의 목표상권 또는 목표건물에 대한 '적합', '부적합'에 대한 즉각적인 반응으로 이해할 수 있다.

결과물로 제시된 특정위치에 대하여 그들의 당구장 자리 판단에 대한 기준과 방법에 대한 설명을 듣는다(배운다)하여도 그들의 추천이나 견해가 첨가된 특정한 당구장 자리에 대한 옳고 그름의 구별이 어려운 것이 현실이다.

왜냐하면,

첫째, 창업자 스스로가 당구장 자리를 찾고 판단하는 지식이나 기준이 없기에, 올바른 제시가 있다고 하더라도 근거 없는 경계와 의심이 들 수밖에 없으며,

둘째, 당구장 전문가들이 다년 간의 성공과 실패를 통하여 직·간접적인 경험으로 체득된 당구장 자리를 찾고 판단하는 노하우를 누군가에게 구두설명(口頭說明)만으로 가르쳐 준다거나 이해를 시키는 것은 그 설득과 이해의 과정에서 이론적·논리적 근거가 부족하기에 사실상 어려운 일이며,

셋째, 당구장 전문가마다 영업 형태의 기반이[10] 다르기에 선호하는 당구장 자리를 찾고 판단하는 기준이 달라지게 되며, 최종적인 선택 역시 전문가마다 달라지게 된다. 때문에 다양한 당구장 영업 형태를 모르고 있는 일반 창업자에게 쉽게 납득이 가능한 선택의 명확한(보편타당한) 근거를 제시하는 데에는 어려움이 있다.

이러한 이유로, 창업자가 당구장 자리에 대한 어떠한 견해를 듣거나 배운다고 하여도 사실상 이해하기도 판단하기도 어려워지게 된다. 그렇

---

10) 영업 형태의 기반-각각의 전문가마다의 특성으로 이해할 수 있으며, 그들의 주된 업(業)에 근거한다. 즉, 당구 선수는 대대중심의 동호회 운영방식에 유용한 프로그램의 운영에 유리하며, 실전 경험이 많은 당구 재료상의 경우는 각각의 주요거래처가 있는 상권에 유리한 영업 방법에 대한 노하우를 가지고 있다. 때문에 이러한 경험과 노하우를 기반으로 한 점포의 위치에 대한 선호도에 대한 차이를 보이게 된다.

초보 창업자의 당구장 자리 찾기 실전 방법론

다면, 당구장 창업자는 어떠한 기준과 방법으로 좋은 자리를 찾고 판단을 할 것인가? 안타깝게도 현재까지 당구업계에는 그 방법도 기준도 없는 것이 현실이다.

당구장 창업의 과정을 {①자리를 찾고/선정하고 ②전략을 구상하고 ③손익을 따져보고 ④창업을 하고}의 과정은 정해져 있는 사실이지만, 그 방법에 대한 구체적인 내용과 검증된 정론이 없는 것이 현실이다(①, ②의 순서는 바뀔 수 있음).

때문에, 당구장 자리를 찾는 과정에서부터 누군가의 감각적인 경험에 의존해야 하며, 때로는 그 의존 자체가 오류인 경우가 발생되기도 한다. 더 더욱이 큰 문제는 {①당구장 자리를 찾고/선정}하는 과정에서의 검증된 기준과 방법이 없기 때문에 점포 개발과정에서 발생되는 근본적인 오류 자체를 창업자가 알지 못한다는 것이다. 결국 오류로 시작된 첫 단추는 {②전략을 구상하고 ③손익을 따져보고 ④창업을 하고}의 전체과정 자체의 생각과 행동이 무의미해지는 상황이 초래될 수밖에 없다.

그렇기 때문에 이 책에서는, 당구장 창업의 경험이 없는 일반 창업자도 보편타당한 기준에 의하여 당구장 자리를 찾고 판단하는 효과적인 방법을 제시하고자 하며, 당구장 창업자가 제시될 방법을 이해하고 몇몇 곳의 사례를 직접 대입해 본다면, 스스로 당구장 자리를 찾는다거나 누군가의 추천이 이루어진 특정한 당구장 자리에 대한 옳고 그름을 판단하는 데 충분한 효과를 볼 수가 있다.

본격적인 방법의 제시에 앞서, 방법에 대한 설명의 편의를 위하여 한 가지 가정을 세우도록 하자.

당구장 자리를 판단하는 상황은 ⓐ점포를 어느 정도 정해 놓고(추천을 받은 상황) 판단하는 경우와 ⓑ점포는 정하지 않았지만 특정상권만을 정해 놓은 상태에서의 유효한 자리에 대한 넓은 범위의 판단이 필요한 경우가 있을 것이다. 어떠한 경우라 하더라도 제시하는 방법에 의한 판단은 유효하며 여기서는 후자의 기준, 즉 상황 ⓑ를 가정하고 설명을 한다(ⓐ의 경우, 방법의 적용은 같으며 방법에 의한 결과와 정하여진 당구장 자리를 중심으로 한 검토가 이루어지면 된다).

당구장 자리를 찾고 판단하는 방법은 다음과 같다.

방법 1) 상권 내 진입 가능성 및 이용목적의 판단.
방법 2) 동선의 점검/분석
방법 3) 당구장 자리의 1차 가정
방법 4) 전략구상 및 선정

위의 순서에 의하여 당구장 자리에 대한 판단이 이루어지게 된다. 방법 1), 방법 2)는 당구장 개설이 가능한 점포의 위치를 선정하기 위한 지표(指標)가 되며, 방법 3)은 당구장 개설이 가능한 점포의 위치들을 1차적으로 가정하게 되며, 방법 4)는 최종적인 선택을 위한 전략적 수단이 된다.

여기서는 그 방법에 대한 원리만을 제시하며, 각 상권의 이해에서 상권의 형태별 실제사례를 통하여 보다 구체적으로 논하기로 한다.

'방법'의 구체적인 설명에 앞서,
방법 1), 2), 3), 4)구성의 이론적 근거가 되는 기본적 사고의 원리인 세분화(細分化), 추적(追跡), 조합(調合)[11]에 대한 설명을 먼저 하려고 한다.

첫째, 세분화는 목표상권의 건물 내부까지 최소 단위의 연관된 연속적인 상권의 분할을 의미한다. 즉 넓은 범위에서부터(상권 외곽에서부터) 더 이상 나눌 수 없는 상권 내(內) 상권의 구성까지를 분할하고, 다시 목표상권과 건물 내부로의 진입, 출입을 위한 세부적인 위치구성까지를 최소화하여 분할하는 연속적인 활동이다.

〈그림 2-1〉에서 전체를 하나의 상권으로 가정하면, 상권 내부의 사거리 또는 업종의 특성과 동선에 따라서 ABCD의 형태로 나누고, 다시 업종의 특성과 동선에 따라서 A-1, A-2, A-3, A-4의 형태로 나누는, 건물 내부까지 연속적인 반복의 과정이다.

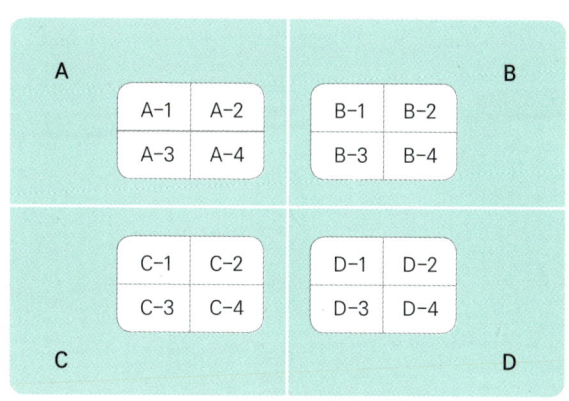

〈그림 2-1〉 상권의 분할 및 세분화

둘째, 추적은 세분화된 결과에 대한 추론(推論)활동을 의미하며, 넓은 범위로의 확산된 인근 상권과 소비자 그룹을 가정하고 상호 간의 연관성

11) 세분화(Subdivison)-사물이 여러 갈래로 자세히 갈라짐 또는 그렇게 갈라지게 함. 추적(Trace)- 사물의 자취를 더듬어 감. 조합(Combination)-여럿을 한데 모아 덩어리로 짬.

과 영향력 등의 관계를 밝혀내는 활동을 의미한다.

즉, 〈그림 2-1〉에서 세분화된 상권과 상권과의 관계(A와 B, A와 B-1, A-1과 D)를 분석하고, 〈그림 2-2〉와 같이 각각의 분할된 상권을 이용할 것으로 예상되는 소비자 그룹을 가정하여 분석하고, 영향력이 있을 것으로 판단되는 인근 상권들을 가정하고 영향력의 관계를 분석하는 연속적인 활동이다. 각각의 소비자 그룹은 목표상권을 이용할 수도, 인근 상권 A를 이용할 수도, 둘 다 이용할 수도, 둘 다 이용하지 않을 수도 있는데 그 원인은 소비자의 상권 이용목적에 의한 것이며, 이는 세분화된 상권까지의 이동동선으로 표현이 된다. 이처럼 '추적'은 세분화된 목표상권과 목표상권과의 관계, 목표상권과 소비자 그룹 간의 관계분석을 비

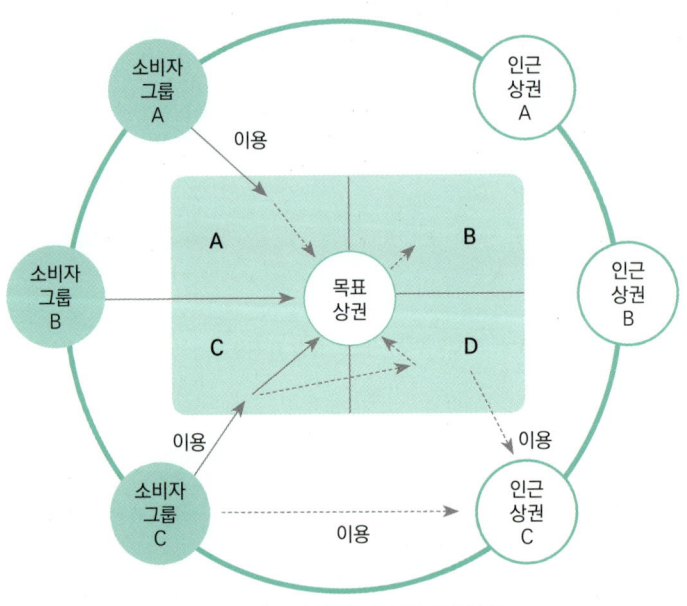

〈그림 2-2〉 소비자 그룹의 상권 이용 분석

초보 창업자의 당구장 자리 찾기 실전 방법론

롯하여 목표상권에서 넓게 확장된 인근 상권과 목표상권과의 관계, 인근 상권과 소비자 그룹과의 관계를 추론하고 분석하는 연속적이고 반복적인 활동이 된다.

결과적으로 세분화와 추적의 반복적이고 연속적인 활동을 통하여 목표상권(또는 목표건물)을 이용하는 소비자 그룹이 이용목적에 의하여 세분화될 것이며, 세분화된 각각 상권에 대한 이용목적이 내포된 목표상권 내외(內外)의 소비자동선 파악이 가능해진다.

셋째, 조합은 세분화와 추적의 결과물로 얻어진 상권의 정보 들과 소비자동선과 소비자 그룹을 연결하는 활동으로서, 〈그림 2-2〉에서 {소비자 그룹 A→A 목표상권}, {소비자 그룹 B→목표상권} {소비자 그룹 C→C→목표상권}, {소비자 그룹 C→D→목표상권}, {소비자 그룹 C→인근 상권 C} 등의 형태로 그룹을 짓고, 각각의 조합에 대한 당구장 고객의 형태와 상권의 특성들을 구분지어 표현하면 된다.

'조합'의 과정을 통하여 기본적으로 당구장 영업이 가능한 위치의 1차 선정이 이루어지며, 각각의 위치에 따른 전략적인 창업과 운영을 위한 사고(思考)를 할 수 있는 기반정보가 마련된다. 즉, 세분화되어 설정된 각각의 그룹별로 타깃 고객, 매장의 유효규모, 경쟁 상황 등에 대한 세부적인 정보들의 조합을 통하여 최종적인 당구장 자리의 선택이 이루어지는 전략적 선택을 할 수 있게 된다.

이러한 기본원리를 기초로 시작된,

당구장 자리를 선정하는 방법 1), 2), 3), 4)는 세분화, 추적, 조합의 반복적이고 연속적인 고찰과 검증을 통하여 얻어진 하나의 표준화된 방법이다. 제시될 방법과 함께 기본원리를 이해하고 적용한다면 예외적인[12] 당구장 자리에 대한 부분까지도 창업자가 충분히 검증하고 찾아낼 수가 있게 된다.

　기본원리를 좀 더 부연하여 설명하면, 큰 상권이건 작은 상권이건 소비자의 이용목적에[13] 의하여 특정업종이 하나씩 발생하고, 집단을 이루게 되며, 해당 집단을 이용하는 소비자의 규모와 특성에 맞추어진 연관업종이 함께 더해짐으로써 하나의 규모 있는 상권으로 발전하게 된다. 점이 모여 선이 되고, 면이 되고, 입체를 이루는 수학적 원리와 같다. 이러한 원리로 상권마다 업종 구성의 집단적 특징이 규정지어지게 되는데, 이는 소비자가 상권을 이용하는 주된 목적에 해당 된다. 이렇게 형성된 하나의 상권은 그 규모와 위치에 따라서 한 가지의 특성을 가질 수도, 중복된 여러 형태의 특성을 가질 수도 있다. 상권의 특성을[14] 규정짓는 최소 단위는 단일점포의 업종이며, 두 개 이상의 단일점포들의 집합이 상권의 특성으로 표현된다. 즉 상권 내 업종의 구성 형태에(조합에) 따라서 상권의 특성이 결정지어지게 되는데, 이 특성은 소비자 그룹의 상권 이용목적에 의하여 결정된다. 이렇게 구성된 상권을 최소 단위로 쪼개어 내고, 쪼개어진 상권을 이용하는 소비자 그룹을 규정 짓고, 소비자 그룹이 상권을 이용하는 각각의 동선을 규정하는 활동을 세분화로 이

---

12) 제시될 1), 2), 3), 4)에서 벗어나 있는 형태의 당구장과 국제식 전용클럽, 포켓전용클럽 회원제 클럽 등의 특수목적형 당구장.

13) p. 34 [표 2-2], p. 99 참조.

14) 목표상권의 지리적 특성, 형태적 특성, 상권 또는 건물의 형성 배경 등에 대한 구체적인 사항들. p. 52 상권의 형태적 분류 이해와 p. 56, 60, 63, 82의 중점상권, 위성상권, 단일상권의 이해 참조.

초보 창업자의 당구장 자리 찾기 **실전 방법론**

해하면 된다.

　세분화의 개념은 상권과 고객을 최소 단위로 쪼개는 것으로 이해하면
쉽다. 예를 들어 대형 건물의 경우는 건물 자체를 세분화하여 생각할 필
요가 있는데, 건물의 출입구에서부터 각 층별로 구성된 상점들의 형태와
특성을 파악함으로써 '몇 층이 당구장을 하기에 유리할까?' 또는 '건물의
어느 부분이(같은 층에서의 위치) 유리할까?' 등에 대한 생각까지도 세분
화의 활동을 통해서 결정할 수가 있다. 또한 당구장 이용 고객을 가정함
에 있어서도 형태적으로 [표 2-1]과 같이 세분화해야 한다.

[표 2-1] 당구장 이용고객의 형태적 구분

형태적 구분	성별	남자	여자		
	연령	10대~20대	30~40대	50대 이상	
	직종	학생	공장근로자	사무직	주민
	위치 (이동방법)	인접(隣接)	인근 (1~2km)	원거리(區)	원거리(市)
		도보이동	버스	지하철	자가용

　이렇게 세분화된 상권과 소비자 그룹을 중심으로 목표상권(또는 목표
건물) 주변에 대한 연관성과 영향력에 대한 상호관계를 〈그림 2-3〉과 같
이 점검하고 분석하는 과정이 '추적'이다.

　간단하게는 각각의 세분화된 소비자 그룹이 목표상권(목표건물)까지
이동하는 과정에 대한 동선을 추론(推論)하는 활동이며, 목표상권(목표
건물)을 이용하는 다양한 목적과 탈(脫)상권(다음 행선지까지의 이동)에
대한 소비자 그룹의 목적과 동선을 추론(推論)하는 활동이다. 다시 말해
서, 세분화의 과정이 넓은 범위에서부터 좁은 범위로 잘게 쪼개는 과정
이라면, 추적은 〈그림 2-3〉과 같이 소비자 그룹과 인근 상권에 대한 넓

은 범위로까지의 확대된 가정(假定)을 통하여 상호 간의 연관성과 영향력을 점검하는 과정이다. 세분화와 추적의 활동은 연결된 세분화된 각각의 상권과 상권, 인접한 상권과 목표상권, 각각의 상권과 소비자 그룹과의 관계를 쇠사슬처럼 연결하여 그 관계를 사고하고 분석하는 연속적인 활동이다.

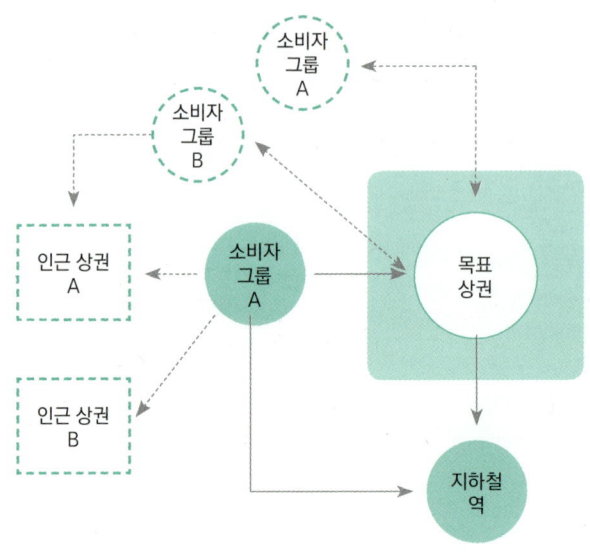

〈그림 2-3〉 소비자 그룹과 이용상권의 연계성 분석

세분화와 추적을 통하여 목표상권(또는 목표건물)의 특성, 소비자의 특성, 소비자의 주목적동선이 파악이 되었을 것이며, 더불어 상권 내의 경쟁자에 대한 정보들도 부가적으로 취득이 되었을 것이다.

조합은 앞서 설명했듯이[15] 이러한 결과물을 하나하나의 특성 있는 그룹으로 묶어내는 과정으로, 1차적인 당구장 자리에 대한 선정이 가능해

15) p. 27

초보 창업자의 당구장 자리 찾기 실전 방법론

지며, 당구장 자리의 세분화로 이해해도 좋다. 즉 당구장을 개업하기에 가능한 위치들을 각각의 조합별로 나누고 세분화된 고객과 상권의 특성에 따라서 개별적인 창업전략을 구상함으로써 '나의 현실과 가장 적합한' 또는 '상권 내에서의 성공전략에 가장 잘 부합하는' 당구장 자리의 최종적인 선택을 위한 수단으로 이해해도 좋다.

당구장 자리를 찾고, 판단한다는 것은, 기존에 존재하는 상권에서의 입점 위치(자리)를 결정하는 과정임을 생각해야 한다. 다시 말해서 '이 상권에서 어디가 당구장 하기에 좋은 위치일까?'를 결정하는 방법이므로 '소비자 그룹' 중심의 상권해석과 동선의 분석이 필요하다. 당구장의 입지는(위치는) 상권의 내부, 상권의 입구와 출구, 소비자의 주거지(근무지)에서 상권으로 이동하는 동선 등 다양하게 존재하는 데 각각의 위치마다 장단점이 존재하게 되며, 상권에 따라서 어느 곳이 가장 유효한 위치인지는 상권의 특성과 소비자 그룹의 상권 이용목적에 따라서 달라지게 되므로 세분화된 상권과 소비자 그룹을 기반으로 한 면밀한 분석을 요구하게 된다.

세분화된 소비자의(고객의) 상권 이용목적은 반드시 소비자 그룹의 '동선'으로 표현된다. 예를 들어, 퇴근을 하는 과정에서 ① 바로 버스 또는 지하철을 이용하여 퇴근하는 경우 ② 간단히 맥주 한 잔을 하고 버스 또는 지하철을 이용하는 경우를 가정해 보면 ①, ②의 목적을 수행하는 과정에서의 주동선은 서로 다를 수도, 같을 수도 있게 되며, 그 결과에 따라서 소비자 주(主) 동선이 다르게 표현될 수 있으며, 당구장 위치역시 소비자주동선의 형태에 따라서 달라지게 되고, 고객의 형태에 따라서 영업 방법 또한 달라지게 된다. 때문에 '조합'의 결과에 따라서 각각의 당구장 위치에 대한 종합적인 창업전략과 영업 전략이 구성되어야 한다.

결론적으로, 세분화, 추적, 조합의 과정은 상권의 특성과 소비자의 특성, 소비자의 목적주동선(主動線)[16] 분석을 위한 기본원리이며, 이는 곧 전략적 창업을 위한 당구장 자리 선정의 기본원리가 된다.

지금부터 설명할 방법 1), 2), 3), 4)는 세분화(細分化), 추적(追跡), 조합(調合)의 기본원리를 일반 창업자가 간단하게 적용할 수 있게 표준화한 방법이다.

방법 1 • 상권 내 진입 가능성 및 이용목적의 판단

당구장을 개설하길 원하는 상권이 있다는 가정하에서, 〈그림 2-4〉, [표 2-2]와 같이 목표상권 [T]를 중심으로 ① 연계된 상권과 주변 상권을[17] 설정하고, ② 설정된 상권을 이용가능한 사무단지 (또는 주거지)를 설정하고 ③ 그 이용가능성과 이용목적을 점검한다.

방법 1)의 설정에서 주의할 것은 이용가능성이 있는 모든 사무단지와 주거단지를 소비자의 범위로 설정해야 하며, 목표상권 [T]를 중심으로 이용가능성이 있는 주변의 모든 상권을 검토의 범위로 설정해야 한다. 즉 모든 가능성을 열어두고 〈그림 2-4〉과[18] 같이 목표상권 [T]와의 상호관계를 검토해야 한다. 이 방법을 통하여 목표상권 [T]와 인접한 상권과의 관계와 인접한 상권들과의 관계(인접상권 C와 A와의 관계, 인접상권

---

16) 상권 이용의 주목적이 되는 행위를 위한 익숙한, 정해진 이동동선.

17) 당구장을 개설하고자 하는 목표상권(목표건물)의 주변의 모든 상권을 의미하며, 연계된 영향력 있는 상권을 모두 포함하여 의미한다(p. 56, 60, 63, 82 각 상권의 이해 참조).

18) p. 30

B와 중심 상권 D와의 관계)가 유추가 될 것이며, 그 관계에 따라서 개설
될 당구장의 상권 내 위치에 따른 이용가능고객의 형태와 타깃 고객 선
정의 기준이 마련된다.

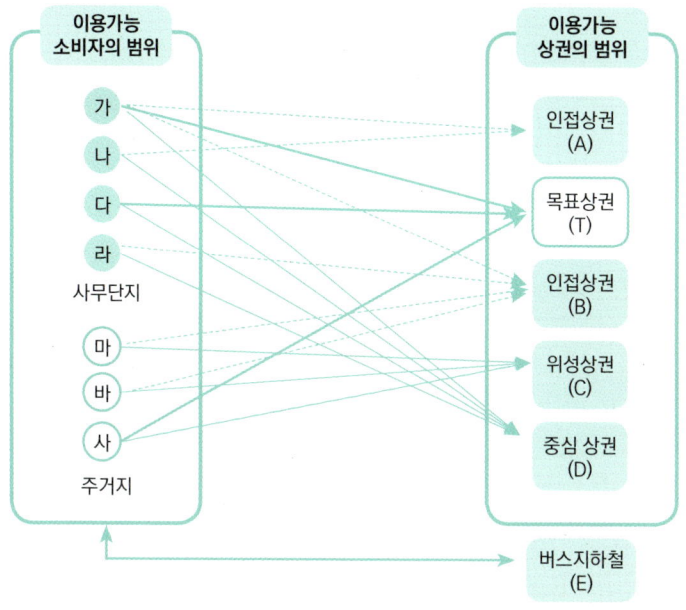

〈그림 2-4〉 상권의 영향권 관계도

〈그림 2-4〉와 같이 소비자의 범위와 상권의 범위에 대한 관계도가 완
성 되었다면 [표 2-2]와 같은 이용목적과 접근방법과 특이사항을 조사
하고 기록한다. 즉, 〈그림 2-4〉의 소비자 이용범위(가, 다, 사)의 소비자
들이 각각의 상권을 이용하는 이유/목적/상황 등에 대한 전반적인 내용
을 파악을 하면 된다(여기서는 간략하게 기록하였지만 특이사항에 대한
조사와 기록은 자세하면 자세할수록 좋다).

[표 2-2] 소비자 그룹의 목표상권 이용상황의 예측

영향권	이용상권	이용목적	접근방법	특이사항
가	A	퇴근길 소회식	도보	[E]까지의 동선 첫 번째 상권
	B	퇴근길 소회식	도보	[E]까지의 동선 두 번째 상권
	T	퇴근길 소회식	도보	[E]까지의 동선 세 번째 상권
	D	퇴근길 소/대 회식	버스/지하철	3km내 위치
	E	퇴근길 지하철역	도보	
다	T	퇴근길 소회식	도보	[E]까지의 동선 첫 번째 상권
	D	퇴근길 소/대 회식	버스/지하철	3km내 위치
	E	퇴근길 지하철역	도보	
사	T	귀가길 동선 위치	도보	[T]와 인접한 주거지 상권
	C	귀가길 동선 위치	도보	[T]와 인접한 주거지 상권
	E	귀가길 지하철역	지하철	

방법 2 • 동선의 점검

목표상권 [T]를 이용하는 소비자(가, 다, 사)의 주거지(또는 근무지)에서부터 상권[T] 입구까지의 이동방법(동선)을 〈그림 2-5〉와 같이 조사/기록한다.

동선을 조사하는 과정에서 주의할 것은, 기존의 경험(당구장을 비롯한 타 업종의 개설경험과 목표상권 [T]에 포진한 상가들의 특징적인 형태)에 따라서 상권 내 주요 동선의 형태를 섣불리 유추(類推)하지 말아야 한다는 것이다. 왜냐하면 조사자의 경험에 따라서 비추어진 상권의 형태적인 모양과 동선이 기존의 경험과 유사하거나 같을 수도 있지만, 그 주변상황에[19] 따라서 동선의 특징은 방법 1)의 조사결과에 의하여 전혀 다른 형태를 가질 수도 있으며, 그 결과에 따라서 당구장 자리의 최적 위치도 다르게 선택될 수 있기 때문이다. 왜냐하면 이 책에서 제시하는 방법은 상권 내에서의 유동 인구의 움직임만을 파악하는 방법이 아닌 소비자(가, 다, 사)중심의 넓은 범위에서부터 시작해서 목표상권의 중심에까지 이르는 상권과 동선의 연관성을 중요시하는 당구장 자리 판단의 방법이기 때문에 당구장 자리를 판단하는 시각이 다르게 된다. 즉, 목표상권 [T]에서의 고객은 상권의 이용목적에 의하여 세분화되며, 방법 3)에서 가정될 당구장 자리들에서의 고객의 형태와 영업 방법 등을 구체화할 수 있는 객관적 기준을 마련할 수 있게 된다.

때문에, 주요 동선의 조사과정은 반드시 소비자(가, 다, 사)의 입장에서 이용 가능한 동선을 직접 경험해(움직여)보아야 하며, 인접한 상권과 연계된 상권까지의 총체적인 점검이 이루어질수록 그 정확도가 높아지게 된다.

조사의 방법은 간단하다. 이용이 가능한 소비자(가, 다, 사)에서 목표상권 [T]까지의 이동방법을 〈그림 2-5〉에서와 같이 이용빈도와 목적에 따라서 {핵심동선, 주동선, 보조동선}의 3단계로 구분하고 각각의 동선에 대한 해석을 [표 2-4]와 같이 이끌어내면 된다. 여기서는 선의 굵기로 핵심동선, 주동선, 보조동선의 형태로 구분하였으며 주요 교차점과 주요 진행방향을 화살표로 표기하였다. [표 2-4]의 해석은 각각의 동선에 따른 이

---

19) 랜드마크가 되는 건물 및 주차장, 버스정류소, 지하철 주출입구의 위치, 대형 음식점의 위치를 비롯한 지역적인 소비특성 등의 전반적인 형태.

용이유에 해당한다.

동선의 검토에 있어서 특이할 만한 사항은 '사'주거지의 경우 역방향(지하철역, 버스정류소에서부터 주거지 진입)의 검토가 동시에 이루어져야 함을 알 수 있는데, 지하철 출구 7번의 경우는 단순 귀가의 목적일 경우에 해당될 것이고, 출구 5번과 출구 4번의 경우는 목표상권 [T]를 거쳐 주거지로 진입하는 경우에 해당한다. '가', '다'의 사무단지는 퇴근길 동선 이외의 역방향의 검토는 생략해도 무방하다.

창업자가 지역의 특성을 전혀 모르는 상태에서 목표상권과 연관된 주요 동선을 점검하는 과정은 낯설고 지루하고 힘든 과정임에 틀림이 없다. 단순히 목표상권 [T]를 중심으로 한 하나의 상권에(목표상권 T) 국한된 진입과 퇴로만을 점검하는 것은 간단한 일일 수 있지만, 〈그림 2-4〉의 연계된 인접한 상권 [A], [B]와 소비자(근무지, 주거지)의 모든 동선을 점검하고 기록하는 일은 쉽지만은 않은 것이 사실이다. 그러나 이 과정을 게을리하지 말아야 하는 이유는 개설할 당구장의 위치선정을 위한 충분한 객관적 근거자료를 만들기 위함이며 선정될(방법 3에서 가정될) 위치들에서의 전략적 선택까지도 염두해 둔 방법이기 때문이다.

부연하면, 상권 내에서 어느 곳이 당구장을 하기에 적절한지에 대한 판단을 위해서는 단순히 상권의 규모와 모양새(일자형, 십자형 상권의 모양 등)만을 가지고 상권의 '입구가 좋을 것이다'와 '중간이 좋을 것이다' 등의 위치적인 판단을 하여서는 안 된다. 그 이유는 각각의 소비자 그룹과 인접한 상권과의(영향권 내의 상권과의) 관계에 따라서 주요 동선이 다르게 형성되며 가정된 위치마다의 영업적인 특징이 다르기 때문이다. 결국 최적의 당구장 자리가 상권의 중간일 수도, 후면일 수도, 초입일 수도, 대로변일 수도, 전혀 다른 제3의 위치일 수도 있게 된다.

[표 2-4] 소비자 그룹의 동선 이용 목적

소비자 그룹	주요 동선	주요이용 상권	동선의 이용이유
사(주거지)	d-e-f	상권 [A]	[사]주민의 소비형 상권으로 퇴근길 주요 동선
	d-g	T, T-3	귀가 후, 유흥 목적의 목표상권으로의 주요 진입로
	d-g (역방향)	T, T-3	[사]주민의 퇴근길 주요 동선
	c-h	T, T-2	귀가 후, 유흥 목적의 목표상권으로의 주요 진입로
	c-h (역방향)	T, T-2	[사]주민의 퇴근길 주요 동선
가(사무단지)	a-b-c-h	T, T-2	[가]사무단지 직장인 퇴근길 1차 통로 (단순퇴근 및 상권 진입을 위한 주요이동로)
	a-b-c-d-e-f	상권 [A]	[가]사무단지 직장인 퇴근길 2차 통로 (단순퇴근 및 상권 진입을 위한 주요이동로)
다(사무단지)	i-m	T, T-2, T-3	[다]사무단지 직장인 퇴근길 1차통로(상권 진입)
	i-k-j	T-4	[다]사무단지 직장인 퇴근길 2차 통로(단순 퇴근)

방법 3 • 당구장 자리의 1차 가정

방법 2)에서 목표상권 [T]와 연관된 소비자의 동선이 결정이 되었다면 이제는 〈그림 2-6〉의 ①~⑦과 같이 당구장 개설이 가능한 위치를 1차 가정하고 주요 대상 고객을 유추해 보는 일이다. 당구장 개설이 가능한 위치를 표기하는 방법은 조사된 {주요 동선과 주요 동선의 교차점}과 {상 권과 동선의 교차점}에 표기하면 된다. 이 과정에서 당구장이라는 특수

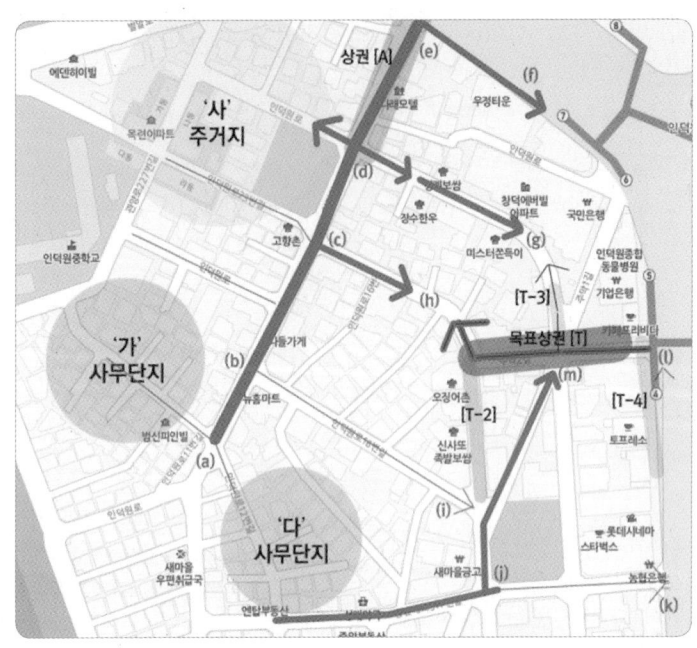

〈그림 2-5〉 소비자 그룹의 상권 주동선 점검

성을 고려할 필요는 없으며, 이 단계에서는 '당구장 개설이 가능한 위치의 예측'이라는 측면으로 가능성 있는 위치 전체를 선택하고 가정된 자리마다의 주요 대상 고객과 위치적 특성을 분류하는 것으로 충분하다.

창업초보자라 하더라도 방법 2)의 동선에 대한 조사가 충실히 이루어졌다면 〈그림 2-6〉과 같이 개설이 가능할 것으로 예상되는 위치를 자연스럽게 표기할 수가 있게 되며, 위치마다의 [표 2-5]와 같이 대상 고객과 동선에 따른 위치특성에 대한 예측이 누구나 가능하게 된다.

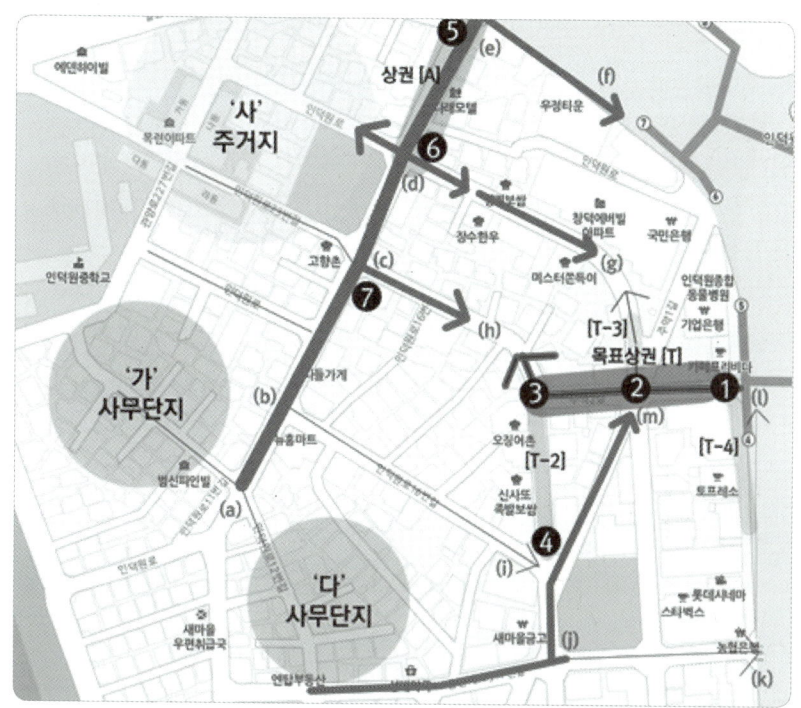

〈그림 2-6〉 당구장 개설이 가능한 위치의 표시

　[표 2-5]의 조사에 의하여 각각의 위치에 대한 [표 3-2] 당구장 고객의 형태적 분류[20] 기준에 따른 고객의 형태적 분류가 가능하게되며, 각각의 위치에서의 영업적인 특성을 예측할 수 있게된다. 이는 곧, 창업자가 '어떻게 장사를 할 것인가?'하는 전략적인 결정을 위한 방법 4)의 중요한 지표가 된다.

---

20) p. 49

[표2-5] 대상 고객과 동선의 특성

위치	가능성	주요예상고객	특징
[1그룹] ①	상	가, 다, 사(일부)	퇴근길 유흥중심
[1그룹] ②	상	가, 다, 사(일부)	퇴근길 유흥중심
[1그룹] ③	상	가, 다, 사(일부)	퇴근길 유흥중심
[2그룹] ④	하	가, 다	퇴근길
[3그룹] ⑤	중	사, 가(일부)	퇴근길
[3그룹] ⑥	상	사, 가(일부)	주거지 진입 및 퇴근 동선
[2그룹] ⑦	중	사, 가(일부)	퇴근 동선

[표 2-5]의 해석에 대한 이해를 돕기 위해서 간략하게 각각의 자리마다의 특성을 유추하여 설명하면 다음과 같다. 여기서는 목표상권 [T]를 가정 한 조사가 이루어졌지만 상권 [A]에 해당하는 ⑤, ⑥, ⑦의 경우도 목표상권 [T]의 소비자와 중복되므로 함께 염두해둔 분석이 필요할 것으로 생각된다. [표 2-5] 에서 보듯이 주요 고객과 특징에 따라서 목표상권 [T]에 위치한 [1그룹] ①, ②, ③ 자리와 [2그룹] ④, ⑦ 자리와 상권 [A]에 위치 한 [3그룹] ⑤, ⑥ 자리로 나눌 수가 있으며 다음과 같은 각각의 위치적인 해석이 가능하게 된다.

[1그룹] ①, ②, ③은,

전체 소비자(가, 다, 사)와 상권 [A]를 통합하는 상권으로 보아야 하며, 소비자의 의지에 따라서 선택되는 필수 주동선의 역할을 수행하게 된다. ①, ②, ③의 각각의 위치는 당구장 영업의 특징에 큰 차이는 없다고 보는 것이 맞다. 다만, ①의 위치의 경우 인근의 사무단지와의 출퇴근 연계성이 있다면 ②, ③에 비하여 유리한 위치적 조건을 갖게 된다.

초보 창업자의 당구장 자리 찾기 실전 방법론

[그룹2] ④는,

'다' 사무단지에서의 퇴근길 주요 동선으로 1차적으로 당구장이 위치할 만한 곳이나 목표상권 [T]와 근거리에 존재함으로 목표상권 [T]에서의 강력한 경쟁자가 있을 경우는 성공가능성이 낮다고 볼 수 있다.

[그룹2] ⑦은,

'가'사무단지의 퇴근통로와 '사'주거지의 교차점으로 1차적으로 당구장이 위치할 만한 곳이며 [그룹3] ⑤, ⑥ 자리의 당구장들과의 경쟁 구도를 가질 가능성이 높다.

[그룹3] ⑤, ⑥은,

'사'주거지의 소비 상권으로 구성되어있는 전형적인 주거지단일상권으로[21] 해석이 가능하며 '가'사무단지의 직접적인 퇴근길 동선에 해당된다. 때문에 목표상권 [T] ①, ②, ③과는 별개의 단일상권으로 이해해야 하며 성공가능성이 높은 당구장 자리에 해당한다.

위에서 살펴본 바와 같이 당구장 자리로 가정한 ①, ②, ③, ④, ⑤, ⑥, ⑦에 대하여 각각의 위치에 대한 해석을 창업자 스스로 유추해 보는 것이 중요하며 자세하면 자세할수록 좋다.

이 과정에서 '당구장만의 위치적 특징'이[22] 있을 것이라는 생각은 하지 않아도 되는데, 그 이유는 이미 방법 2) 동선의 점검 과정과 방법 3) 당구장 자리 1차 가정의 과정에서 충분히 그 특징이 반영되었기 때문이다.

---

21) p. 48 [표3-1] 상권의 형태적 분류
22) 특별하게 '당구장'에 적용되는 상권 내의 특징적인 구조가 있을 것이라는 생각과 '당구장 위치는 이래야 돼'라는 막연한 상상

지금까지 설명한 방법 1), 2), 3)에 의하여 당구장 개설이 가능한 점포를 〈그림 2-6〉 ①~⑦과 같이 가정하여 표기 하였다면, 이제 각각의 위치에서의 전략구성과[23] 함께 점포를 최종적으로 선정해야 한다. 가정된 각각의 위치는 상권의 형태와 주요 대상 고객에 따라서 영업적인 특성을 달리하게 되는데 이를 염두한 전략의 구성과 선택이 되어야 한다. 즉 각각의 가정된 당구장 자리에서의 시설, 서비스,[24] 규모, 투자 예산, 영업 방법, 홍보 방법, 경쟁 방법 등에 대한 전반적인 전략의 구성이 이루어져야 한다는 뜻이다.

흔히들 점포를 결정하는 과정에서 간과하기 쉬운 부분이지만 '자리가 반이고 전략이 반이다'[25]라는 말을 명심해야 한다. 즉 방법 4)는 자리를 찾는 방법의 최종적인 단계로 나머지 반, 즉 전략에 해당한다. 아무리 좋은 자리라고 하더라도 그 자리에서의 장사의 방법이 맞지 않는다면 자리의 좋고 나쁨이 의미가 없어지게 된다. 또한 잘 구성된 전략에 의해서 장사의 방법이 결정되었다 하더라도 창업자의 운영능력과 자금 규모에 맞지 않는다면 최종적으로는 선택되어 지면 안 되는 자리가 되는 것이다. 방법 1), 2), 3)의 과정이 넓은 범위에서의 '당구장 하기에 유효한 자리의 파악'이라는 개념이라면 방법 4)는 보다 적극적인 전략적인 점포 선택의

---

23) 성공적 운영을 위한 입점예정지에서의 최적화된 시설 전략, 운영 전략, 홍보 전략 등의 구체적인 사업 계획을 의미함.

24) 음료, 먹거리, 이벤트, 강좌, 기타 고객을 대상으로 하는 당구장 영업을 위한 운영 프로그램 등의 전반적인 고객 서비스를 의미한다.

25) p. 199

(당구장 자리의 선택) 방법이 된다.

잠시 타 업종의 사례를 통하여 그 중요성을 상기시켜주고자 한다. 〈그림 2-7〉은 아파트 단지의 커피 전문점의 사례로 동일한 위치 'C'에서 {독립점 ○○커피숍에서 체인점 A브랜드로 교체}된 경우이다.

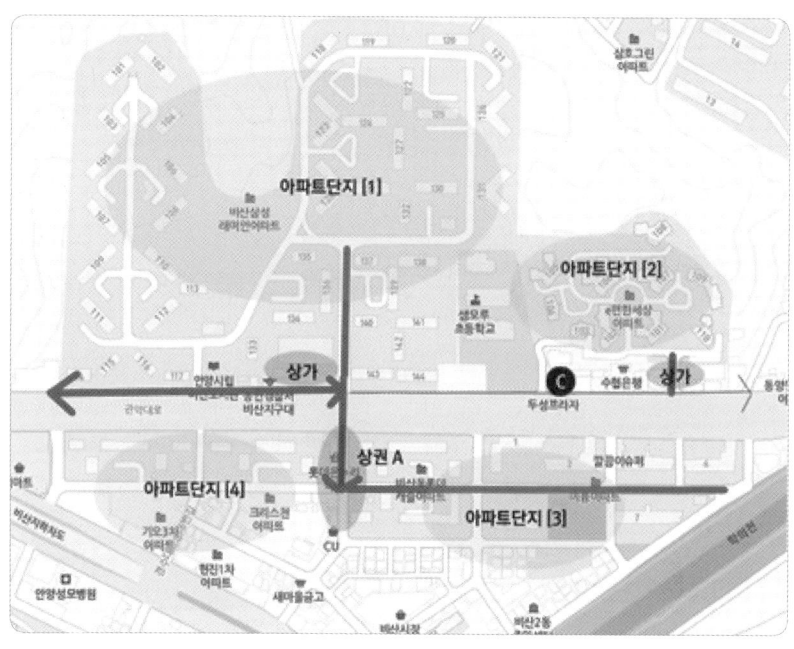

〈그림 2-7〉 동일 업종의 브랜드 변경 후 성공사례

이 사례는 위치적인 변화와 상권의 변화가 전혀 없는 상태에서 영업의 형태와 브랜드만 바뀌었을 뿐이지만 그 결과는 실패와 '대박'으로 극명하게 나타난 사례이다. 물론 이 결과를 단순히 체인점의 브랜드파워로 인식할 수도 있겠지만 독립점 ○○커피숍이었을때는, 아파트 단지 [2], [3]을 대상으로 영업이 이루어졌던 것과 비교하여 체인점 A브랜드로 교체

된 이후에는 아파트 단지 [1], [2], [3], [4]를 대상으로 하는 영업의 형태로 변화되었다는 것을 우리는 심각하게 생각해 보아야 한다.

즉, 타깃 고객에 맞추어진 시설, 운영, 홍보, 서비스의 변화가 영업 영향력의 범위까지도 확대된 변화를 주었음에 주목을 할 필요성이 있다.

다시 본론으로 돌아와서, 당구장 역시도 상권의 형태와 타깃 고객의 특성에 따라서 창업전략이 반드시 변화되어야 함을 심각하게 생각해야 한다.

즉, 각각의 위치에서 전략을 개략적으로 구성해 보아야 한다.

- 해당 위치에서의 적정한 당구장의 규모는?

- 어떠한 고객 서비스를 구성할 것인가?

- 당구장 시설의 수준은 어떻게 할 것인가?

- 홍보는 어느 지역을 중심으로 어떻게 할 것인가?

- 경쟁 구도와 경쟁의 방법은?

- 그리고 이러한 요건을 갖추는데 필요한 소요예산은?

상기 고려사항들에 대한 각각의 위치에 대하여 [표 2-6]과 같은 개괄적인 비교/검토를 통하여 창업자의 상황에[26] 가장 적합한 위치의 선정이 최종적으로 이루어져야 한다.

---

26) 목표상권 또는 목표건물에서의 유효한 창업전략이 즉 [표 2-6]의 검토가 창업자의 자금상황, 성격적 성향, 거주지 위치 등과 더불어 창업자가 생각하는 당구장의 운영목적에 부합 할 수도, 아닐 수도 있다. 창업자의 이러한 개개의 상황을 비교 검토하여 최종 선택이 이루어져야 한다. 창업자의 상황이 목표상권에서의 상황과 맞지 않는다면 과감하게 포기 하는 것도 '좋은 선택' 일 수 있다. 특히 점주의 성향적인 부분과 목표상권에서의 유효한, 적절한 장사의 유형은 장사의 지속성과도 관련이 있으므로 신중에 신중을 기해야 한다.

[표 2-6] 가정된 위치에서의 기본구상

	① 위치에서의 기본구상
타깃 고객	가, 다, 사 직장인 및 30~40대,
적정규모	12대~15대(국제식 대대 2대, 포켓볼 1대 포함)
시설 수준	30~40대에 적합한 안정감 있는 형태의 구성
서비스A 구성	당구강습, VIP락카의 구성
서비스B 구성	별도의 음료/간식 서비스매뉴얼 구성
투자 예산	2억~2억 3천(보증금포함)
홍보방법	전단지, 라이타, 시스템북 배포 및 인근 상가와의 제휴
경쟁 방법	A당구장, C당구장과의 경쟁 전략 구성

　지금까지 당구장 자리를 찾는 방법 1), 2), 3), 4)를 제시하였다. 이 방법은 세분화(細分化), 추적(追跡), 조합(調合)의 기본원리를 적용하여 간소화, 표준화한 것이다. 제시된 방법의 활용만으로도 당구장 자리를 찾고, 판단하는 데에 충분하다 믿으며, 기본원리에 대한 많은 생각과 이해가 이루어진다면 일반적인 당구장 창업을 위한 위치선정 이외에 예외적인 형태와[27] 특수 목적의[28] 당구장 창업에도 활용이 될 것이다.

　다음부터 다루어질 [상권의 분류]와 분류된 각각 [상권의 이해]에서 분류된 상권의 대표적인 실제사례를 다루고, 상권에 대한 설명과 함께 '당구장 자리 판단의 방법 1), 2), 3), 4)'에 대한 샘플의 제공과 방법의 검증을 동시에 할 것이다.

---

27) 방법 1), 2), 3), 4)의 기준에서 벗어나 있는 형태.
28) 국제식대대 전용 당구장, 포켓볼 전용 당구장, 회원제클럽형당구장 등 일반 당구장과는 다른 운영방식의 당구장

03
당구장 상권의 분류기준

당구장 상권의 분류는 [상권의 형태적 분류]와 [고객의 형태적 분류] 두 가지의 기준으로 분류할 수가 있다. 상권의 형태적 분류는 상권의 구조, 규모, 포괄성에 기준을 둔 분류이며, 고객의 형태적 분류는 당구장 이용 고객 중심의 분류기준이다.

첫째, 상권의 형태적 분류는 [표 3-1]과 같이 분류할 수 있는데 〈그림

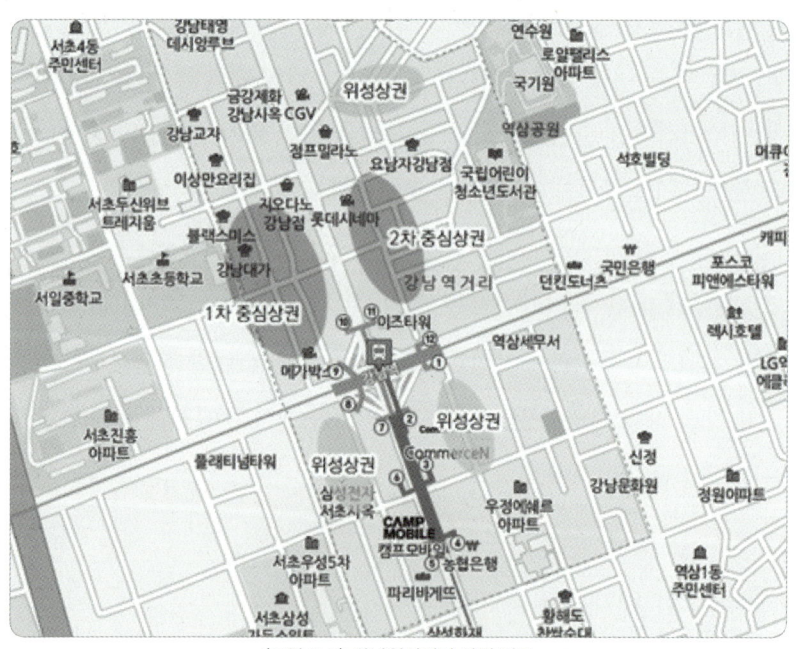

〈그림 3-1〉 강남역사거리 상권 지도

3-1〉과 같이 {집중상권〉위성상권〉단일상권}의 순으로 포괄의 개념으로 이해하면 된다. 집중상권은 흔히 특급지상권으로 불리는 지역으로 일대의 상권 전체를 포괄하는 대형 상권을 의미하며, 위성상권은 집중상권에 비하여 규모는 작으나 비교적 독립적인 형태의 상권에 해당하며, 단일상권은 좁은 범위에서의 작은 규모의 소비 상권을 의미한다.

특히 당구장 창업자가 주의하여 볼 상권은 '중첩형'상권인데(집중상권과 위성상권의 중첩된 경우) 주의 깊게 관찰해야 하는 당구장 자리 중에 하나이다. 이 중첩상권은 주거단지(또는 사무단지)와 집중상권(독립형, 역세권형)과 근접거리에서의 직접적인 연계동선 내에 위치하게 되며 독립적인 상권을 유지하는 특징이 있다. 대표적인 사례로는 〈그림 3-1〉과 같이 강남역사거리 9/10번 출구 상권을 1차 핵심 상권, 11/12번 출구를 2차 핵심 상권으로 가정할 때 8/7/2/1번 출구방향의 2열 상권을 [표 3-1]의 ⑧(집중상권 + 사무단지)로 가정하게 된다. 즉, 집중상권과 도보이동이 가능한 거리에서의 연계된 상권으로 독립적인 소비형태를 보인다.

이러한 중첩형위성상권을 집중상권으로 통합하여 분류하지 않는 이유는 집중상권은 인근의 역세권(서초역, 교대역, 역삼역)을 비롯하여 서울시내 전체의 핵심 상권이기 때문에 각 세대별, 직군별 불특정다수가 모여드는 상권이라는 것을 이해해야 한다. 중첩형위성상권 ⑦ 집중상권 + 주거단지의 경우도 같은 맥락에서 이해하면 된다. 위성상권의 각각의 특징은 별도의 장에서 다루기로 한다.[29]

---

29) p. 60 위성상권의 이해(독립형), P. 63 위성상권의 이해(역세권형)

[표 3-1] 상권의 형태적 분류기준

집중상권	위성상권		단일상권	
① 독립형	독립형	③ 주거단지	독립형	⑨ 사무단지 소비 상권
② 역세권형	독립형	④ 사무단지	독립형	⑩ 주거단지 소비 상권
	역세권형	⑤ 주거단지	중첩형	⑪ 집중상권 + 주거단지
	역세권형	⑥ 사무단지	중첩형	⑫ 집중상권 + 사무단지
	중첩형	⑦ 집중상권 + 주거단지	중첩형	
	중첩형	⑧ 집중상권 + 사무단지		

둘째, 고객의 형태적 분류는 [표 3-2]와 같이 당구장을 이용하는 고객의 형태(이용목적, 이용상황, 이용세대)를 기준으로 한 분류방법으로 직장인, 거주민, 학생, 유흥 목적, 동호인의 기준으로 분류한 것이다. 따라서 특정한 고객층을 대상으로 한 당구장 자리를 찾고자 할 경우에 유용한 점포조사의 기준이 될 것이다. 분류기준에 따른 각각의 주요상권은 「'2013' 당구장 상권 분석 및 상권별 성공 사례에 관한 연구」의 결과물로 분류기준에 따른 대표적인 상권을 나열하였으며 상권의 특징은 별도의 장에서 다루기로 한다.[30]

---

30) p. 60 위성상권의 이해(독립형), p. 63 위성상권의 이해(역세권형)

초보 창업자의 당구장 자리 찾기 실전 방법론

[표 3-2] 고객의 형태적 분류기준

분류	주요상권	형태적분류매칭
거주민 중심 상권	대형상가단지	③, ⑤, ⑦, ⑩
	중소형ssm인접상권	
	랜드마크상권	
	대표 소방도로 상권	
직장인 중심 상권	사무밀집단지 2열상권	④, ⑥, ⑧, ⑨
	위성상권 내 퇴근길 동선	
	벤처 산업 단지 내	
유흥중심 상권(청소년)	집중상권/위성상권 내	①, ②
유흥중심 상권(중장년층)	집중상권/위성상권 내	①, ②
학생중심	대학가 앞	역세권으로 별도 분류
	대학가 인근 역세권	①, ②
동호인	불특정위치	①, ③ ,④, ⑤, ⑥, ⑧, ⑨ ⑦, ⑩

당구장 상권의 이러한 분류의 목적은 기존 창업관련 도서와 상권전문
가들의 분류 방법으로는 당구장의 영업적 특성과 입지적 특성을 반영하
기 어려운 측면이 있기 때문이다. 더불어 향후에 논의될 당구장 영업에
서의 전략적 창업의 접근과 타깃 고객의 설정과도 무관하지 않으며, 상권
의 형태적 분류기준과의 매칭을 통하여 상권별 특성을 파악하는 데 창
업자의 보다 효과적인 접근을 위해서다.

04

상권의 형태적 분류 이해

'상권의 형태적 분류'에 대한 이해를 별도로 다루는 이유는 기존(상권 전문가들)의 상권분류기준과 상이하며, 당구장 자리를 찾는 과정에서의 보다 당구장이라는 전문적인 특징적인 업종의 차별화된 접근을 위해서다. 물론, 기존의 상권해석에 대한 전문가들의 의견이 전적으로 잘못되었다거나 무시하는 것은 아니며 단지 당구장이라는 업종에 국한된 해석임을 밝혀 둔다.

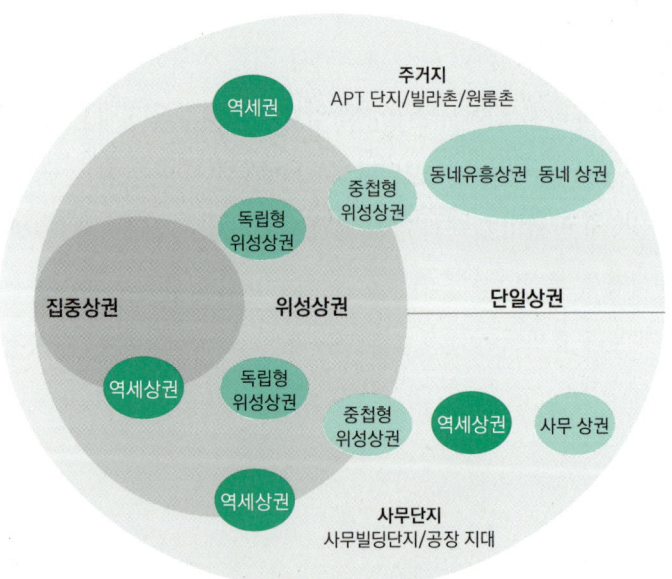

〈그림 4-1〉 상권의 형태적 분류

초보 창업자의 당구장 자리 찾기 실전 방법론

〈그림 4-1〉은 상권의 형태적 분류에 의한 도표이다. 각각의 단일상권과 위성상권 내에는 당구장들이 존재하게 된다. 즉 해당 단일상권의 당구 자원의[31] 특성에 맞추어진 당구장들이 존재하게 되는데, 단일상권의 당구 자원이 집중상권으로 이동하는 경우는 당구장을 방문하는 목적의 변화가 이루어짐을 주의 깊게 보아야 한다. 예를 들어, 단일상권의 사무 상권에서 주로 당구를 즐기던 사람이 어느 날 집중상권의 당구장을 찾는 경우는 그 목적이 변화되었다고 보아야 한다. 즉, 사무 상권에서 평소에는 퇴근 후의 당구게임을 즐겼다면 집중상권에서의 당구장 방문은 퇴근 후의 당구게임이 아닌 회식 등의 또 다른 어떠한 이슈에 의한 또는 특수 목적에 의한 방문이라고 해석해야 한다. 이를 당구장의 관점에서 보면, 집중상권의 당구장은 비단골고객(불특정한 고객)의 방문이 주를 이룰 것이고, 단일상권의 경우는 단골고객(특정 지역의 고객)의 방문이 주를 이룬다고 해석할 수가 있다. 다시 말해서, 단일상권에서 집중상권으로 갈수록 고정고객의 비율이 줄고 고객의 특수 목적에[32] 의한 불규칙적인(비목적성) 당구장 방문의 비율이 높아진다고 해석할 수가 있다.

다음은 집중상권/위성상권/단일상권 각각에 대한 특징적인 설명을 이어가겠다.

첫째, 집중상권은 소비자 생활권역 내의 위성상권과 단일상 권내의 사람들이 각자의 특수한 목적에 의하여 모여드는 장소로의 해석이 가능하

---

31) '당구'를 즐길 것으로 예상되는 상권 내외의 대상 고객 전체를 의미하며, 고객의 형태적 분류에 의하여 유흥/놀이 문화계층과 스포츠 마니아 계층으로 구분 지을 수 있다. p. 99 '당구장 고객의 이해' 참조
32) 상권에서 활동하는 사람들의 제1목적이 술자리, 모임, 데이트, 쇼핑 등의 당구 이외의 목적이 되는 경우로 이러한 현상은 집중상권으로 갈수록 높다. 즉, '당구를 치자'가 주된 상권 이용목적이 아닌 경우를 의미한다.

다. 때문에 당구장에 방문하는 경우는 약속을 기다리며, 술 한 잔 이후, 집으로 돌아가는 길 등의 우연에 의한, 돌발적인 상황에 의한 당구장 방문이 주를 이루게 된다. 때문에 당구장의 시설의 수준 또는 당구강습 등과 같은 서비스적인 측면보다는 '몫', '잘 보이는가', '편한 진입이 가능한가?', '간판의 형태' 등에 의하여 장사가 판가름나는 경우가 많다.

　최근에는 규모적인 측면에서의 외부적인 '대형 당구장'이라는 표현도 고객의 충동적 방문(우연적인, 불특정한 기대감에 의한)에 영향을 미치는 것으로 보인다(대형화 고급화된 타 업종의 이용에 의한 학습효과로 인한 감성적 기대감 상승, 단순히 좋을 것이라는 기대감). 때문에 단골고객의 비중보다는 흔히 말 하는 뜨내기손님의 비중이 강한 것이 특징이다. 포켓볼 전용 당구장의 경우 집중상권에 위치하는 경우가 대부분인 이유가 이러한 불특정한 고객을 대상으로 하는 영업의 형태이기 때문으로 해석해야 한다(포켓볼구장 창업자의 경우, 주고객이 여성, 커플, 10대라는 고객의 특수성에 기인한 전략을 세워야 하며, 이들의 주 소비 상권이 집중상권과 일부 위성상권임을 주의해서 관찰해야 한다).

　집중상권의 또 다른 특징은 하나의 상권에 다양한 연령층이 공존하게 되는데 상권마다의 특수한 형태(사거리 또는 상권 내의 분할된 구역)에 따라서 연령층이 구분 지어진다는 것이다. 이는 결국 당구장 이용 고객의 형태가 세대별로 나뉘게 되는 중요한 기준이 된다. 물론, 복합적인 연령층이 존재하는 경우도 있는데 이러한 경우는 대부분 상권이 대로변 사거리를 기준으로 나뉘어진 경우가 아닌 대단위 블럭형상권 내에서의 연령층이 교차하는 지점 또는 상권으로의 진입 초입에 위치하는 당구장일 것이 확실하다.

둘째, 위성상권의 경우는 집중상권과 상권의 형성원리와 상권의 특징이 비슷하며 상권의 규모차이로 해석해도 좋으며, 상권에 따라서는 단일상권의 특성이 부분적으로 존재하는 곳도 있다. 다만 위성상권의 경우는 상권을 구성하는 연령층이 특정되어지는 경우가 많다는 것은 유의 해야 할 점이다.

위성상권은 단일상권들의 합 또는 그 중에 대표적인 하나로 이해하면 빠르다. 예를 들어 [표 3-1] 단일상권 ⑩ (주거단지 소비 상권)과[33] 같은 상권에 10개 존재한다고 가정할 때, 그 중 대표가 되는 하나의 상권 또는 10개의 상권을 통합하는 11번째 중대형 상권의 형태로 이해하면 된다.

또, 위성상권은 역세권형으로 대표된다고 해도 사실상 큰 무리가 없으며 역삼역/방배역/서초역 등과 같이 직장인을 중심으로한 역세상권이 이에 해당하며, 신대방역/낙성대역 등과 같이 주거단지 중심의 역세권이 이에 해당한다.

위성상권의 구분은 사실상 대표 상권의 규모를 어떻게 기준하느냐에 따라서 그 구분이 틀려질 것이 분명하며 상권의 위치에 따라서는 집중상권과 혼재되어 사용되는 경우도 있다. 그 이유는 앞서 이야기했듯이 집중상권과 위성상권의 상권의 특징적인 부분이 매우 유사하기 때문이다.

이 책에서의 구분은 상권의 규모 차이와 상권 내에 모여드는 통상적인 사람의 범위를 기준으로 나누고 다른 장들의 사례제시와 설명을 이어가도록 할 것이다. 예를 들어 강남역사거리 상권의 경우는 서울뿐 아니라 경기도 인근의 사람들까지 모여 드는 장소로 보아야 하기에 '집중상권'

---

33) p. 48

으로, 역삼역사거리의 경우는 역삼역 인근의 직장인들이 주로 모여드는 장소로 해석하고 '위성상권'으로 구분하여 설명한다.

위성상권의 이러한 위치적 특성 때문에, 당구장을 방문하는 고객의 형태가 집중상권의 주요 고객과 단일상권의 주요 고객이 중복된 형태를 보인다. 당구장이 상권 내 어느 위치에 존재 하느냐에 따라서 조금씩의 비중의 차이는 있으나 양쪽 모두의 고객특징을 갖는 것이 일반적이다. 예를 들어 [표 3-1]의 ⑤ (위성상권/역세권형/주거단지)를 가정하면, 이 지역은 지하철역을 중심으로 인근의 주거단지로 뻗어 들어가는 거미줄모양의 중심에 서게 된다. 즉 이곳을 기점으로 마을버스와 노선버스 등을 통하여 반경 10km 내외의 주거단지로의 진입 을 의미한다. 이러한 곳에서의 당구장 주요 고객은 인근 거주민 과 함께 해당 지역의 단일상권에서 특수 목적(단순 유흥 또는 다른 목적)을 위해 진출한 충동적인 방문고객으로 해석해야 한다. 각각의 상권에 따라서 단골고객과 충동적 방문(뜨내기 고객)의 비중이 조금씩 다를 뿐 공존한다고 해석이 가능하다.

이러한 이유로 위성상권은 당구장 창업자들이 가장 선호하는 위치이기도 하며 경쟁이 가장 치열한 위치임에 틀림이 없다(선호도가 높은 상권이기에 위성상권의 각각의 사례와 특징은 별도의 장에서 자세히 다루기로 한다).[34]

셋째, 단일상권의 경우는 철저히 좁은 단위의 소비 상권에 의존한다. 사무단지의 경우는 퇴근길 동선(內) 또는 배후의 2열 먹자골목과 같은 형태가 대표적이며, 주거단지의 경우는 버스 종점과 주거단지 진입을 위

---

34) p. 60 위성상권의 이해(독립형), p. 63 위성상권의 이해(역세권형)

초보 창업자의 당구장 자리 찾기 실전 방법론

한 소방도로 중심의 생활형 소비 상권이 이에 해당한다. 쉽게 말해서 '우리 집 앞 ○○마트', '사무실 뒤 ○○먹자골목' 등이 이에 해당된다. 인접한 인근의 상권에서 굳이 접근해야 할 이유가 없는 소비형상권으로 이해하면 쉽다. 때문에 이러한 상권에서의 당구장은 단골고객 위주의 영업에 집중을 해야 하는 것이 당연하다. 주거지소비 상권의 경우는 비교적 넓은(동과 동)지역을 영업지역으로 커버하기도 하지만 이는 어디까지나 특수한 경우에 해당하며 해당 당구장의 특별한 영업 전략과 서비스가 존재할 경우에 가능함을 알아두어야 한다. 통상적으로는 해당 주거지의 생활동선(주거지의 버스 2~3정거장 이내)에 국한된다고 보는 것이 일반적이다.

당구장 창업자는 '상권의 형태적 분류'를 이해하고 그 특징에 따른 당구장 고객의 특성을 이해하는 것이 필요하며 그에 근거한 전략적인 당구장 창업에의 접근이 필요하다. 상권별 특성을 무시한 창업은 결국 예정된 실패로의 쓴맛을 경험하게 될 것이 당연하기에 다시 한 번 당부한다. 간혹 설명한 상권의 특징과 상이한 곳들이 존재하나, 그것은 어디까지나 특수한 예외적인 경우로 해석해야 하며, 당구장 자리를 알아보는 과정에서 그 변형된 특징을 찾아내야 함도 당연하다고 할 수 있다.

집중상권은 지역 또는 그보다 넓은 범위에서의 대표가 되는 대형 유흥가를 의미한다. 〈그림 5-1〉에서 보듯이 전체상권의 중심지이며 외부인구의 흡입력을 갖는 대표적인 유흥상권이다.

집중상권은 인접한 지하철역세권과 함께 상권이 확장/발전하게 되는 것이 일반적인 형태이며 지하철역의 4거리를 중심으로 각각 개별적인 소비특성을 갖는 것이 일반적이다. 이 경우 4거리 모두가 상권의 중심으로 자리잡는 경우는 극히 드물다. 〈그림 5-1〉과 같이 한 면이 10대~20대 중심의 청소년 소비형태로 집중되면 또 다른 한 면은 30~40대 중·장년층 중심의 소비형태로 자리잡는 것이 일반적이다. 경우에 따라서 1개의 면만이 특정된 세대의 중심 상권으로 발전되고 나머지 면들은 소비 상권과는 거리가 먼 형태(퇴근길, 귀갓길의 정류소와 연계된 주거단지 또는 사무단지)로 존재하게 된다. 강남역, 중동역, 신사역과 같은 초대형 상권의 경우는 상권의 내부에서 세대별 소비형태가 나뉘기도 한다.

필자가 굳이 역세권의 핵심 상권 이외의 부상권과 소비 상권과는 별개의 소외된 부분까지 언급하는 이유는 그러한 위치들 역시 당구장 자리로써 매우 유효한 부분이기 때문이다. 즉, 당구장이 반드시 유흥상권의 내부에만 존재하는 것이 아니기 때문이다.

아래의 〈그림 5-1〉은 사당역 상권이다.

상권 3은 10대~20대의 소비성향이 강한 업종이 중심을 이루며, 상권 2의 경우는 인근 직장인 중심의 30~40대 소비 업종이 주를 이루고 있다.

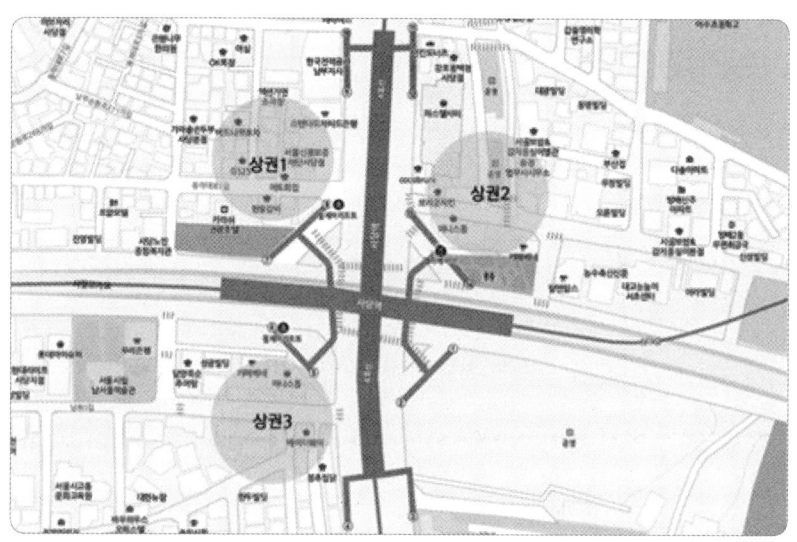

〈그림 5-1〉 지하철역세권의 상권발전 형태

상권 1은 주거단지의 주 출입구로 상대적으로 작은 상권으로 형성되어 있다. 보편적으로 역세권은 이와 유사한 형태를 취하게 되는데, 각각의 상권이 당구장 자리로서는 매우 유효한 형태임을 생각해 두어야 한다. 독립적인 형태의 집중상권은 극히 드물게 나타나는 형태로 전통적인 지역의 랜드마크로 오래 전부터 상권이 발전된 경우에 해당되며, 대학가를 중심으로 발전된 상권도 이에 해당된다. 그러나 도시가 개발되고 확장되는 속에서 이러한 집중상권과 지역의 주요거점을 중심으로 지하철이 개통되기도 하였기 때문에 일반적으로 집중상권의 경우는 인접한 지하철역세권으로 통합/발전하는 과정을 통하여 비교적 넓은 범위의 상권이 형성된 특징이 있다(주의: 역세권의 경우 위성상권으로 분류되는 경우도 있음).

집중상권의 당구장 주요 점포위치는 〈그림 5-2〉과 같이 ① 주동선의 초입(初入)으로 상권 중심부로 진입되는 주도로의 코너 또는 이동과정의 동선(b)와 동선(c)의 위치가 해당한다. ② 상권의 중심부(中心部)로 상권 내부의 중심통로에 해당되며 상권 내부의 주동선(a)에 해당한다. ③ 상권에서의 이탈을 위한 정류소 인근으로 귀가를 위한 버스정류소와 지하철역까지의 동선(e) 와 동선(b) 부근이 주요한 당구장 자리에 해당한다(중심 상권에서는 그 우선순위가 다소 떨어지나 위성상권에서는 핵심 위치가 되기도 한다).

〈그림 5-2〉에서 특이할 만한 사항은 동선(f)와 상권 2의 상황이다. 주(主)상권에서 벗어나 있는 위치임에도 불구하고 작은 소비 상권이 형성되어 있으며, 이 위치에 당구장이 존재한다는 것인데, 상권 2는 인접한 주거지로의 주요 진입로에 해당된다. 상권의 형태적 분류로는 ⑦ (위성상권 중첩형)에 해당한다. 당구장 자리를 찾고 있는 창업자는 이러한 위치도 주의 깊게 관찰할 필요가 있다. 초보 창업자 일수록 '상권 1'에 집중한 나머지 이러한 좋은 위치를 놓치는 일이 비일비재하다.

초보 창업자의 당구장 자리 찾기 실전 방법론

〈그림 5-2〉 지하철역세권의 상권발전형태

위성상권의 이해(독립형)

위성상권의 경우는 앞서도 언급했듯이 전문가에 따라서 집중상권과 혼재하여 사용될 가능성이 있다. 그 이유는 지역에 따라서 그 상권이 크기를 나누는 기준이 다르기도 하며 전문가에 따라서 각각의 판단기준이 다르기 때문이다. 이 책에서는 최소한 구(區) 또는 시(市) 또는 그 이상을 대표할 만한 대형 상권을 집중상권으로 구분하여 이야기함을 미리 밝혀둔다.

독립형 위성상권이라 함은 지하철역과는 별개의 상권으로 이루어진 비교적 규모가 있는 [표 3-1]의[35] ③ (독립형 주거단지상권)과 ④ (독립형 사무단지상권) 형태의 상권을 의미한다. 상권의 특징으로는 이용 연령층(중장년층, 청소년층) 상권의 위치에 따라서 명확하게 구분되는 특징이 있다. 〈그림 6-1〉의 경우는 ④ (독립형 사무단지상권) 형태로 대표적인 위성상권의 형태다(사례의 경우는 위성상권으로의 구분했지만 이보다 더 작은 규모는 단일상권으로 구분한다). '동선 1'을 중심으로 길게 유흥 업종이 존재하게 되며 당구장 역시 '동선 1'에 위치하는 것이 가장 유력하다. '동선 2'의 경우는 부상권의 형태로 보아야 하는 데 음식점, 선술집 등과 같은 업종은 유효할 수도 있지만 당구장만큼은 가급적 피

---

35) p. 48

초보 창업자의 당구장 자리 찾기 실전 방법론

해야 하는 위치로 보아야 한다. 위성상권의 당구장 주요 위치는 주요 동선 내(內) 즉, '동선 1'에 위치하는 것이 바람직하다.

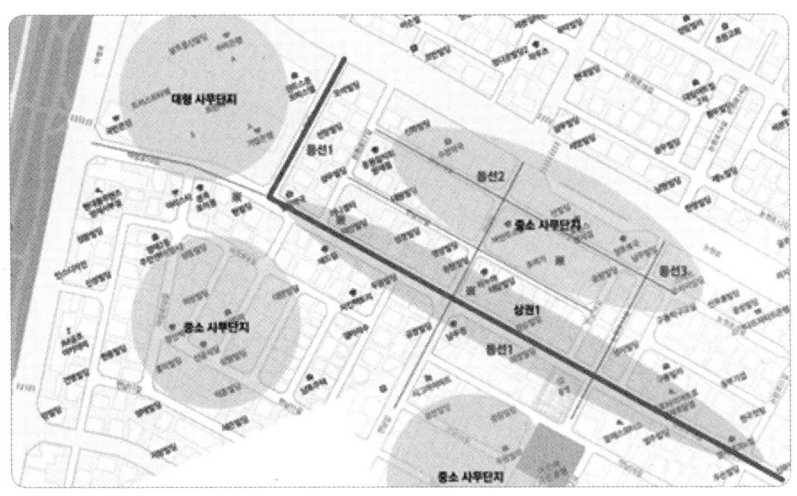

〈그림 6-1〉 독립형 사무단지(위성상권)

〈그림 6-2〉은 [표 3-1]의 위성상권 ③ (독립형 주거단지상권) 형태의 상권이다. 일반적인 주거지 상권에 비해 상권의 규모가 크게 형성이 되어 있다. 표시된 상권 1, 2, 3은 주위에 둘러 싸여진 주거지로의 주요 진출입로를 중심으로 발전된 형태를 보인다. 즉, 동선 (a), (b), (c), (d)를 중심으로 좋은 당구장 자리가 가능하다고 보면 된다. 위성상권의 독립형 주거단지상권의 경우는 상권의 중심과 인접한 주거지 진입으로의 주요 동선과 일치하는 특징적인 현상을 보이게 된다.

사실상 독립형 위성상권의 경우는 단일상권과(주거단지, 사무단지) 동일하거나 유사한 형태의 상권구조와 영업 형태를 갖는 것이 일반적이다.

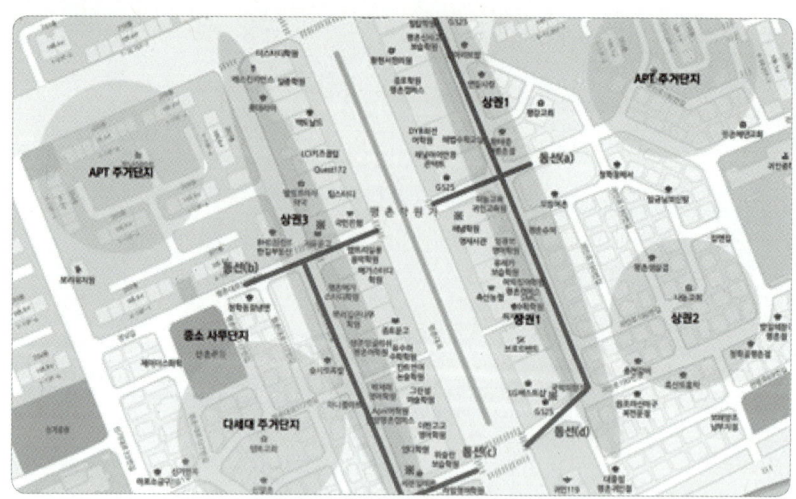

〈그림 6-2〉 독립형 주거단지(위성상권)

다른 점은 그 규모의 크기에 의하여 구분된다고 해도 무방하다. 그럼에
도 불구하고 위성상권으로 분류하는 이유는 외부유입고객이 일정부분
존재하기 때문에 당구장의 주요 고객이 혼재(지역적 단골고객과 외부유
입에 의한 뜨내기 손님)하는 이유다.

| 조 언 |

상권의 형태나 규모를 막론하고 사실상 당구장 자리를 정하는 과정 중에서 가장 중요한 것은
주요 동선을 파악하는 일입니다. 그것은 넓은 범위의 동선(주변 주거지 또는 사무단지를 포함
한 단지 전체의 동선)과 좁은 범위의 동선(상권 내부의 유동 인구 동선)을 파악하고 그 상관
도(연계성, 영향력 등의 파악)를 그려보는 것입니다. 지도를 한 장 뽑아 들고 그려보세요. 그
러면 찾고자 하는 당구장 자리의 위치가 보이게 될 것을 확신합니다. 그 위치에 빈 상가가 있
을 수도, 없을 수도 있지만 실망하지 마세요. 어차피 하루아침에 결정되는 것이 아니니 인내
심을 가져야 합니다. 필자 역시도 언제나 마찬가지입니다.

초보 창업자의 당구장 자리 찾기 실전 방법론

07
위성상권의 이해(역세권형)

　지금부터 설명할 위성상권(역세권형)은 당구장 창업자가 일반적으로 가장 선호하는 당구장 자리 중의 하나이다. 그 이유는 앞서 설명했듯이 단골고객층과 불특정고객(뜨내기 손님)이 혼재하는 형태의 상권이기도 하며, 상권의 규모에 맞게 눈에 보이는 유동 인구가 많기 때문이기도 하다. 사실상 필자의 생각으로는 단순 유동 인구보다는 인근 주거지와 사무단지에 근무하는 상주인구와 상권 내 활동 가능한 당구 자원의 인구 구성(당구 고객층) 비율이 더 중요하다 생각하지만, 처음 당구장을 창업하려는 분들의 시각은 좀 다른 듯하다.

　본론으로 들어가서, 역세권형 위성상권은 사실상 대부분의 역세권역이 해당한다고 보아도 무방하다. 독립형 위성상권과의 차이는 지하철역을 중심으로 한 상권이냐 아니냐의 차이만 있을 뿐이며 상권의 기본적인 특징은 유사하다.

　예외적으로 주거단지/사무단지의 진입을 위한 대표적인 지하철역 중에 상권이 형성되지 않는 경우가 있다. 이러한 경우는 지형적인(도로의 형태, 주변 건물들) 원인으로 인해서 상권형성이 미약한 경우와 지하철역 인근에 기존의 규모 있는(성숙한) 상권이 존재하는 경우에 해당하며, 기존 상권이 확대/발전하는 현상을 보이게 된다. 또 하나의 경우는 주거단지/사무단지의 지하철역이 영향의 범위(지하철역이 있음으로 인한 주민과 직장인의 혜택의 범위)가 작아서 단일상권의 형태로 만족하는 곳도 존재하게 된다.

이처럼, 위성상권[역세권형]은 일반적으로 지하철역을 중심으로 일정 규모 이상의 유흥중심 위성상권으로 상권이 발달하며 인근의 단일상권에 대한 강력한 흡입력을 갖게 된다.

상권의 구분을 위한 이해를 돕기 위해 다음의 간단한 대화로 예를 들어본다. 사무 상권의 경우,

"오늘 회식은 방배역으로 나갈까요?"
"이대리 오늘은 그냥 사무실 뒤에서 간단히 한 잔 하자."

이 대화에서 '방배역'은 위성상권 또는 집중상권으로 '사무실 뒤'는 단일상권의 개념으로 이해하면 된다.

"우리 집 앞, 정류소 ○○마트에서 보자. 오늘은 집 근처에서 맥주나 한 잔 간단히 하자."
"퇴근하고 집에 들어가는 길에 좀 보자. 신대방역 앞에 ○○주점이 좋다는데, 거기로 가서 한 잔 하자."

이 대화에서 '정류소 앞 ○○마트'는 단일상권을 '신대방역 앞 ○○주점'은 위성상권[역세권]에 해당한다고 보면 맞다.

위성상권과 단일상권의 단적인 예가 이해가 되는가? 당구장 자리를 구하는 데 있어서 중요한 개념이기 때문에 하나의 예를 더 들어보도록 하겠다.

정호와 명수가 오늘 만나기로 약속을 했다.
정호가 명수에게
"명수야! 오랜만에 강남역에서 신 나게 한 번 놀아보자."

명수가 대답하길
"정호야! 오늘은 좀 멀리 나가기 귀찮아~ 오늘은 그냥 가까운 신대방역 앞에서 간단히 놀자."

명수가 다시 실망한 듯이
"인마 차라리 걍 집 앞에서 치맥이나 하자!"

정호가 어쩔수 없다는 듯이,
"알았어, 강남역으로 나가서 놀자! 하하하."

이 대화에서 강남역은 집중상권으로 신대방역은 위성상권으로 집 앞 치맥을 파는 가게는 단일상권으로 이해하면 된다.

다시 본론으로 돌아와서, 위성상권 [역세권형]으로 당구장 창업을 결심하고 당구장 자리를 찾는다면, 그 상권의 형태가[36] 사무단지 중심인지(역세권형 ⑥ 사무단지), 주거단지 중심인지(역세권형 ⑤ 주거단지), 주거 + 사무단지의 복합적인 형태인지를 파악하는 것이 첫째로 해야 할 일이다.

그 이유 1)은 당구장 고객의 범위를 설정하고 타깃 고객을 설정하기 위함이다. 그 이유 2)는 상권의 구분과 이유 1)의 결과에 따라서 당구장 자리의 주요 위치가 다르기 때문이며 영업 전략 또한 바뀌어야 한다.

위성상권[역세권형]에 대한 필자의 해석은, 첫째로, 위성상권의 역세권형 [주거단지]의 경우, 앞서 예시한 정호와 명수의 대화처럼 지역적 연계성이 강하게 작용한다. 다시 말해서 위성상권을 중심으로 한 인근의 주거지 단일상권과의 소비형태와 유흥형태에 밀접한 연관성을 갖게 된다. 거주하는 해당 단일상권에는 없는 것 또는 있는 것들이 밀집되어 있는 곳이 [역세권형]주거단지에 해당된다. 때문에 주요 고객이 역세권 영향권 내 단일상권 주거지의 고객과 일정부분 중복된다(즉, 당구장 고객의 입장에서는 위성상권에 있는 당구장을 이용할 수도, 단일상권의 당구장을 이용할 수도 있다는 결론에 도달한다). 따라서 위성상권의 구성 형태(상권의 주요 업종과 상권의 도형적 모양)와 인접한 영향권 내의 단일상권의 구성 형태에 따라서 당구장 주요 고객의 구성 형태와 방문목적이 상권마다 다르게 정해지게 된다.

둘째로 위성상권 [사무단지]의 경우도 같은 개념으로 이해하면 되는데, 내 직장 앞의 작은 상권에는 없는 것들 또는 있는 것들의 집합체의

---

36) p. 48 [표 3-1], p.50 〈그림 4-1〉 상권의 형태적 분류기준 참조

개념으로 이해하면 무리가 없다. 그러나 앞선 이 대리와의 대화에서처럼 특수한 목적이 없는 한 반드시 상권의 내부로 진입해야 하는 필요성이 없다는 것에 유의해야 한다. 때문에 위성상권 [사무단지]에서의 당구장 고객이 집중상권을 제외한 여타 상권에 비하여 단골고객의 비중이 적은 중요한 이유로 해석되기도 한다. 그러나 원칙적으로는 위성상권의 특성상 외부유입고객이 많기 때문으로 해석하는 것이 맞다. 그럼에도 불구하고 언급하는 이유는 당구장 방문의 특별한 목적[37]을 만들어 주는 것이 당구장 영업의 관건이 되기도 하기 때문이다.

셋째로, 주거지형과 사무단지형 위성상권의 업종 구성은 거주민과 직장인 중에서 그 중요도에 따라 극명한 차이를 보이게 된다. 즉, [역세권형]사무단지에는 유흥 업종 중심의 구성이라면 [역세권형]주거단지형의 경우는 유흥 업종+생활 소비 업종(분식집, 외식업체, 중대형 마트 등)이 포진된다. 때문에 둘의 당구장 주요 고객의 특성과 함께 영업적인 특성도 극명하게 나뉘게 된다.[38]

추가적으로(필자의 개인적 견해), [역세권형]주거단지와 [역세권형]사무단지의 차이점은 {'퇴근하고 집으로 향한다'와 '이제 집에 다 왔다'}의 심리적 차이가 존재한다. 단일상권[사무단지] 인근의 직장인이 이제 막

---

37) 지인과의 '당구게임' 이외의 방문목적을 의미한다. 예를 들어, 당구강습, 타인과의 원활한 대전(對戰) 등이 해당되며, 이외에도 당구를 치지 않는다 하더라도 점주와 함께 차 한 잔 마실 수 있는 곳, 이야기를 할 수 있는 곳, 영화도 볼 수 있는 곳 등등의 특별한 목적을 포함한다. 업종을 막론하고 장사의 방법에는 '주목적' 즉 당구장은 '당구게임', 피자 집은 '피자', 식당은 '음식 맛' 이외의 부목적에 해당하는 특별함이 존재하고 그것이 장사의 큰 무기가 됨을 상기하여야 한다. 당구대의 성능, 훌륭한 인테리어의 당구장은 많다. 그러나 이들의 성공과 실패는 '운영 프로그램' 즉 고객에게 특별한 방문목적을 부여함에 있다는 것을 심각하게 생각해 보아야 한다.

38) 고객의 당구장 이용 방법, 이용상황, 이용시간이 달라짐에 따라서 당구장의 주요영업시간과 영업방법이 달라지게 된다. 〈ABBI 연구소 상권별 당구장의 영업특성〉 참조 abbi.co.kr

퇴근을 하고 동료와 당구장을 방문한다고 가정해 보자. 선택 1) 회사 앞 당구장, 선택 2) 인근의 위성상권에 위치한 당구장 중에서 선택 1)의 확률이 높다. 선택 2)의 경우는 무언가 특별한 요건(회식, 술자리의 이동 등)이 필요한 선택이 된다. 반면 [역세권형]주거단지의 경우 귀가기점으로서의 역할을 하기 때문에 심리적으로 집 앞의 당구장과 [역세권형]주거단지의 당구장 중에 손쉽게 선택되는 경우가 많다.

상권의 업종 구성에 대한 부연설명 포괄적 개념으로 설명이 되다 보니 상권의 업종 구성에 독자의 혼돈을 일으킬 수도 있다 생각하여 부연 설명을 한다.

상권의 형태적 분류상 [표 3-1]에서[39] 위성상권을 ⑤ 사무단지, ⑥ 주거단지로 나누었다. 그러나 현실에서는 극명하게 둘이 드러나는 경우도 있지만 두 가지 특성이 혼재되어 있는 경우도 많이 볼 수가 있다. 다시 말해서 계획된 신도시와 산업단지를 제외하고는 사무단지와 주거지가 연계되어 존재한다. 예를 들어, 방배동 사무밀집단지 배후에는 다세대 주거단지가 존재하며, 몇 개의 위성상권과 단일상권으로 나뉘면서 그 상권의 업종 구성이 주거중심의 형태이냐 사무단지 중심의 형태이냐 나뉠 뿐이다. 때문에 위성상권의 경우는 두 가지를 모두 염두해둔 상권의 해석이 필요하게 된다. 특히나 역세권형[주거단지]의 경우는 해당 주거지의 소득수준과 주거형태에 따라서도 위성상권의 구성 형태가 달라지게 된다.

지금까지 부연한 상권의 업종 구성은 당구장 자리를 선정하는 과정에

---

39) p. 48

초보 창업자의 당구장 자리 찾기 실전 방법론

서 매우 중요한 '고객의 형태'를 판가름 하는 중요한 요소가 되기도 하므로 당구장 창업자는 간과해서는 안 된다.

결론적으로, 위성상권의 역세권형은 하나의 상권에 온전하게 한 가지의 특징을 가질 수도, 비중의 차이를 두고 두 가지 특징을 동시에 가질 수도 있으며, 그 차이를 가늠하기 힘들만큼의 평형을 유지하기도 한다. 이러한 현상은 인접한 주거지 또는 사무단지의 구조적인 형태와 사람들의 동선에 따라서 달라지게 된다. 상권의 특징에 따라서 주요 고객도 당연히 달라지게 되며 그에 따라서 당구장이 위치할 주요자리도 달라지게 된다.

필자가 다른 장에 비하여 이 부분을 집요하게 설명하는 이유는 창업자가 가장 선호하는 당구장 자리인 반면에 상권의 잘못된 이해로 인하여 가장 폐업이 많은 자리이기 때문이기도 하다.

그렇다면, 상권의 정확한 파악을 위해서 해야 할 것은, 상권의 진입주요 동선과 주변 상권(인근의 집중상권, 단일상권, 위성상권)과의 연계성을 조사/분석해야 한다. 이러한 과정을 통하여 상권의 특징을 파악할 수가 있는데, 상권을 구성하는 연령층, 규모, 형태, 활동시간 등의 파악이 가능하게 되며, 이는 당구장 자리를 선정하는 중요한 기초 자료로 활용하게 된다.

그럼 실사례를 통하여 보다 자세히 알아가 보자.

〈그림 7-1, 2, 3〉은 범계역과 평촌역의 사례이며, 〈그림 7-4〉는 신대방역의 사례이다. 상권에 대한 관심을 갖고 처음부터 본 창업자라면 아마도 이 두 가지 사례를 가지고 위성상권에 대한 전체가 이해가 가능할 것이라는 기대를 해도 좋다.

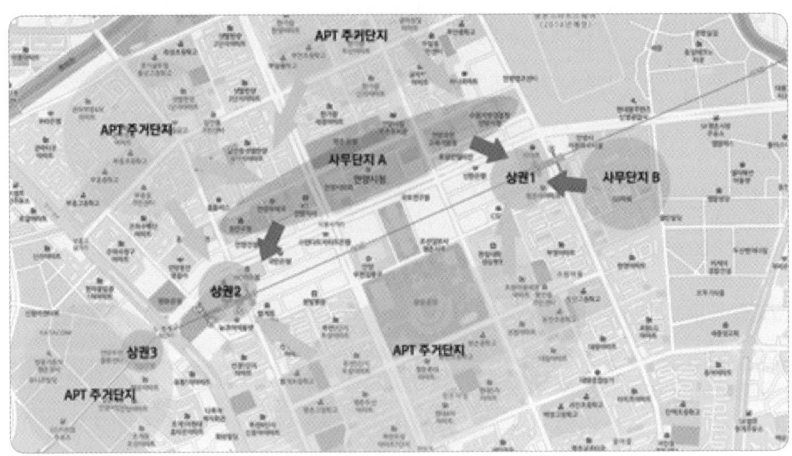

〈그림 7-1〉 평촌-범계 인덱스

· 첫째, 〈그림 7-1〉의 설명이다.

평촌역과 범계역은 평촌신도시의 대표적 상권이다. 이 두 상권의 특징은 평촌역은 30~40대 중장년층 중심의 직장인 중심의 유흥상권으로 발전하였고 범계역은[40] 10대와 20대의 유흥상권으로 양분하여 발전되었다. 지도에서 보듯이 상권 1(평촌역), 상권 2(범계역)의 상권은 주변의 APT 단지와 함께 지도상에는 표기되지 않은 인근의 지역까지 넓은 범위에 영향을 주는 상권이다. 특히 상권 2는 청소년층을 대표하는 상권의 형태로 '안양 1번가 상권' 다음으로 큰 상권으로 집중상권이라고 해도 무방할 정도의 규모이다. 배후에 둘러진 주거지의 인구 중 청소년층은 상권 2의 주요 소비대상이 되고, 상권 1은 사무단지 A, B의 주요 소비대상이 된다. 상권 1, 2 모두가 위성상권 역세권형으로 구분되며 상권 1은 사무단지형, 상권 2는 주거지형으로 구분되어야 한다.

---

40) 20대 중심의 위성상권의 형태에서 '롯데백화점'의 입점을 기점으로 안양 제1의 상권이라는 '안양 1번 가'를 능가 할 정도의 대형 상권으로 발전.

초보 창업자의 당구장 자리 찾기 실전 방법론

상권 1, 2 모두 사무단지와 주거지의 중복된 특성을 갖고 있음에도 사무단지형과 주거지형으로 분류하는 이유는 상권의 주요이용 연령층과 업종의 유형 때문이다(업종유형은 〈그림 7-2, 3〉에서 별도의 설명을 하겠음). 두 상권을 이용하는 사람은 둘 중 한 곳을 선택하여 이용하게 되는데 그 기준의 1순위가 연령별 상권의 형성형태로 나뉘게 된다. 즉, 청소년층은 주로 상권 2, 중장년층과 주거지가 다른 직장인은 상권 1을 이용하는 형태가 되는데 이는 상권이 발전할수록 그 세대별 구분이 극명해지게 되는 현상을 보인다.

좀 더 거시적인 측면으로 볼 때는 결국 상권 1이 상권 2로 통합되면서 상권 1의 경우는 특정세대의 특수 목적의 상권으로 축소가 될 가능성이 높다. 그 이유는 한쪽 상권이 비대해 질수록 집중상권의 형태로의 면모를 갖추어 가면서 일대의 대표 상권으로 자리잡게 되는 현상으로 보아야 할 것이다(현재 상권 2로의 집중화 현상이 현재 진행형임). 이러한 상권의 집중화와 분할 등에 대한 논의는 상권 분석 전문가들의 분석/평가에 일단은 맡겨두자.[41]

당구장 자리를 찾기 위한 우리는 지도상의 상권 3에도 눈길을 한 번쯤 돌려보아야 한다. 상권 3은 배후 APT 단지의 단일상권으로 ⑬ 중첩형으로 해석이 된다. 이러한 단일상권의 초입부도 당구장 자리로서 염두 해두길 바란다.

〈그림 7-1〉의 설명으로 위성상권의 형태에 대한 설명과 두 상권의 형성배경은 충분히 설명되었으리라 생각한다. 필자의 설명과 같이 당구장

---

41) 이 책에서의 '범계역' 상권에 대한 필자의 의견과 부동산 전문가, 상권 분석 전문가와의 의견은 상충될 수도 있다.

자리를 찾는 과정에서는 인근 상권과의 연계성과 관련성을 함께 파악해야 한다.

자, 그럼 이제부터 우리가 당구장을 개설할 범계역 상권과 평촌역 상권에 대한 집중적인 이야기를 해 보자.

범계역 상권의 경우 지역적인 특색을 감안할 때 집중상권으로의 구분도 가능하지만 여기서는 효과적인 이해를 돕기 위해 위성상권으로 구분하기로 한다. 이 사례는 주거지와 사무단지의 복합적인 개념이 있는 좋은 사례이므로 비교적 자세히 설명하기로 한다. 〈그림 7-2〉에서 보듯이 1차 핵심 상권, 2차 핵심 상권, (부)2열 상권으로 3개의 상권으로 구분하였다. 이 구분은 상가의 밀집도, 유동 인구, 주요 업종의 분포를 기준으로 나눈 것이다. 거점 'A'를 중심으로 1차 핵심 상권은 범계역의 핵심에 해당하며 유동 인구의 70%이상이 집중되는 장소라 해도 무방하다. 2차 핵심 상권은 1차 핵심 상권으로의 진입을 위한 동선(a)에 위치하는 상권으로 유흥중심의 업종보다는 악세서리, 커피숍, 핸드폰매장 등의 형태로 구성 되어 있다. 즉, 유흥상권의 핵심업종은 아니라는 이야기다. (부)2열 상권은 1차 핵심 상권의 보조적 상권으로 업종의 유형은 같으나 그 밀집도가 떨어진다. 지역의 상권발전의 형태로 보건데, 평촌역 상권의 부분적 이동으로 해석으로도 볼 수 있다. 앞서 이야기한 거시적 측면에서의 상권 통합으로의 진행으로 가정할 때, 이 지역의 2열 상권은 중장년층 중심의 요식/유흥 업종으로 발전될 가능성이 충분이 있다.

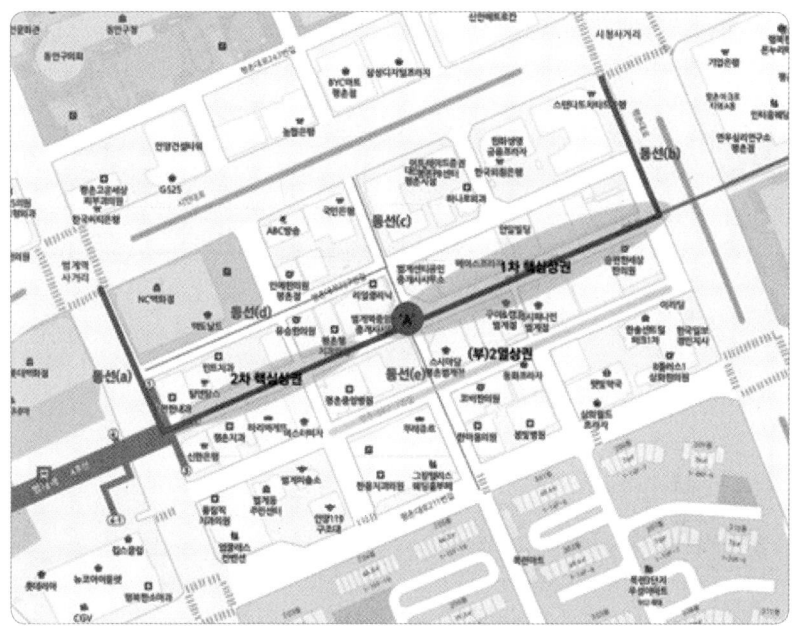

〈그림 7-2〉 범계역 상권 지도

그럼 이 상권에서의 당구장 자리는 어디가 유력할까?

동선(a)-"A"- 동선(b)를 잇는 동선상에 당구장이 존재하는 것이 유력하다. 특히 "A"의 중심부와 동선(b)의 코너 부분이 가장 유력한 당구장 자리가 되며 "A"-동선(b) 사이도 매우 유력한 당구장 자리가 된다. 실재적으로 동선(a)는 당구장입점이 불가능한 대형상가가 구성되어 있으므로 논외로 한다. 그렇다면 (부)2열 상권의 위치는 어떠할까? 과거(3~4년 전) 경기가 좋고 당구가 붐일 때는 이 라인도 매우 유효한 당구장 자리였음에 틀림이 없다. 그러나 현재의 상황으로는 가급적 미성숙한(또는 쇠퇴한) 2열 상권은 피하는 것이 현명하다(무언가 특별한 전략이 없는 한).

이곳은 10대/20대와 중장년층의 세대간 성비가 7:3을 이룬다는 점에 주목해야 하며 그들 세대가 주로 이용하는 업종과 브랜드로 구성되었음도 염두에 둔 사업 계획이 필요하다. 부분적으로 장년층 고객이 존재하나 무시해도 좋다는 것이 필자의 판단이다(현재는 롯데백화점의 입주로 상권의 형태가 급격하게 집중상권의 형태로 변화되고 있음).[42]

다음은 〈그림 7-3〉 평촌역 상권에 대하여 알아보자 앞서 언급했듯이 범계역 상권과는 대비되는 연령층의 구성과 입점업종의 차이점을 볼 수가 있다. 이곳의 주요 업종은 룸싸롱, 노래방과 함께 일반요식업(선술집, 고깃집 등)이 분포되어 있다. 업종 중에 룸싸롱의 비중이 상권의 반을 차지할 정도로 넓게 분포되어 있다는 것은 인근의 사무단지 직장인 중장년층의 이용이 빈번하다는 반증이 된다.

주의하여 볼 것은 동선(a)에 위치한 작은 소비 상권이다. 이는 평촌역을 이용하여 인근의 주거지로 이동하는 버스정류장으로 부분적으로 단일상권[주거지]의 역할을 하고 있음을 보여준다.

그렇다면 이곳에서는 어디가 당구장 자리로 유력할 것인가?

"B"-동선(c)의 위치가 가장 유력한 당구장 자리가 된다. 주요 고객은 인근 직장인과 주거지의 30~40대 중·장년층이 된다.

(필자의 개인견해) 이 상권은 시간이 지날수록 범계역 상권으로의 집중화될 가능성이 매우 높다. 따라서 "B"를 기점으로 좌측은 기존의 룸싸롱, 노래빠 등의 업종이 유지되겠지만 "B"-동선(c)의 경우는 [표 3-1]의 단일상권 ⑩주거지 규모로 급격한 축소를 가져 올 것으로 보인다.

---

42) 20대 중심의 단순 위성상권의 형태에서 '롯데백화점'이라는 대형 고급화된 종합쇼핑몰의 입점으로 인하여 안양 일대의 대표 랜드마크의 역할을 수행하게 되므로써 세대를 불문한 대표 상권으로 자리잡고 있음. 타지역과 비유하자면 일산의 라페스타, 강남역사거리, 노원 문화의 거리 등과 같은 시, 도의 대표성을 부여할 수 있는 상권.

초보 창업자의 당구장 자리 찾기 실전 방법론

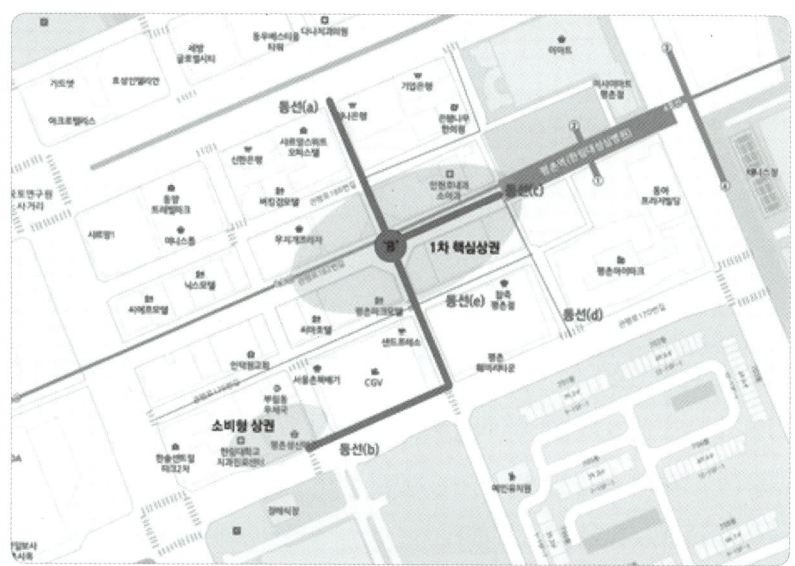

〈그림 7-3〉 평촌역 상권 지도

　때문에, 현재는 [역세권형]주거단지와 [역세권형]사무단지의 복합적인
형태로 판단하여야 하며, 향후에는 역세권임에도 불구하고 [표 3-1]의
⑨, ⑩에[43] 해당하는 단일상권으로 구분될 가능성이 있다.

　이 두 사례를 통하여 [위성상권]역세권에 대한 이해가 어느 정도 되었
으리라고 생각한다. 당구장 자리를 찾는 과정에서의 해당 상권에 대한
이해(발전과정, 현재상태, 미래예측)가 반드시 필요하다. 현재는 좋아 보
이지만 머지 않은 미래에 쇠퇴할 가능성이 높을 수도 있고, 현재 쇠퇴
중이거나 발전중일 수도 있다. 이러한 상권의 상황을 반영하지 않은 당

---

43) p. 48

구장 자리의 선택은 자칫 돌이킬 수 없는 결과를 가져오게 되므로 주의해야 한다.

다음은 대표적인 위성상권의 [역세권형]주거단지의 사례다. 먼저 〈그림 7-4〉를 보면 신대방역 상권과 함께 영향권 내의 주거단지(주황색원)와 단일상권①~⑨의 표기가 있다. 역세권[주거단지]의 경우는 지하철역을 출발점으로 해서 노선버스와 마을버스가 영향권 내의 단일상권 지역으로 뻗어나가게 된다(상권의 영향범위를 조사하는 방법은 상권의 중심에서 마을버스 노선도를 확인하는 것이 가장 알기 쉬운 방법이 된다).

붉은색 선은 영향권 내 주거단지로 진입하는 주요 동선에 해당하며 영향의 범위가 지하철역을 중심으로 반경 2~3km에 달할 정도로 [역세권형]사무단지에 비하여 상당히 넓음을 알 수 있다. 이처럼 주변의 영향권이 주거단지로 구성되어 있는 위성상권을 역세권형[주거단지]로 정의한다.

부가적으로, 〈그림 7-4〉를 보면 신대방역에서부터 시작된 주요 동선 A-B-C의 최종목표점이 지도의 하단 '주공APT'를 향하고 있다. 즉, 신대방역은 신대방-난곡동 주공APT를 잇는 3km의 주동선을 이루고 있는 것을 알 수가 있으며, 이 동선 내에서 각각의 주거단지로 진입하는 주요도로(소방도로)가 단일상권[주거지]의 핵심요지가 된다. 즉, 이 단일상권을 중심으로 좋은 당구장 자리가 된다.

〈그림 7-5〉는 위성상권역세권형[주거단지]인 신대방역 상권 지도이다. 〈그림 7-4〉의 단일상권들의 핵심 상권으로서 영향권 내의 단일상권들을 통합하는 하나의 거대상권으로 이해하면 된다. 때문에 이러한 곳의

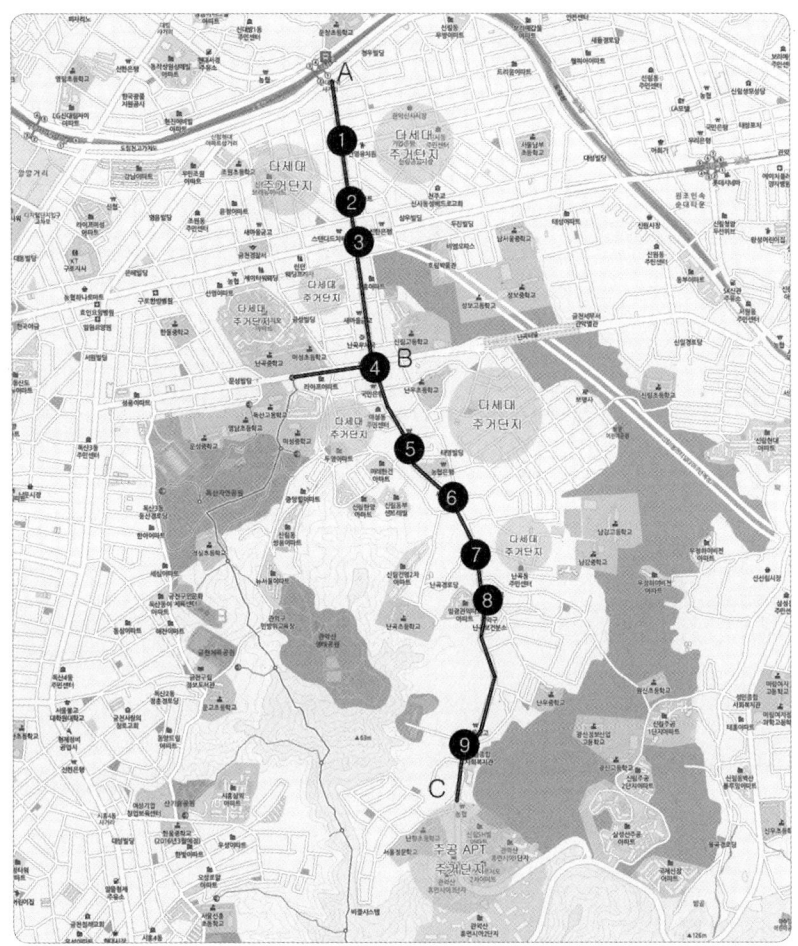

〈그림 7-4〉 신대방역 상권 영향의 범위

업종의 형태는 유흥 업종+생활 소비 업종으로 구성되며, 특히 생활 소
비 업종이 집중된 상권을 형성하게 된다. 예를 들어 같은 유흥 업종이라
하더라도 대형룸싸롱, 대형포차의 술집들보다는 간단한 형태의 치킨&
맥주 브랜드와 삼겹살 고깃집 등의 생활 밀착형 업종이 주를 이루게 된
다. 또한 단일상권에서 주로 볼 수 있는 분식집, 핸드폰매장, 제과 브랜
드들이 상권의 주류를 이루게 된다. 다시 말해서 영향권 내의 단일상권

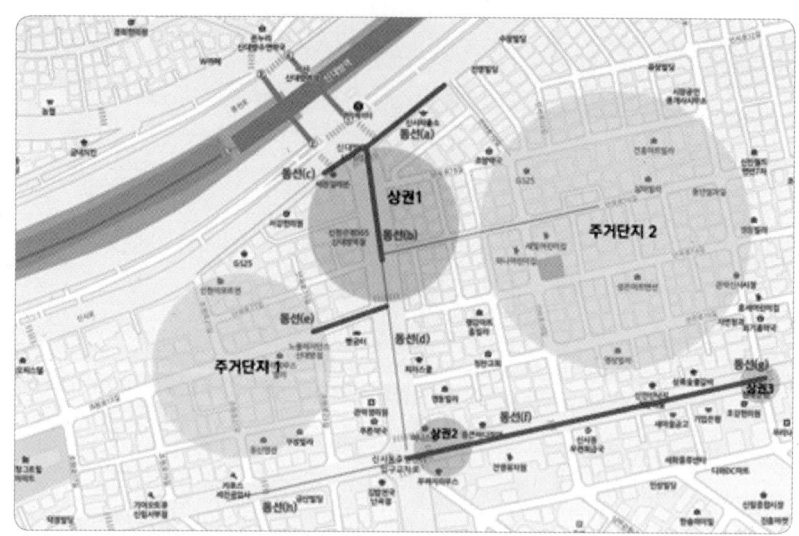
〈그림 7-5〉 신대방역 상권 지도

의 업종과 유사한 업종이 주류를 이루며 그것들이 다수(또는 비교적 큰 규모로) 존재한다.

그렇다면, 이러한 상권에서의 당구장의 유력한 자리는?

동선(a)-동선(b)의 위치가 가장 유력하며 〈그림 7-4〉의 목표점인 주공 APT 단지로의 방향이 유리한 자리이다.

참고로 상권 2, 3의 경우는 인접한 단일상권이다. 만약 상권 1이 존재하지 않는다면 유력한 당구장 자리로 판단할 수가 있으나 핵심 상권인 상권 1과 인접하고 영향권의 주거지가 중복되는 현상으로 상권의 발달이 미약(또는 쇠퇴)할 수밖에 없다. 때문에 당구장 자리로는 부적하다고 보아야 한다. 다만, 상권 3의 경우는 비교적 상권 1과 거리가 있고 동선 (f)가 주소방도로의 역할을하며 지도의 반대편 주거단지까지를 영향권

초보 창업자의 당구장 자리 찾기 실전 방법론

으로 두는 단일상권이기 때문에 상황에 따라서는 가능성 있는 당구장 자리로 판단할 수도 있다.

그렇다면, 당구장을 이용하는 주요 고객은?

신대방역 상권의 주요 고객은 인근거주자와 영향권 내의 거주민으로 보아야 하며, 그에 맞추어진 창업전략을 구성해야 한다.

이 부분은 상권 전체를 이해하지 못하면 논쟁의 여지가 있을 수도 있다. 논쟁의 대상은 [표 3-1]의[44] 기준에 따라서 거주민으로 볼 것인지, 고객의 '단순 직군별' 구분에 의한 직장인 중심으로 볼 것인지의 문제다.

실제로 퇴근시간 무렵(저녁 6시~9시)당구장에 들어서면 흔히 말하는 넥타이 부대(직장인)로 보이는 사람들이 다수를 이루게 된다. 위성상권 [사무단지]와 단일상권[사무단지]의 형태의 상권과 크게 다르게 보이지 않게 된다. 때문에 '아 여기는 직장인 중심의 고객이 모여있구나'라는 판단을 하게 될 수도 있다. 그러나 이것은 상권을 생각하지 않고 단순히 '직업'만을(학생, 직장인, 자영업자, 주부 등의 기준) 고려한 분류방법에 지나지 않는다. 이러한 기준에 의하면 서울거주자의 대부분이 '직장인'의 구분에 해당하므로 대부분의 상권이 [사무단지]형의 직장인 고객으로 분류되어야 할지도 모른다.

그러나 제시된 시간 이외(저녁 6~9시 이외의 시간대)의 고객 형태를 살펴보면 [사무단지]와는 다른 형태의 고객이 형성되어 있음을 알 수가 있을 것이다. 예를 들어 사무단지의 낮 시간(점심시간 이후~퇴근시간 전까지) 고객은 저녁과 마찬가지로 넥타이 부대가 주류를 이룰 것이고, 역

---

44) p. 48

세권[주거단지]상권은 그와는 상반된 인근의 상인 또는 상권과 인접한 거주자가 주요 고객을 이루게 된다. 또 하나 저녁 6~9시 이후의 당구장 주요 고객 역시 극명한 차이를 보이게 되는데 역세권형[사무단지]의 경우는 직장인을 중심으로 한 '뜨내기' 손님이 주류를 이루는 반면 역세권형[주거지]의 경우 인근 거주자 또는 영향권 내 거주자 중심의 고객을 이루게 된다. 다시 말해서, 거주단지와 사무단지의 사람은 같은 사람이다. 그러나 이들이 '어디에서(어느 상권에서) 주요한 소비 활동(또는 유흥)을 하느냐의 차이일 뿐이며 그에 따라서 소비 활동패턴에 따라서 당구장을 방문하는 주요시간 역시 [표 7-2]과 같이 상권에 따라서 차이를 보이게 된다.

[표 7-2] 상권별 당구장 주요방문시간

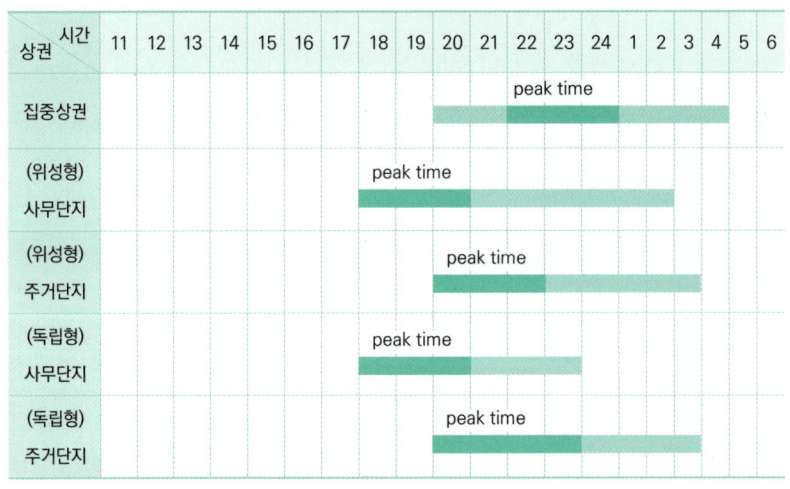

초보 창업자의 당구장 자리 찾기 실전 방법론

때문에 주요 고객의 구분은 단순히 복장과 고객의 직업으로 구분해서는 안 되며 어디까지나 상권의 형태로 구분해야 하는 것이 맞다.

지금까지 사례와 설명을 이어 온 위성상권[역세권형]은 당구장 창업자가 매우 선호하는 상권임에 틀림이 없으며, 당구장 장사 또한 성업하기에 유리한 조건들이 잘 갖추어져 있는 상권임에 분명하다. 그러다 보니 눈에 보이는 상권의 단적인 현상(유동 인구가 많다, 큰 규모의 상권이군, 술집들이 장사가 잘된다 등)에만 집중하여 상권의 변화흐름과 주요 동선 등의 세부적인 사항을 무시해버리는 실수를 범하기도 한다. 좋은 상권일수록 상권에 대한 면밀한 검토와 조사를 통한 당구장 자리의 선정이 이루어지길 당부한다.

08
단일상권의 이해

단일상권은 [표 3-1]의[45] 분류와 같이 주거지, 사무단지, 중첩형으로 구분 지을 수 있으며, 상주인구가 영업에 직접적인 영향을 주는 1차 소비 상권으로 정의할 수 있다.

여기서 중첩형은 주거지, 사무단지의 단일상권이 집중상권 또는 위성 상권과 인접한 형태로 독자적인 상권의 형성 및 유지가 되고 있는 곳으로 이해하면 된다. 앞서 위성상권[역세권형]에서[46] 신대방역상권을 설명하면서 잠시 살펴보았듯이 그 위치에 따라서 당구장 자리로서 가능하기도 하며 그렇지 못한 경우도 있으니 주의해야 한다. 다시 말해서 중첩된 상권과 단일상권과의 상관관계에(동선, 위치, 형태 등) 따라서 가부(可否) 가 결정된다고 보아야 한다.

그럼 단일상권의 사례를 참고하여 유형별로 하나씩 알아가 보자. 참고로 단일상권은 필자가 가장 선호하는 당구장 자리 중에 하나이다. 그 이유는 다른 상권에 비하여 상대적으로 임대료 싸고, 투자비가 적으면서도 수익률이 좋기 때문이다. 반면에 상권마다 장사의 유형이 다양하고

---

45) p. 48
46) p. 65

초보 창업자의 당구장 자리 찾기 실전 방법론

지역적인 고착화가[47] 심하기 때문에 영업 전략적인 측면에서의 초반애로를 겪기도 하는 특성이 있다. 그러나 이러한 단점은 안정기에 접어들었을 때, 즉 상권의 장악력이 좋아지게 되므로 후발주자에 대한 강력한 견제의 도구가 되기도 한다. 사례로 들 다음의 상권들은 전형적인 단일상권의 형태로 창업자가 직접 현장을 방문하여 그 특성을 판단해 보는 것도 좋은 시도가 될 것이다.

지금부터 주거단지상권으로는 (1) 서울 난곡동, (2) 안산 와동, (3) 안양 호계동 상권을 살펴볼 것이며, 사무단지상권으로는 (4) 양재동 오토갤러리, (5) 시흥 공구상가를 살펴볼 것이며, 중첩형상권으로는 (6) 인덕원사거리를 살펴볼 것이다. 그리고 구분이 애매한 사례도 알아보게 될 것이다. 단일상권의 경우는 사례들이 다양한 만큼 창업 현장에서는 언급되지 않은 사례들이 다양하게 존재하게 되는데 이들을 분석함에 있어서 필자의 예시처럼 주동선의 파악과 함께 영향권 내의 주거지(또는 사무단지)를 파악하면 찾고자 하는 당구장 자리에 대한 위치가 가늠이 될 것이다.

서울 난곡동 상권은 전형적인 주거단지 형태의 상권이다. 〈그림 7-4〉와[48] 연계하여 설명을 이어가는 것이 이해에 도움이 되리라는 생각이다. 앞서 설명한 위성상권[역세권형]에서 살펴보았듯이 위성상권[역세권형]

---

47) 고착화(固着化): 어떤 상황이나 현상이 굳어져 변하지 않는 상태. 즉 기존에 다니던 당구장에서 신규 당구장으로의 이동에 비교적 폐쇄적 성향을 갖는다. 이는 단순히 시설의 좋고 나쁨을 떠나서 상권 내에서의 끈끈한 '인간관계'로 묶여있기 때문이기도 하다. 때문에 집중상권과 유흥상권에 비하여 신규 당구장이 안정기까지 도달하는 데 긴 시간을 필요로 하며, 남다른 전략적인 접근이 필요하기도 하다.
48) p. 77

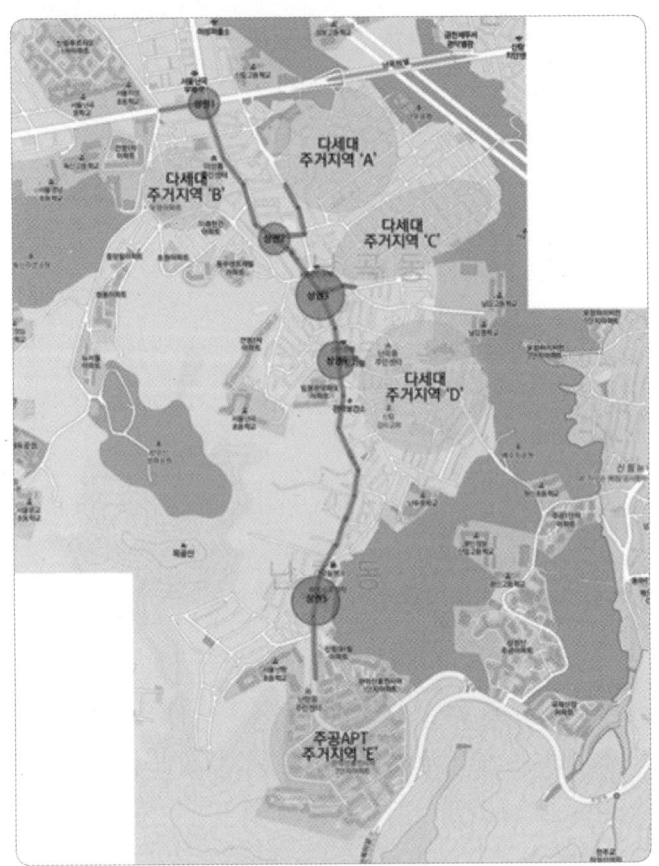

〈그림 8-1〉 난곡동 단일상권의 크기

주거단지에는 상권이 형성된 이유가 되는(목표점이 되는) 주거단지가 존
재하게 되며, 영향권 내의 주거단지를 중심으로 한 단일상권이 존재하
게 된다.

〈그림 8-1〉은 영향권 내 단일상권의 규모를 붉은색 원의 크기로 표시
하였다. 지도에서 보듯이 5개의 단일상권으로 형성되어 있으며 주거단지
로의 주요진입을 위한 동선에 상권이 구성되어 있음을 알 수가 있다. 또

초보 창업자의 당구장 자리 찾기 실전 방법론

한 상권의 규모 역시 각각이 다르며 단일상권들 중에서도 핵심이 되는 상권이 존재하게 되는데 이는 지역적인 발전과정과도 그 관련성이 깊다.

　상권 3의 배후주거지 (주거 지역 C)는 '법원단지'라고 지역에서 일컬어지며 난곡동의 최초 주거지와 다름이 없으며, 상권 4의 배후단지(주거 지역 D)는 '우림시장'을 중심으로 상권이 형성되었으며, 상권 5의 배후 주거지(주거 지역 E)는 판자촌이 주공아파트로 재개발된 지역으로 새롭게 급부상한 상권이다. 난곡동 상권은 이 세 곳을 중심으로한 지역의 발전과 함께 중심이 되는 상권이 형성되었다.

　필자가 간략하게나마 지역 상권의 형성배경을 설명하는 이유는 위성상권과 연계된 모든 상권에 대한 정보가 당구장 자리를 찾기 위한 핵심이기 때문이다. 위성상권인 신대방역의 목표점을 찾고→연계된 상권의 규모를 파악하고→상권의 규모별 순위를 정하고→단일상권의 변화가능성을 예측하고→자리를 선정하고의 과정을 생각하면 필자의 이 번거로운 설명을 이해하리라 생각한다. 즉, 상권의 형성배경을 이해해야 정확한 상권에 대한 당구장 자리로서의 가능성을 판단할 수 있는 상권 내에서의 안목을 가질 수 있기 때문이다.

　다시 본론으로 돌아와서, 주거단지에 형성된 세 곳의 상권은 나름의 주부(主部)가 존재하게 된다. 쉽게 말해서 작은 단위의 집중상권과 위성상권과 단일상권의 형태로 쪼개어 생각할 수가 있게 된다. 단일상권 내에서의 이러한 현상은 지역의 랜드마크 역할을 하게 되는 어떠한 건물(은행, SSM, 시장, 대형음심점 등)에 의하여 나뉘기도 하며, 버스정류소와 주거지 진입통로의 특성에 의하여 나타나기도 한다. 즉, 무엇 하나로 귀결될 수 없는 상권마다의 서로 다른 상황으로 이해해야 하기에 면밀한

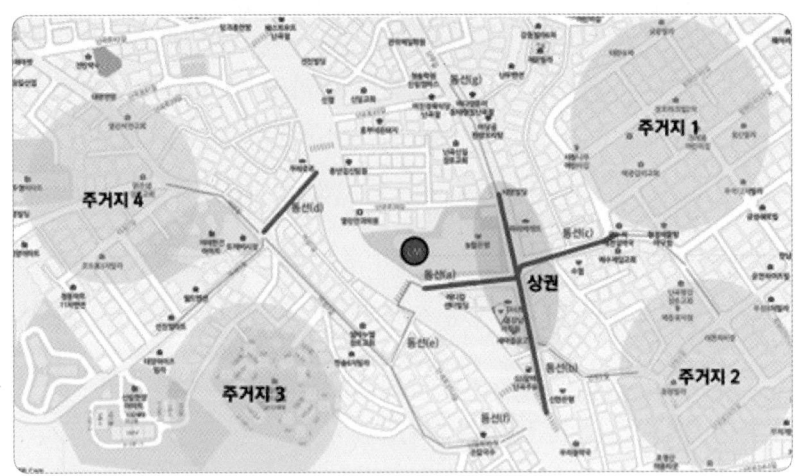

〈그림 8-2〉 법원단지 앞 상권 지도

조사가 필요하다. 이러한 이유로 해당 상권의 형성배경과 역(逆)으로의 목표점이 되는 위성상권인 신대방역 상권까지의 연계성을 파악해야만 단일상권에서의 당구장 자리에 대한 올바른 판단이 서게 된다.

〈그림 8-2〉는 난곡동 상권의 핵심이 되는 법원단지 앞 상권 지도로 전형적인 주거단지의 형태를 갖추고 있으며 위치적으로는 〈그림 8-1〉에서 보듯이 상권 2, 상권 3의 중심에 있다. 물론 위치적 중심은 우연에 의한 것으로 보아야 하며 'LM(랜드마크)'이 표시된 '세이브마트' 때문으로 보는 것이 맞다. 상권의 형태를 보면 단일상권이지만 주거지 A, B로의 진입로를 중심으로 비교적 큰 상권이 형성되어 있으며 상권 2, 4를 통합할 정도의 규모와 형태를 가지고 있다.

주거 지역에서의 이러한 현상은 주거지 B, D의 위치가 상권 2, 4에서의 주동선에서의 진입이 가능하지만 상권 3에서의 부동선에서의 이동도 가능하기에 생기는 현상으로 보아야 한다.

초보 창업자의 당구장 자리 찾기 실전 방법론

위성상권에서의 설명을 잠시 상기해 보자. 상권 2, 4에는 없는 것 또는 있는 것들의 집합체를 상권 3이 조금 더 다양화하여 존재한다고 보면 맞다. 특히 'LM'에서의 상권흡수력으로 해석해도 좋을 것이다. 상권의 직접적인 동선에 거주하는 주거지 1의 주민들뿐만이 아니라 주거지 2, 3, 4에서의 거주민까지도 특수 목적에 의한 소비를 이끌어 낼 만한 상권의 집중력이 형성되어 있다고 보아야 한다.

그렇다면 당구장의 주요자리는?

동선(a)-동선(c)를 잇는 라인이 가장 유력한 당구장 자리가 될 수가 있다. 한 가지 주의할 것은 상권 3과 2, 상권 3과 4사이의 지점에 대한 분석이 필요할 것인데 주거단지의 상권의 경우 반드시 점검이 필요하다. 왜냐하면 주거단지의 경우 상권의 형성이 버스정류장 하나를 사이에 두고 주부(主部)상권이 나뉘어지는 경우가 많으며 그 중간지점에서의 2차 랜드마크가 존재하는 경우가 있기 때문이다.

당구장을 제외한 여타의 소비 업종이라면 생각할 가치가 없을 수 있지만 당구장의 경우는 한 번 쯤 생각해 볼 가치가 있다. 상권을 주부(主部)로 나누어 놓기는 했지만 사실상 '한 동네'라는 개념을 생각할 필요가 있으며 충분히 도보로 이동이 가능한 거리임을 염두해야 한다. 즉 고객의 특수 목적에 의한 선택이 아닌 단순선택의 범위에[49] 들어간다는 점을 생각해야 한다.

단일상권의 주거단지에 대한 해석이 여타의 상권에 비하여 간단할 것

---

49) 거리는 있지만 반드시 '그 당구장'으로 이동해야 하는 특수한 이유와 목적이 아닌, 단순히 '여기', '저기'로의 개념으로 선택이 가능한 거리적 상황.

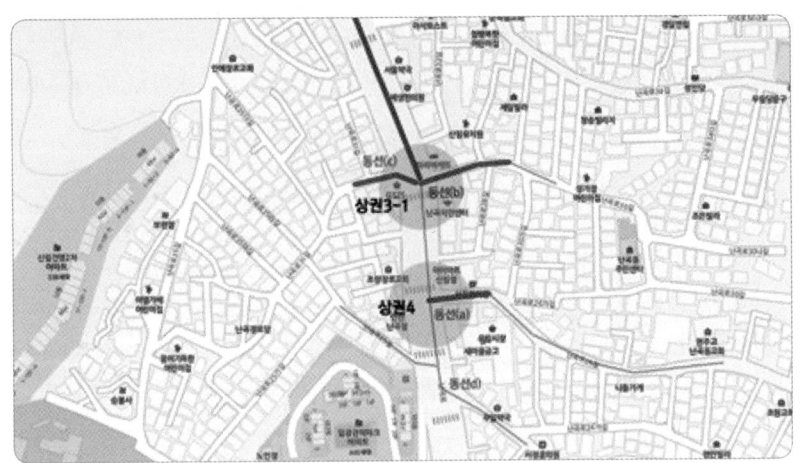

〈그림 8-3〉 단일상권

이라고 생각한 독자가 있을 법하다. 그러나 실제의 상황에서는 집중상권과 위성상권에 비하여 고려되어야 할 상황이 많은 것이 사실이다. 영업적인 부분에서도 실제의 창업 현장에서는 더 복잡하고 다양한 전략이 수행되어야 함을 알아두기 바란다.

다음은 〈그림 8-2〉와 연계된 단일상권에 대한 설명과 함께 잠시 언급한 중간지점에 대한 부연설명을 이어가도록 하겠다. 〈그림 8-3〉를 보면 두 개의 상권 4와 상권 3-1이 있다. 이의 해석은 주동선(b) 주동선(a)의 직접상권으로 해석하면 되며 대로변이 주요한 당구장 자리로 판단하면 무리가 없다. p. 70 〈그림 7-1〉의 경우와 차이는 상권의 규모차이와 함께 상권 3의 경우는 2열 도로에 상권이 형성되어 있다는 것과 상권 4, 상권 3-1은 직접 소방도로와 연결된 대로변에 상권이 형성되어 있다는 차이뿐이다. 이러한 차이는 랜드마크에 의한 상권 3의 확장으로 보아도 되며, 도로의 구조상 2열 상권의 발달로 이해해도 무방 하다.

초보 창업자의 당구장 자리 찾기 실전 방법론

〈그림 8-4〉 'X'지점의 당구장 잘 가능성 판단

결론적으로 상권 3-1, 상권 4 역시도 상권 3의 위치에 비하여 손색이 없는 당구장 자리이며 각각의 주동선(a), (b)의 초입 또는 근방에 위치한다면 큰 무리가 없는 좋은 자리다.

단일상권[주거단지]에서의 사실상 문제는 〈그림 8-4〉의 'X'지점에 대한 해석이다. 앞에서 이야기한 상권 3, 3-1, 4의 경우는 동선 내에서 어느 지점이 당구장 자리에 유리한가 불리한가의 판단으로 충분하다면, 'X'지점에 대한 판단은 단일상권 주거지에서는 심각하게 고민하는 경우이기에 필자의 주관적인 견해를 보태어 논(論)해보고자 한다. 전문가에 따라서는 다른 해석이 있을 수도 있음을 사전에 밝혀둔다.

결론적으로 해당 지역에서는 가능하다는 게 필자의 의견이다. 그러나 통상적인 경우에서는 불가능하다는 것이 정론(正論)이다. 그 이유는 단일상권과 단일상권 사이에서의 점포 현황을 살펴보면 설비업체, 운동기구류판매점, 자전거판매점, 자동차 정비소 등과 같이 소비지향적 업종과는 동떨어진 업종으로 구성되는 것이 보편적이기 때문이다. 즉, 유동 인구와 주동선에 큰 영향을 받지않는 소비목적이 뚜렷한 업종들의 구성이 주를 이루게 되는데, 이는 당구장의 주요 소비 시간대(6시~10시)를 감안하면 위험 부담이 매우 크다고 할 수 있다. 〈그림 8-3〉의 상권 3-1과 상권 4 사이가 이러한 대표적인 사례라고 볼 수가 있다.

그렇다면 'X'지점을 필자가 당구장 자리로 가능하다고 보는 이유는,

첫째, 상권 3과 상권 3-1과의 거리가 통상적인 거리보다 길다는 점이다. 'X'지점을 주동선으로 하는 주거지 진입라인이 있음에도(상권 3-1, 4에 비하여 나쁘지 않은 상황) 버스정류소가 없다는 이유만으로 상권 3과 상권 3-1에 비하여 '나쁘다'라고 단정지을 수 없기 때문이다.

둘째, 최근 'X'지점에 10층의 대형빌딩이 들어섰으며 2차 랜드마크역할을[50] 충분히 할 것으로 기대되며 새롭게 성장 중인 상권이기 때문이다.

셋째, 상권 3의 소비지향적 업종과 유흥 업종이 'X'지점으로의 확대 현상이 진행 중이며, 상권 3-1의 상권이 축소하고 있기 때문이다.

넷째, 상권 3과 상권 3-1 사이의 거리는 약 200~300m로 비교적 짧은 거리다. 요식업에서는 불가능한 판단이겠지만 당구장 고객의 경우는

---

50) 랜드마크: 어떤 지역을 대표하거나 구별하게 하는 표지. P139 2부 '지역의 랜드마크를 잡아라' 참조

일반적인 선택을 이끌어 낼 수 있는 충분한 범위라는 판단이다.

때문에 'X'지점에서의 당구장 자리는 '가능성 있다'는 판단을 하였다. 물론 '난곡동' 상권의 생성배경과 변화의 과정을 잘 알고 있는 필자이기에 이러한 결론에 도달할 수 있다. 이 장의 서두에 언급했듯이 상권의 영향범위와 형성배경을 알아두어야 하는 또 하나의 중요한 이유는 'X'지점에 당구장 창업을 '하고', '안 하고'의 문제에서 벗어나서 그 자리가 '유효한가?', '유효하지 않은가'에 대한 중요한 판단기준이 되기 때문이다.

'X'지점과 같은 상황은 주로 주거지 단일상권에서 흔하게 접하게 되는 경우이며 상권의 변화를 가장 많이 반영하는 위치임을 감안할 때 주의 깊은 판단이 필요하다.

지금부터 예시로 들 사례들에서는 상권의 형성배경과 영향권 내 상권에 대한 설명은 앞선 단일상권 ⑩ 주거단지[51] 난곡동 상권과 위성상권 ⑤ 주거단지 신대방역 상권의 사례에서 그 취지를 충분히 밝혔으므로 지금부터는 생략하기로 한다.

〈그림 8-5〉 안산 와동 상권은, 단일상권[독립형]주거지 상권의 사례이다. 동선(a)-동선(f) 사이의 500m에 이르는 하나의 라인에 상권 1, 2, 3이 주거지 진입을 위한 주동선인 동선(c), (d), (e)와 교차하는 4거리를 중심으로 주요상권이 형성 되어 있다. 이러한 형태의 상권에서의 선택의 고민은 각 상권 중에서 어느 자리가 유리한가 불리한가를 판단하는 것이 될 것인데, 그 선택의 기준은 과거와 현재의 상권활성화 순서에 달려있다고

---

51) p. 48 [표 3-1] 상권의 형태적 분류기준

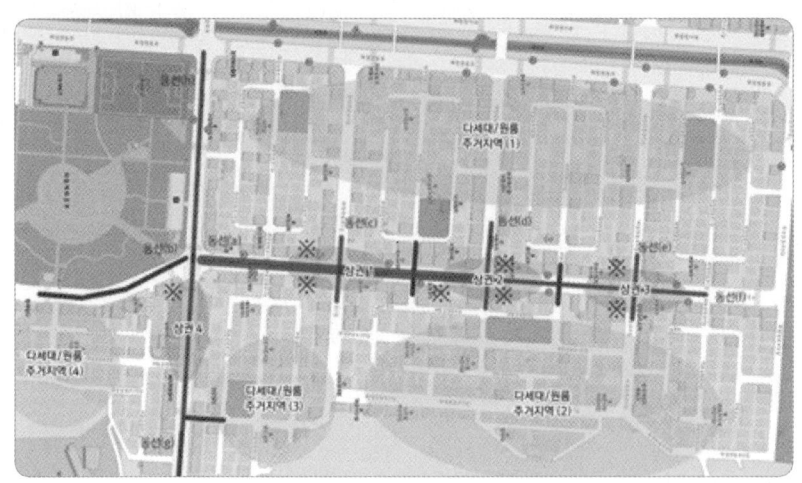

〈그림 8-5〉 안산 와동 상권 지도

봐도 무방하다. 좁은 지역의 상권일수록 어떠한 업종이(이슈가 되는 어떤 술집, 또는 어떤 외식업체) 입주하느냐에 따라서 상권 2, 3, 4의 순위가 바뀌게 되기 때문이다. 그러나 통상적으로는 상권 2가 변화가 적고 장기적으로는 유리한 자리임에 틀림이 없다.

이번 사례에서 주의 깊게 볼 것은 상권 4의 위치가 된다. 상권 4는 상권 2, 3, 4로의 진입을 위한 버스정류장이 존재하는 위치로 대부분의 거주민이 버스에서 하차하는 지점이 된다.

때문에, 상권 4의 상가들은 생활 소비형 업종이(마트, 정육점, 이불가게 등) 중심을 이루는 반면 동선(a)-동선(f)사이에는 유흥/외식 중심의 업종이 주를 이루고 있다. 때문에 상권 2, 3, 4에 비하여 다소 유흥 업종이 부족한 이유로 상대적으로 '썰렁해 보인다', '횡~해 보인다' 등의 생각이 피부로 들 수도 있으나 주거지에서는 이러한 통합범위의 상권에 주목할 필요가 있다. 상권 4의 경우는 좌측의 주거지 4의 진입 주동선을 갖고 있으며, 주거지 1, 2, 3으로의 진입을 위한 교차점이 되는 귀갓길의 1차 안착지로서의 역할을 하게 됨을 알 수가 있다. 때문에 당구장 자리로 상권 2, 3, 4에 비하여 손색이 없는 위치가 된다. 또한 장사의 형태적인 측면으로도 상권 2, 3, 4와의 형태와는 다르게 진행될 가능성이 높으며 이러한 위치에서는 상권 2, 3, 4와는 다르게 전체 상권을 포괄하는 형태의 규모와 운영을 필요로 하게 된다.

만약, 필자의 선택이 필요하다면 상권 4, 상권 2 중에서 선택하게 될 것이 분명하다. 그 이유는 장기적인 안목으로 볼 때 상권의 막혀 있는 꼬리 부분은 상권의 변화와 경기상황에 심하게 영향을 받는다. 때문에 상대적으로 상권의 변화에 영향이 적고 발전가능성이 좋은 상권의 초입부(상권 1)와 지역의 대표가 되는 주동선(h)와 최단거리로 교차하는 주거지 진입을 위한 초입부(상권 4의 사거리)를 선택하는 것이 올바르다고 판단한다.

안양 호계동 상권은, 단일상권[독립형]주거지 상권 중에서 대 규모 APT 단지의 전형적인 사례이다.

앞선 '안산 와동'의 사례는 비계획적 상권형성의 사례이다. 즉, 주거지가 들어서면서부터 계획적으로 소비 상권을 만들었다기보다는 주거지가 발달하면서 자연스럽게 혹은 필요에 의하여 자생적으로 상권이 생겨나고 없어지고의 과정을 거쳐 지금의 상권이 형성되었다고 보아야 한다. 〈그림 8-6〉 호계동 상권의 경우는 이와는 다르게 APT 단지의 구성에서부터 계획적인 소비 상권을 구성한 경우에 해당한다. 이러한 사례는 신도시의 APT 단지에서 흔하게 볼 수 있는 형태에 해당된다.

현재 상권에서 당구장 자리를 찾는 과정에서의 첫 번째는 상권의 영향을 미칠 것으로 가정되는 주거 지역 및 인근의 모든 사무단지들에 대한 상주인구의 주(主)부(部)동선을 파악하는 일이다. 이 과정을 통하여 실제 영향이 있는 곳과 아닌 곳 등에 대한 판단이 서게 되는데, 현재의 상권에서는 주거지 (2), (3)은 직접영향권, 공장 지대 (1)은 영향권 밖, 주거지 (1)은 〈그림 8-6〉의 상권과 선택에 의한 부(部)영향지로 구분이 된다. 이러한 영향권의 설정은 상권 내에서의 당구장 자리의 구체적인 위치를 선택하는 매우 중요한 과정으로 동선을 파악하는 과정에서 알 수가 있게 된다.

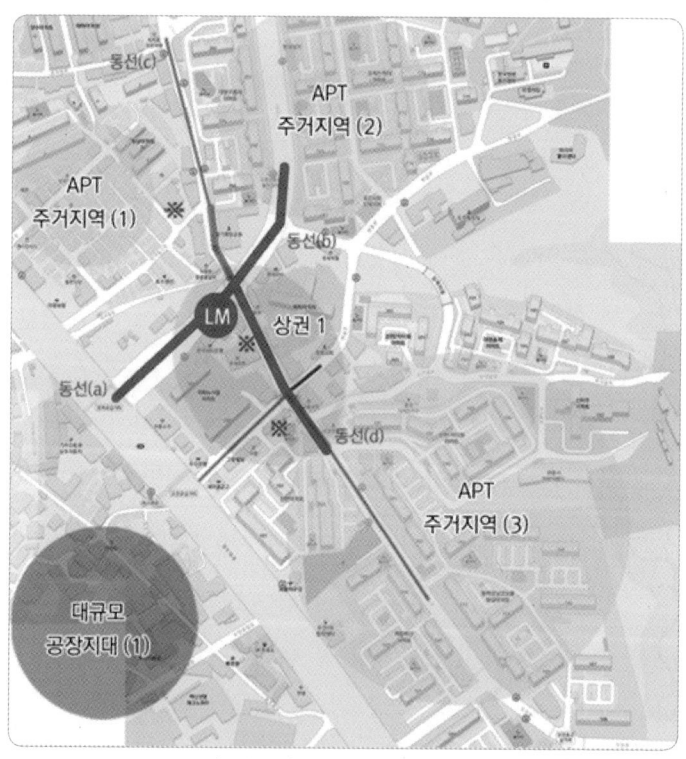

〈그림 8-6〉 안양 호계동 상권 지도

초보 창업자의 당구장 자리 찾기 **실전 방법론**

이 과정은 대충 눈으로 짐작해서는 절대 안 되며, 난곡동 상권의[52] 파악을 위해서 위성상권인 신대방역 상권에서부터의 검토가 이루어졌듯이 인접한 영향권 내의 전체적인 조사를 필요로 하게 된다. 사례의 경우 상황에 따라서는 공장 지대 (1)을 직접영향상권으로 판단할 수도 있으나 조사에 의하면 단지에서 상권 1로의 진입을 위한 8차선 도로가 1차적인 진입의 장벽이 되며, 배후의 금정역, 명학역으로의 이동이 다수를 이루게 됨을 확인할 수 있었다. 때문에 주영향권 내의 공장 지대로 판단하기에는 무리가 있다.

그렇다면 상권 1의 특징적인 상권의 구성은 어떤 것이 있을까?

상권 1은 'LM'표시의 랜드마크가 되는 건물을 중심으로 LM-동선(d)에 이르는 전형적인 소비 상권이 형성되어 있다. 동선(a)-동선(b)의 경우는 주동선임에도 불구하고 4차선 도로의 형태를 갖고 있어 주거지 상권의 형성에는 약점이 있을 수밖에 없으며 전체 주거지의 주요 이동통로 역할을 하고 있다고 보아야 한다.(이는 단지의 구성초기부터 설정된 것으로 주거지 2 너머의 또 다른 주거지로의 간선도로로 보아야 한다. 더불어 주요 소비 상권의 위치 역시 이미 계획된 형태로 보아야 한다.)

그렇다면 상권에서의 당구장 자리가 될 만한 곳은?

주동선이 서로 교차하는 지점으로 LM의 건물과 동선(a-b)와 동선(c-d)가 교차하는 사거리, LM-동선(d) 선상이 주요한 당구장 자리에 해당한다. 혹시 동선(a)의 대로변은 어떨까? 하는 생각을 할 수도 있으나 원칙적으로 당구장 자리는 주동선과 주동선의 교차점이 유리함을 앞선

---

52) p. 83~87 난곡동 상권의 설명 참조

사례들에서 미루어 짐작했으리라 생각한다. 사례의 상권에서는 주동선 내의 상권을 벗어나지 말아야 한다.

〈그림 8-7〉은 〈그림 8-6〉의 범위를 확대하여 인접한 상권을 표현한 지도이다. 상권 1과 상권 2의 형태적 구분이 되는가? 단지의 규모로 보았을 때 상권 2 역시 상권 1에 뒤지지 않을 만큼의 유력한 단일상권에 해당한다. 그러나 주의해서 보아야 할 것은 상권 1이 (주)상권, 상권 2는 (부)상권이 됨을 간파해야 한다. 굳이 주(主)상권과 부(附)상권을 나누지 않아도 될 만큼의 상권력에도 불구하고 상권을 조사하는 과정에서의 이러한 분류는 그 선택에 있어서의 명확한 분석을 통하여 최선의 선택을

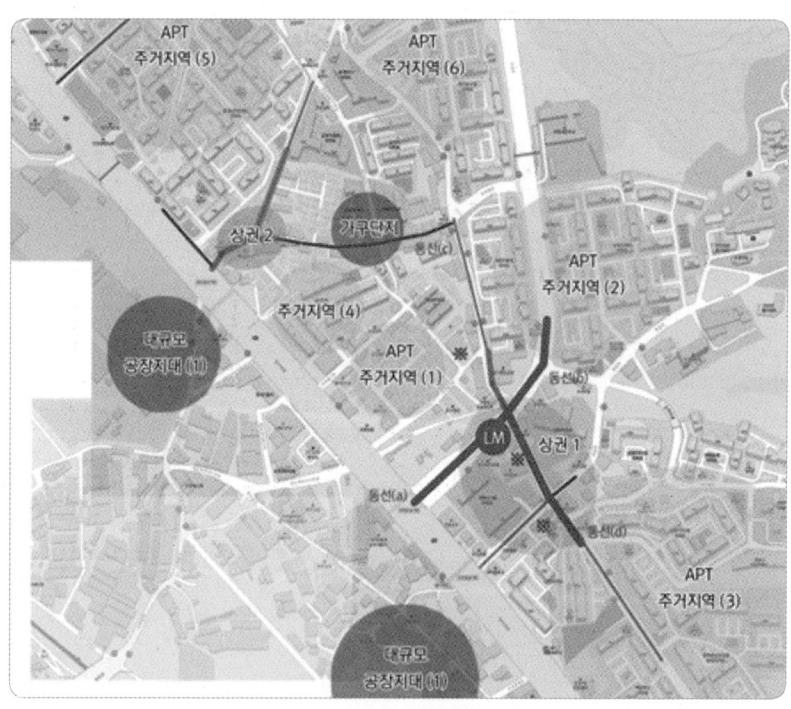

〈그림 8-7〉 목표상권의 확장된 영향권 해석

초보 창업자의 당구장 자리 찾기 실전 방법론

하기 위함이며, 인접한 영향권 내의 상권을 분석함으로써 앞서 이야기한 상권의 영향범위를 정확하게 설정할 수 있게 되기 때문이다.

우리는 앞서 주거단지 (1)을 (부)영향지로 구분한 바 있다. 주거지 (1)에서 상권 2의 거리는 약 200m~300m사이로 상권 1과 상권 2의 주동선 상에 겹쳐지지 않은 지역이다. 주(主)생활권자인 거주민의 주동선과 상권의 이용에 대한 선택은 그야말로 그날그날의 선택에 달려 있다. 때문에 부(附)영향지로 구분하는 것이 맞다.

3곳의 사례를 통하여 충분히 단일상권[주거지]에 대한 당구장 자리를 찾는 방법에 대한 이해가 되었으리라 생각한다. 주거지의 사례는 그 모두를 다루기 어려울 정도로 다양한 경우가 존재하며 그 사례 또한 무궁무진하다. 원칙적으로 모든 상권의 형태가 제각각 다르기 때문에 '무엇' 하나로 정의할 수 없는 것이 상권 분석이다. 그러나 사례를 통하여 검증된 당구장 자리를 찾기 위한 공통된 분석의 방법을 정할 수는 있다.

그 원칙을 정리해보면 다음과 같다.

원칙 1. 넓은 범위에서의 인접한 상권과의 연관성 및 영향력을 파악하라(위성상권이 존재할 경우에는 위성상권까지의 파악이 이루어져야 한다).

원칙 2. 연계된, 인접한 주거지에 대한 주(主)부(部)동선을 파악하고 해당 상권 기준에서의 주(主)부(部)영향권을 설정하라.

원칙 3. 해당 상권의 주(主)부(附)동선을 파악하라.

원칙 4. 조사하고자 하는 해당 상권의 형성배경 및 변화과정을 파악하라(위성상권이 존재할 경우에는 위성상권까지의 파악이 이루어져야 한다).

제시한 4가지의 원칙이 모두 검토가 된다면 좋겠지만 원칙 4의 경우
는 현실적으로 그 조사가 어려운 부분도 있다. 그럼에도 조사를 위한 노
력을 시도해야 하며 '원칙 1, 2, 3'은 순차적으로 조사/분석이 이루어져
야 한다.

위와 같은 4가지 원칙은 '당구장 자리를 찾는 방법 1, 방법 2'의 세부
적인 원칙으로 이해하여도 좋으며, 원칙 1), 2), 3), 4) 의하여 창업자는
신규로 개설할 당구장 자리에 대한 점포선정 가능 여부가 충분히 파악
될 것이며, 기존의 영업중인 당구장에 대하여서도 그 분석이 가능하게
될 것이다.

09
당구장 이용 고객의 이해

당구장을 이용하는 고객은 반드시 스포츠 마니아적인 접근과 유흥오락문화로의 접근으로 양분되어 존재하게 되는데, 그들은 어떠한 상황에서 당구장을 이용하게 될까? 그리고 그들은 어떤 이유와 목적에 의하여 '당구'라는 게임에 스포츠에 오락에 접하게 되고, 그 결과로,

우리의 당구장을 방문하게 되는 것일까?
그들은 어떤 당구장을 찾는 것일까?

그 해답은 우리가 앞서 '당구장 자리를 찾는 방법'에서 언급한 세분화, 추적, 조합에[53] 의하여 충분히 유추해 볼 수 있을 것이며, 당구장 창업을 생각하는 사람이라면 반드시 심도 있게 생각해 볼 필요성을 갖는데, 이 과정은 당구장 자리를 찾는 방법 4)[54]의 완성을 위한 수단이 될 것이 분명하며, 창업자가 나름의 성공적인 창업·운영 전략을 구상하고 충실히 실천하는 기반을 갖춘다는 것만으로도 큰 의미가 있는 창업 준비의 활동이 될 것이 분명하다.

---

53) p. 25 세분화(細分化), 추적(追跡), 조합(調合)에 관한 설명 참조.
54) p. 32, 34, 37, 42

지금부터 당구장 이용 고객을 이해하기 위해서 우리가 첫 번째로 해야 할 것은, 포괄적인 범위에서 당구장을 이용하는 상황에 대한 여러 가지의 가정을 구체적으로 세워보는 것이다.

지금부터 누군가가 당구를 치는 상황을 나열해 보면 다음과 같다.

-퇴근 후, 평소 자웅을 겨루는 직장 동료와의 당구게임

-퇴근 후, 동료들과 술자리 후 내기당구게임

-점심시간 중, 점심식사 전/후를 이용한 당구게임

-영업사원의 근무시간 중의 당구게임

-귀가길 단골 당구장에서의 당구장 주인 또는 타인과의 당구게임

-귀가 후, 동네 친구들과의 당구게임

-휴일 날, 동네 친구들과의 당구게임

-휴일 날, 단골 당구장에서의 당구장 주인 또는 타인과의 당구게임

-친구들과의 약속에 의하여 시내에서의 당구게임

-친구들과 술자리 전/후의 당구게임

-퇴근 후, 당구동호회 활동

-휴일의 당구동호회 활동

-여자친구와의 데이트로서의 포켓볼 게임

-강의시간 전/후의 당구게임

-등/하교 길의 당구게임

-장사준비를 마치고 여유가 되는 낮 시간의 당구게임

-택시기사/버스기사의 교대시간 전/후의 당구게임

-대리운전 콜을 대기하며 당구게임

초보 창업자의 당구장 자리 찾기 실전 방법론

-돈내기 당구에 목적을 둔 당구게임

-당구를 배우기 위한 고수와의 당구게임

위의 나열과 같이, 당구장을 이용하는 상황에 대한 자세한 기록을 통하여 세분화해 본다면, 내가 운영하고자 하는 각각 가정된 위치에서의 내 당구장을 이용하는 고객의 '상황적 형태'의 분류가 자연스럽게 이루어지게 된다. 그 결과로 필자가 예시로 나열한 상황의 일부 또는 모두가 해당사항이 있을 수도 있고, 또 다른 형태의 당구장 방문상황이 있을 수도 있다. 중요한 것은, 일어날 수 있는 모든 상황을 가급적 구체적으로 상상하고(가정하여) 나열하여 정리하면 된다.

부연하여 설명하면, 당구장을 이용하는 고객은 각자의 상황과 소속된 그룹의[55] 상황에 따라서 나름의 목적을 가지고 당구장을 방문하게 되는데, 상황에 따른 당구장 방문목적을 크게 3가지의 형태로 구분할 수 있게 된다. ① 단순유흥으로서의 당구장 방문. ② 교류(친목)활동으로서의 당구장 방문. ③ 취미활동(동호회)으로서의 당구장 방문이 된다.

이러한 분류를 통하여 우리가 추론할 수 있는 것은, 고객의 당구장 방문의 상황과 목적에 따라서 당구장을 방문하는 시점(방문 시간대)과 방문횟수와 방문주기의 차이가 발생한다는 것과, 상권의 형태에 따라서 주요 고객층이(앞서 나열된 당구장 이용상황과 목적이 발생되는 당구장 이용 고객의 위치적(位置)분포) 일정한 규칙을 갖고 분포한다는 것이다. 즉

55) 직장 내 구성원의 회식자리, 당구동호회, 지인과의 만남, 데이트 등등의 각자가 현재 상권을 진입하고 이용하는 불특정한 상황들을 의미한다. 부연하면, 당구마니아그룹의 성향이 강한 사람이라도 '지금의 상황'이 직장 동료와의 회식자리의 상황일 수도, 연인과의 데이트 상황일 수도, 친구들과의 술자리일 수도, 동호회 모임장소로의 이동상황일 수도 있다. 즉 현재의 처한 상황을 의미한다.

상권의 형태에 따라서 일정한 특징을 갖는 고객층의 구성이 주를 이루게 되며, 그들을 대상으로 또는 특정된 상권에서의 주된(유효한, 효과적인) 영업 방법에도 일정한 규칙이[56] 존재한다는 의미가 된다. 다만, 현재 당구장의 장사의 방법이 타 업종에 비하여 다양하게 구사되지 못한 현실이기에 이러한 특정적인 장사의 규칙이 정형화되어 누군가에게 제공되거나 누군가의 특성 있는 영업 방법이 상권과 고객의 형태에 따라서(차별적이고 변별력 있는 영업 방법이) 차별적, 선별적으로 적용하지 못 하고 있는 것이다. 즉 누군가의 '좋은 방식', '성공적인 방식'이 상권과 고객의 형태에 따라서 구분되어 적용되어야 그 효과를 충분히 발휘할 수 있게 되는데, 현실에서는 상권과 고객의 특성적 구분 없이 혼재하여 적용하는 과정에서 실패를 가져오기도 한다. 이는 '당구장 이용 고객의 이해'에서부터 그 출발이 이루 지지 못했기 때문이다.

예를 들어, 대학교 앞 상권과 직장인 중심의 독립상권을 가정할 때, 이들의 위치적 특성과 주요 고객의 형태 등이 다르게 된다. 때문에, 이 둘의 당구장은 영업 환경이 모두 다르게 된다. 즉 서로 다른 환경에서의 유효한 창업/운영 전략이(영업시간, 서비스의 수준, 적합한 인테리어의 수준, 접객방법 등) 다르게 적용이 되어야 함에도 불구하고, 대부분 누군가의 특징적인 '좋은 것'을 조합하여 나의 당구장에 적용하고 있는 현실이다. 이러한 현실 속에서 특징적인(상권의 형태에 따른 규칙적인 검증된 영업 방식) 것은 사라지고 실패한 운영방식과 성공적인 운영방식이 무분

---

56) [참조: 2013ABBI연구소, 성공당구장 사례분석] 유사한 상권의 구조와 고객층을 대상으로 하는 영업 방식에는 성공률이 높은 공통 된 '선호하는 서비스의 수준', '시설의 형태', '운영 프로그램의 형태' 등이 있다는 연구의 결과

초보 창업자의 당구장 자리 찾기 실전 방법론

별하게 혼재함으로써 헛된 시간과 노력이 낭비되기도 하기도 하고, 때로
는 뜻밖의 성공을 가져오기도 한다. 분명한 것은 상권에 따라서 고객의
형태는 규칙적인 분포를 가지며, 이러한 당구장 이용 고객의 형태에 따라
서 규칙적인 성공적인(효과적인) 창업/운영 전략이 존재한다는 것이다.

　우리가 당구장 이용 고객의 상황을 적극적으로 이해해야 하는 이유는
그러한 규칙을 찾아내고 적용하고, 상황적 틀 내에서의 또 다른 효과적
인 영업 방식의 창조를 통하여 성공적인 운영을 하기 위해서다.

　다시 본론으로 돌아와서, 앞서 분류한 당구장을 이용하는 고객의 상
황적인 세 가지 분류를 ① 단순 유흥으로의 당구장 방문, ② 교류활동으
로서의 당구장 방문, ③ 취미활동(동호회)으로서의 당구장 방문으로 분
류가 가능하며, 이를 단순한 놀이에서 벗어난 스포츠적인 접근으로서의
{스포츠 매니아 계층}과 {유흥놀이문화 계층}으로도 분류할 수가 있다.
장사를 위해서는 유흥놀이문화 계층 즉, 유흥 계층의(위 세 가지 분류의
①, ②) 당구장 이용상황과 목적에 대하여 보다 심도 있는 세분화된 상황
의 분류가 필요하게 된다. 그 이유는 스포츠 매니아 계층을 대상으로 한
영업의 경우, 타깃(Target)고객이 분명하기에 '고객의 특수 목적'에[57] 부
합하는 위치의 선정과 장사의 방법을 (프로그램) 개발/적용하여야 한다
는 장사의 방법과 목적이 어느 정도 창업자의 머릿속에 뚜렷하게 인지되
어 있다. 그러나 유흥중심의 당구장 고객은 그 상황과 목적과 대상 고객
의 연령층 등이 다양하기에 어느 하나의(또는 복수의) 상황에 속하는 고

---

57) p. 272 전용클럽/회원제당구클럽의 특성

객을 타깃으로 정하고, 그에 적합한 뚜렷한 장사의 방법을 정하기가 모호해질 우려가 있다. 때문에 유흥 계층에 대한 당구장 이용상황과 목적에 대하여 세분화된 심도 있는 이해를 요(要)하게 된다.

[표 9-1] 계층별 당구장 이용현황

상황/목적	유흥놀이문화 계층		과도기적 중간 계층	스포츠 매니아 계층
	단순유흥	교류활동		취미, 여가활동, 실력향상
방문위치	주 생활권 내의 유흥가	직장, 주거지 인근	스포츠 매니아 계층의 성향이 강해짐	원거리 집결지
선택요건	접근성	시설 수준, 서비스		당구대 성능, 아카데미환경, 동호회
방문시간	저녁 8시 이후 ~새벽	저녁 6시 이후 ~11시 이전		불특정 시간방문
체류시간	1시간 이내	2시간 이내		2시간 이상 장시간 체류
방문주기	주 1~2회 불특정	주 2~3회 이상		주 4회 이상

* 스포츠 매니아 계층의 활동은 유흥놀이문화 계층의 활동상황을 포괄하여 활동하며,
유흥놀이문화 계층 상황에서의 당구 활동과는 별도의 당구장 방문을 통한
스포츠 매니아로서의 활동을 수행함.

이러한 현상의 반증으로, 현재 운영중인 당구장들이 대부분 비슷한 인테리어와 서비스들로 운영되고 있는 현실을 상기해 본다면 이해가 될 것이다. 이러한 동일화된 영업 방식의 현상은 앞서 우리가 나열한 '당구장을 이용하는 고객의 상황'을 충분히 세분화하지 못하고 단순히 '직장인', '학생', '젊은이', '중·장년층' 등의 형태적 구분만 해왔기 때문이며,

초보 창업자의 당구장 자리 찾기 실전 방법론

명확한 고객의 상황적 이해에 따른 Target고객의 설정이 이루지지 않았기 때문이기도 하다.

지금까지의 설명을 충실히 이해한 독자라면 아마도 '고객이 당구장을 방문하는 상황적 이해'를 통하여 고객을 세분화하여 설정하는 것이 장사의 성공과 실패에 직결 된다는 필자의 취지를 충분히 이해했으리라 생각한다.

다음으로 우리가 해야 할 것은, 앞서 나열된 당구장을 이용하는 고객의 해당 상황/목적에 대한 영업적인 영향력과 범위에 대한 추적활동이다. 이는 〈그림 9-1〉과 같이 고객의 당구장 이용상황에 따른 고객의 형태와 당구장 이용 형태를 추론함으로써 내 당구장에 미치는 영업적 상황을 추론해 보는 것을 의미한다. 즉 '당구장을 방문하게 되는 고객의 상황'이 내 매장에 미치게 되는 관계를 생각해보는 것이다.

예를 들어, 퇴근 후, 평소 자웅을 겨루는 직장 동료와의 당구게임이라는 상황을 가정해보자.

'이들의 위치는 내 당구장 인근의 'a위치', 'b위치'의 직장인이며, 이들은 인근 '유흥상권 A'로의 진입 전에 방문하게 되며, 대략적인 당구게임의 시간은 1시간~2시간으로 가정되며, 6시~7시 사이의 피크타임의 방문이 주를 이루며, 낮 시간의 방문도 가능한 고객이다'라는 식의 추론이 가능해 질 것이다. 이를 다시 역으로 생각하면, 직장인이 많은 사무단지의 당구장이라면 앞서 나열한 방식의 특징적인 목적으로의 방문이 빈번한 고객이 존재한다고 가정할 수 있으며, 이러한 위치의 당구장에 '여자

친구와의 데이트로서의 포켓볼 게임' 또는 '귀가 후, 동네 친구들과의 당구게임'이 있을 수는 없는 일이다. 드물게 있다고 하더라도 극히 드문 방문이 될 것이 분명하다.

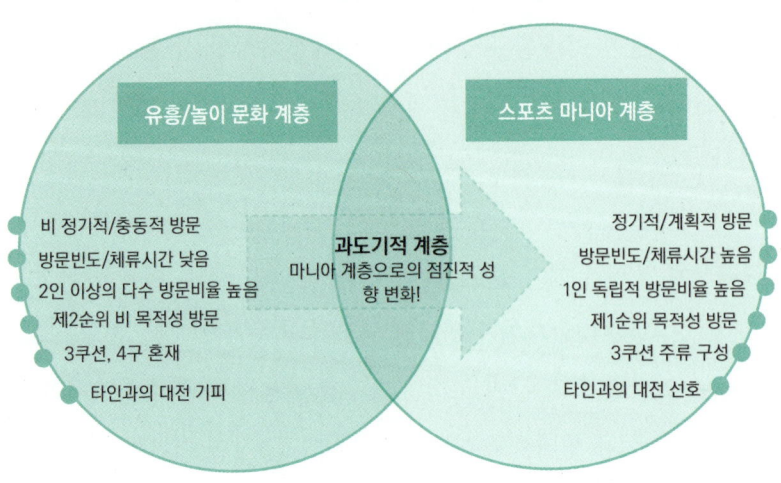

〈그림 9-1〉 계층별 당구장 이용 형태

이해를 돕기 위해서 조금은 다른 방식으로 한 가지 예를 더 들어보자. {집중상권의 1열 상가}에 당구장이 위치했다고 가정하고 내 당구장을 이용할 고객은 어떠한 목적에 의해서 내 당구장을 방문하게 될 것인가?

'여자친구와의 데이트로서의 포켓볼 게임', '친구들과의 약속에 의하여 시내에서의 당구게임', '퇴근 후, 동료들과 술자리 후 내기당구게임', '친구들과 술자리 전/후의 당구게임' 등이 해당이 될 것이다. 이들은 인근의 직장인, 주변의(원거리 포함) 주거 지역에 생활하는 사람들이며, 당구장 방문시간은 8시 이후~새벽까지, 당구게임시간은 1시간 이내, 주기적 재방문은 제한적이다. 라는 식의 결론을 얻게 된다. 이러한 위치에 '휴

초보 창업자의 당구장 자리 찾기 실전 방법론

일의 당구동호회 활동', '점심시간 중, 점심식사 전/후를 이용한 당구게임'은 극히 제한적인 활동이 된다는 것도 알 수가 있다.

　이러한 추적활동을 통하여 얻어진 결과물들을 정리하면 다음의 〈그림 9-1〉과 같이 계층별 특징을 찾아낼 수가 있게 되며, 당구장을 이용하는 고객의 이용 형태를 세분화하고, 내 당구장에 미치는 영업적인 영향과 범위를 추론/추적함으로써 내 당구장의 맞춤형 창업전략과 운영 전략의 효과적인 결과를 도출해 낼 수가 있게 된다. 반대로 내가 운영하고자 하는 당구장의 형태와 전략을 정해 놓았다면 그에 맞는(적합한) 상권을 찾는 매우 중요한 활동이 된다.

　다음으로 우리가 해야 할 것은, 당구장을 이용하는 고객의 당구장을 선택하는 성향과 방법에 대한 부분이다. 이 부분의 필자의 연구결과와 의견은 당구업계 여타(餘他) 전문가들의 의견과는 상이할 수도 있음을 밝혀 둔다. 이는 각각의 전문가들마다의 당구 시장을 바라보는 생각이 다르고, '당구'라는 업종에 대한 영업적인 접근방법이 다르기 때문으로 이해해도 좋다.

　〈그림 9-2〉는 당구장 이용 고객의 계층별 형태에 따른 당구장을 선택하는 기준을 표현한 도표이다. 우리는 이 도표를 통하여 계층A, 계층B, 계층C의 고객이 당구장을 선택하는 방식을 추론할 수 있다.

　A계층의 경우는, 서비스의 수준, 시설의 수준, 접근의 편의성 보다는 그들의 주목적이 되는 동호회활동, 대전(對戰), 당구학습, 당구대의 종

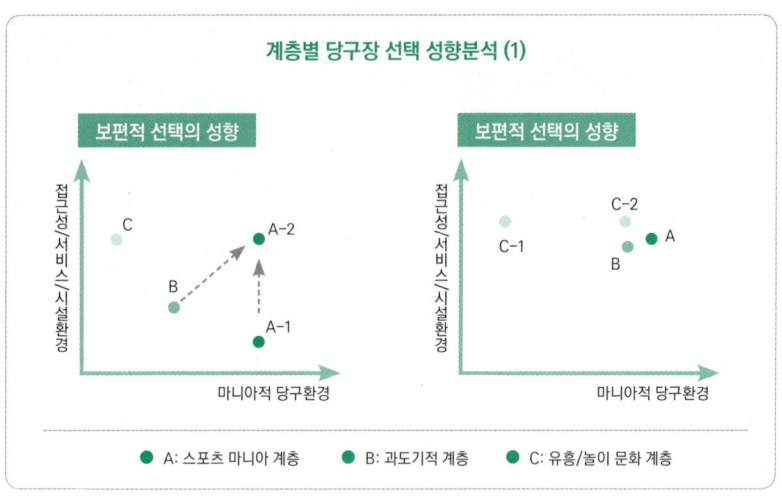

〈그림 9-2〉 계층별 당구장 선택 성향분석(1)

류,[58] 당구장 운영주체에 대한 스스로의 욕구충족에 의한 선택이 이루어지게 된다. 즉 '좀 멀어도', '시설이 좀 낙후되어 있어도', '서비스가 좀 불만족스러워도' 앞서 나열한 각각의 욕구 충족이 이루어진다면 선택의 이유가 충분하다. 그러나 A계층의 욕구를 충족하는 당구장 간의 2차적인 경쟁 체제로 접근의 편의성. 서비스의 수준, 시설의 수준이 세분화된 2차 경쟁의 도구가 된다. 즉 〈그림 9-2〉의 A-1에서 A-2로의 당구장 선택 환경이 변화됨을 이해해야 하는 데, 마니아 계층 역시도 점차 시설과 서비스의 높은 수준을 요구하는 추세로 변화되고 있다.

B계층의 경우는,

이제 막 당구에 대한, 3쿠션에 대한 본격적인 배움과 열정을 갖기 시작한 계층으로 보면 된다.

---

58) 여기서는 국제식 대대 당구대의 종류를 의미하며, 국산 및 외산 당구대 각각 브랜드에 대한 선호도 역시 마니아적 환경을 충족하는 중요한 구성요소 중에 하나로 필자는 생각한다.

초보 창업자의 당구장 자리 찾기 실전 방법론

C계층의 경우는, 앞서 A계층의 당구장 선택방법과는 반대적 성향으로 이해하면 된다. 즉 가깝고, 서비스 좋고, 시설(환경)수준이 좋은 당구장을 우선적으로 선택하게 된다. 누군가가 당구를 적극적으로 가르쳐준다거나, 외국산 고급 국제식 대대가 있다거나, 상주하여 운영되는 동호회가 있다거나 하는 것들이 이들의 당구장 선택의 주된 이유가 되지는 않는다는 것이다.

우리가 〈그림 9-2〉에서 특별하게 주목해야 할 것은 C계층의 당구장 선택방법이 접근성/서비스/시설현황의 선택에 더하여 〈그림 9-2〉변화된 선택의 성향 도표에서 보듯이 C-1에서 C-2로 A계층의 주요선택방법이 되었던, 마니아적 당구환경의 선택요건이 추가되었다는 것에 주목해야 한다. 즉 당구장의 선택기준이 과거에는 가깝고, 서비스 좋고, 시설이 좋은 당구장을 선택했다면, 이제는 기존의 기준과 함께 당구를 배울 수도, 경쟁할 수도 있는 환경과 그러한 욕구를 충족하는 마니아적 욕구를 충족할 수 있는 환경적 시설을 갖춘 당구장을 선택하게 된다는 것이다. 이는 '당구'라는 종목이 방송매체 등의 영향으로 인하여 스포츠적인 인식이 강해지고 B계층이 확대된 결과로 이해해도 무방하다.

〈그림 9-3〉은 당구장 이용목적에 따른 성향의 변화를 나타낸 도표로 '제1목적형선택'은 계층별 '당구 활동'이 주목적일 경우의 선택기준이며, '제2목적형선택'은 당구 활동이 주목적이 아닌 2차적인 활동으로 친구를 만나기 전 자투리시간, 술 한 잔 이후의 게임 등에서의 당구장 선택기준이 된다.

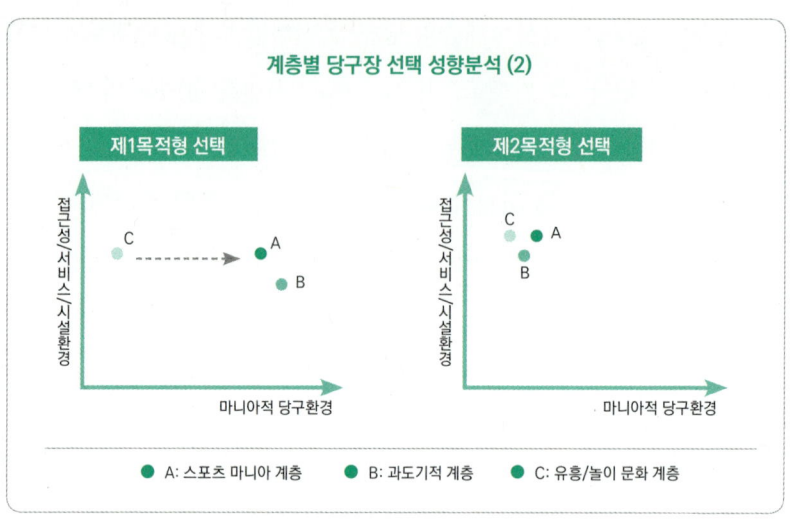

<그림 9-3> 계층별 당구장 선택 성향분석(2)

제1목적형 선택의 경우

A계층, B계층의 당구장 선택기준은 명확하게 앞서 설명한 〈그림 9-2〉의 마니아적 당구환경의 기준에 의한 선택이 이루어지게 된다. 여기서 C계층을 주의 깊게 보아야 하는 데, 하나의 정해진 상권에서 C계층 역시도 A, B계층이 주로 선택하는 마니아적 환경요소를 갖춘 당구장의 선택으로 점진적으로 변화되고 있음에 주의해야 한다. 이는 단순히 고급스러운 당구장으로 이해해서는 안 되며, 당구종목이 단순한 유흥놀이 문화에서 스포츠 활동으로의 변화된 환경으로 인지해야 한다.

제2목적형 선택의 경우

A, B, C계층의 도표의 한 곳에 집중되어 있는 현상을 볼 수가 있는데, 당구장을 이용하는 제1목적이 배제되고 철저하게 유흥놀이 문화로의 접

초보 창업자의 당구장 자리 찾기 실전 방법론

근으로 이해해야 한다. 여기서 유의해야 할 점은 A계층이 당구장을 이용하는 주된 목적인 '당구마니아적 상황'이 결여되었을 때의 당구장 선택 성향이다. 이러한 상황은 아마도 함께 당구를 즐기게 되는 동반자의 조합의 결과에 따라서 달라지게 될 것이 분명하다. 예를 들어, 마니아적 성향의 조합일 경우에는 '제1목적형' 선택의 경우와 유사한 환경의 당구장을 선택을 이루게 될 것이며, C계층과의 조합을 이룰 경우에는 현재 위치한 상권에서 가까운 곳의 당구장 중에서 시설과 서비스가 좋은 당구장을 선택하게 될 것이다.

우리가 〈그림 9-2〉와 〈그림 9-3〉의 도표를 통하여 결과적으로 알 수 있는 것은, 당구장을 이용하는 고객의 상황과 고객의 성향에 따라서 당구장을 선택하는 방법과 기준이 다르게 나타난다는 것과, 상권과 상권 내의 세부적인 위치에 따라서 분류된 고객의 A계층, B계층, C계층 중에서 타깃이 되는 고객층이 어느 정도 정해져 있다는 것을 알 수 있게 된다. 또한 당구장의 형태가 변화된 고객의 욕구에 의하여 서비스와 시설 수준의 고급화와 함께 마니아적 환경으로 변화되고 있음을 추론할 수 있다.

마지막으로 우리가 해야 할 것은, 세분화와 추론/추적의 활동을 통하여 얻어진 결과물을 나열하고, 대상 고객을 선택적으로 조합해보는 것이다. 왜냐하면, 목표상권 내에 존재하는 수많은 상황들의 대상 고객 전부를 내 당구장의 고객으로 삼을 수는 없는 일이기 때문이다. 물론, 대형 당구장이라면 해당되는 모든 상황의 고객을 '구획의 분리'와 '운영 프로그램의 개발' 등을 통하여 적극적으로 흡수가 가능할 것이다. 그러나 보편적으로 15대 이하의 중소형 당구장의 경우는 상충되는 고객의 형태 모두를 흡수한다는 것은 현실적으로 불가능하다. 때문에 대상 고객에 대한 최선의 선택적 조합이 필수적이라 할 수 있다.

더불어, 하나의 상권에는 특징적인 두 개의 운영형태를 볼 수가 있는데, 세부적인 내용을 분석해보면 앞서 분류한 마니아 계층(Sports Mania)과 유흥 계층이(Amusement)에 따른 영업 형태로 특정 지을 수 있게 된다. 「2013 ABBI연구소, 당구장 이용 고객의 형태 연구」에서의 연구결과에 따르면, 특정된 하나의 상권을 이용하는 고객층 중에는 스포츠 매니아 계층과 유흥놀이문화 계층이 공존하게 되며, 이들의 당구장 이용은 상황적인 요건과 더불어 [표9-1]의 '선택요건'에 의하여 계층적 특징을 갖고 당구장을 선택하기 때문이라는 것이다. 즉 스포츠 마니아(스포츠 매니아) 계층의 경우 그들의 주목적을 벗어난 단순유흥과 교류의 목적으로 당구장을 방문하는 경우에도 그들의 주된 활동목적에 부합하는 당구장을 선택하게 된다는 의미이며, 주된 목적인 동호회 활동(스포츠 마니아적인 활동)을 주생활권역(직장 인근, 주거지 인근)에서도 유사한 활동을 할 수 있는 근거지를 마련하고자 하는 기본적인 활동욕구가 있게 된다는 것이다.

예를 들어, 강남에서 직장을 다니는 A씨는 사당동에 거주하고 신촌에 있는 동호회에서 활동을 한다고 가정해 보자.

A씨는 일주일에 두 번 동호회활동을 위해 신촌의 당구장을 방문하게 되며, 더불어 강남의 직장 근처에서 동료들과 당구를 즐기기도 하며, 때로는 집근처의 당구장에 들러서 동네 친구들과 또는 당구장 주인과 당구게임을 즐긴다.

이처럼 A씨의 경우 본질적으로는 스포츠 마니아적인 계층특성이 있지만, 유흥 계층의 부류와도 포괄적으로 당구에 접하게 된다. 이는 기본적으로 '당구에 대한 열정'이 있기 때문으로 해석될 수도 있다. 때문에 스포츠 마니아 계층의 당구장 이용 형태는 유흥 계층의 당구장 이용 형태를 포괄적으로 흡수하는 것이 일반적이다. 그러나 이 계층의 당구장 선택의 기준은 유흥 계층의 선택과는 조금 다른 기준이 적용된다. 즉 스포츠 마니아 계층이 선호하는 환경이(당구대의 성능, 인테리어 환경, 서비스의 질 등)[59] 조성된 당구장을 우선적으로 선택하게 되는 것이다. 또한 스포츠 마니아 계층은 동호회 활동을 하는 당구장 외에도 직장 근처, 거주지 근처에서도 스포츠 마니아적 활동을 부분적으로 수행할 수 있는 당구장을 거점으로 두고 있거나, 거점 당구장을 만들고 싶은 기본적인 욕망이 있는 것이 일반적이다.

이러한 이유로 상권의 형태에 관계없이 형태적으로 두 가지의 고객의 특징을 가진 당구장이 각각 공존하게 되는 현상이 발생된다. 다만, 스포츠 마니아 계층이 부가적으로 주류를 이룰 수 있는 당구장의 수는 하나의 상권에 1개 또는 2개로 극히 드물게 영업적인 성과를 이루게 되며, 대다수의 당구장은 놀이 문화 중심의 유흥 계층이 이용하는 당구장이 성업을 이룬다. 유흥 계층이 이용하는 당구장의 경우는 마니아 계층이 주로 이용하는 당구장에 비하여 다수의 경쟁 체제에서 경쟁 우위를 점하기 위한 영업적인, 서비스적인, 시설적인 측면에서의 차별화된 경쟁력을 강구해야 하며, 당구장 방문형태의 세분화된 고객의 분류와 이해를 통하여 내 당구장에 적합한 타깃 고객을 조합하고(설정하고) 그에 적합한

---

59) Player입장에서 '내가 주로 활동하는'(동호회 활동을 하는) 당구장과 유사한 환경적, 시스템적 구조를 갖는 당구장을 선호.

경쟁력 있는 창업/운영 전략의 구성이 반드시 필요하게 된다.

　결론적으로, 우리가 당구장 이용 고객의 당구장 이용상황을 세분화하고, 당구장을 이용하는 방법과 영업영향력을 추적하고, 세분화된 고객 중에서 내 당구장의 주요 고객으로 삼아야 할 대상들을 조합해 내는 일련의 활동들은 목표상권에서의 전략적 창업을 위함이며, 이는 곧 '당구장 자리를 찾고 판단하는 방법'의[60] {방법 4) 전략구상 및 선정}을 위한 중요한 활동이 된다.

---

60) P15

초보 창업자의 당구장 자리 찾기 실전 방법론

1부를 마치며

'1부 당구장 자리에 대하여'를 기술함에 있어서 필자는 많은 고민과 걱정을 하였다. 자칫 잘못된 논리와 현실감 없는 기술이 되지 않을까? 하는 걱정이 앞섰던 것도 사실이다. 그럴 때면, 필자는 기술한 '방법'과 '내용'의 검증을 위하여 거리로 나섰으며 사례들을 점검하고 대입하고 검증하였다.

지금 필자가 '1부 당구장 자리에 대하여'를 마치면서 못내 아쉬운 점한 가지는, 필자가 직접 발로 뛰고 검증한 수많은 상권조사의 사례들을 지면에 모두 펼쳐놓지 못한 것이 큰 아쉬움으로 남는다. 이 책에서 언급되지 못한 수많은 상권조사 자료와 함께 제시된 '연구보고서'의 자료는 ABBI연구소(www.abbi.co.kr)를 통하여 별도의 연구보고서와 개별 사례분석자료를 통하여 게재할 예정이며, 그것으로 필자의 아쉬움을 달래고, 독자 분들의 실제사례들에 대한 궁금증을 해소하고자 한다.

다음 장에서 이어질 '2부 당구장 점포 개발의 조언들'은 신규 창업과 인수 창업의 실전에서 있음직한 상황적 사례들을 중심으로 예비 창업자가 한 번쯤 생각해 보아야 할 내용과 조언들로 구성하였다.

2부

당구장
자리에 대한
유용한 조언들

당구장 점포 개발의 과정에서

당구장 창업자가 주의하고,

생각해 보아야 할 사항들에 대한

현장감 있고 생생한 이야기들

01

당구장 자리 따로 있다!

업종마다 업종의 특성에 맞는 '자리'가 있다고들 한다. 편의점 자리, PC 방 자리, 분식집 자리, 한식집 자리 등. 각 업종마다의 특수성이 고려된 최적의 입지가 존재한다. 각 업종마다의 영업적 특성에 따라서 대상 고객과 소비성향이 구별되기 때문에 당연히 유효한 상권의 형태와 입지의 형태가 다르게 된다. 이러한 이유로 각각의 업종에 정통한 창업 전문가들이 일반적인 상권 분석 전문가들과 부동산 컨설팅 전문가와는 다르게 업종별 전문가로서의 차별화된 전문화된 종합적인 시각을[1] 갖기도 한다.

그렇다면 어떤 사람들이 당구장 자리를 잘 볼까?

그렇다면 어떤 사람들을 당구장 창업 전문가라고 해야 할까?

당구장 자리를 찾고 판단하는 과정에서 창업자는 다양한 업종을 취급하는 일반 창업 컨설턴트들과 부동산 컨설팅 업체와 당구업계의 당구 재료상, 당구 선수들을 접하게 된다. 일반적으로 창업 컨설턴트들의 경우는 그들만의 다양한 경험을 통해서 '당구장'이라는 특수성이 고려되지 않은 통상적인 범위에서의 오류가 적은 입지 판단이 이루어질 것이 분명하며 부동산 컨설팅 업체의 경우는 창업자가 제시하는 조건 즉, 임대 보

---

1) 전문화된 종합적인 시각이란? 단순히 입지적인 '좋고', '나쁨'의 판단을 벗어나 '당구장'이라는 특수 영업 환경과 창업자의 자금, 성향 등의 종합적인 고려를 포함하는 창업/운영 전략적인 측면에서의 종합적인 판단을 의미한다.

증금, 월세, 평수 등에 적합한 당구장 자리를 추천할 것이며, 당구 재료상 또는 오랫동안 당구 프로 선수로[2] 활동해 온 당구 선수들의 경우는 오랜 기간 당구장들을 거래하고 이용하면서 자연스럽게 당구장의 흥망을 간접 체험하고 당구장이 있을 만한, 잘 될 만한 곳들을 몸과 감각으로 채득하게 된 정보를 바탕으로 한, 당구장 자리에 대한 '좋고', '나쁨'의 판단을 통하여 창업자에게 적절한 자리의 추천이 이루어 질 것이다.

지금까지의 당구장 창업의 과정에서 우리가 '당구장 창업 전문가'라고 불러온 집단이 바로 '당구 재료상'과 '당구 프로선수' 집단이다. 이들의 판단은 통계적, 학술적인 분석에 의한 자리의 선별과 판단이라기 보다는 직감적인, 경험적인 통찰력에 판단을 의존하는 경우가 대부분이다. 그러나 이러한 직관적인 판단을 무조건 무시해서는 안 된다.

이들의 간접경험 역시도 자신의 기준에서 그들이 직접 보고, 체험한 당구장들의 흥망에 대한 상황적 편집과 이해를 통하여 직관적인·통계적인 판단을 하게 되기 때문이며, 이러한 직관은 오랜 기간 동안 '당구장'이라는 특수한 영업 환경에서의 다양한 경험을 통하여 채득 되어진 실전적인 것이기 때문이다. 단지, 이들의 판단이 누군가에게 설득력 있게 제공될 만한 문서 또는 통계로 표현되지 않았을 뿐이다. 학술적으로 통계적으로 표현되지 않았다는 이유로 이들의 경험과 사례를 무시할 수는 없다. 다만, 그 판단을 받아들 이는 자(者)에 대한 신뢰성 제공에 대한 문제일 뿐이다.

---

2) 당구 프로 선수의 경우, 선수로서의 활동과 함께 당구 재료상의 역할을 겸하고 있는 경우가 많다. 전업 (專業)으로 당구 재료상을 겸하지는 않지만 당구장 인테리어와 당구대 판매, 당구 재료의 공급자 역할을 수행하고 있다.

초보 창업자의 당구장 자리 찾기 실전 방법론

사실상 이 두 부류, 즉 일반 창업 컨설턴트와 당구 재료상과 당구 선수들의 문제는 좋은 당구장 자리의 선택과 판단의 문제가 아닌, 창업·운영 전략적인 부분에서의 취약한 접근 방식이다.

　일반 창업 컨설턴트와 부동산컨설턴트들의 경우는, 다양한 업종을 취급하고 있으며, 타 업종에 비하여 창업 수요의 비중이 적기 때문에, 당구장이라는 특수한 영업 환경에 대한 전문성에 매우 취약함을 드러낸다. 그 결과로 당구장이라는 업종에 대한 세부적인 고객의 형태와 특성을 이해하지 못한 상태에서의 입지 선택은 결국 창업/운영 전략의 구성에 있어서 원천적인 오류에 직면하게 된다. 현실적으로 이들의 역할이 당구장 창업의 과정 중 '점포의 추천과 선택'에만 국한되어 있는 이유가 여기에 있다.

　당구업계의 당구 재료상과 당구 선수들의 경우는, 창업과 운영 전략이라는 것이 두세 가지 방법에 의해 대표될 만큼 지극히 획일적이라는 것이다. 이의 반증으로 이들을 통하여 또는 도움을 받아 창업한 당구장의 경우, 10년 전이나 지금이나 여전히 비슷한 시설의 수준과 형태, 영업 방식이 대다수를 이루고 있는 당구장의 현황을 보면 알 수 있다. 물론 일부의 당구 재료상과 당구 선수의 경우, 자신만의 경험과 노하우를 바탕으로 성공과 실패 사례들의 수집과 연구를 통하여 시대와 상권을 반영하는 '좋은 영업모델'을 개발하여 창업자에게 전문가로서의 장사의 방법과 방향을 제시하는 경우도 있으나 이는 극히 드문 사례다.

　다시 '당구장 자리'에 대한 이야기로 돌아와서, 전통적으로 좋은 당구장 자리들은 대부분 10년, 20년 흥망을 지속하며 불경기 속에서도 굳건하게 자리하고 있는 경우가 많다. 이제 막 장사를 시작해야 하는 창업자의 입장에서는 좋은 자리에서의 흥망이 이해가 잘 안 될 수 도 있다. '정말 좋은 자리라면 누가, 어떻게 장사를 하건 지속적으로 영업이 잘 되어야 하는 것 아닐까?'라는 창업자의 의심과 염려에 대한 생각도 절대 무리는 아니다. 그러나 장사는 자리도 중요하지만 당구장의 환경과[3] 점주의 영업적인 능력 또한 매우 중요한 요소이기 때문에 점주의 경영 능력에 따라서 흥망을 반복한다고 해도 무방하다. 물론, 흥망의 원인에는 상권의 변화, 강력한 경쟁 업체의 등장, 사회적 이슈와 같은 외부적 환경에 의한 요소도 분명히 존재하는 것이 사실이지만, 이 또한 주인의 환경 변화에 대한 대처 능력으로 보아야 할 것이다.

결국 당구장 자리가 따로 있다는 말은, 당구장 자리로서의 입지적 특성을 반영한 특정한 위치에서의[4] 원활한 창업과 나의 창업/운영 조건에 부합하는 '곳'의 의미로 받아들임이 현명하다. 참고로 동일 상권/동일 동선에서 '자리', '위치'의 좋고 나쁨은 단순히 동일 조건의 영업 형태를 갖는 또 다른 당구장 자리에 비하여 조금 더 장사에 유리하다는 정도의 의미로 받아들여야 한다. 실제로 동일 상권 내의 영업순위가 '위치'의 좋고 나쁨의 순위와 일치하지 않음은 영업력과 효과적인 창업/운영 전략에 의해서 장사의 성패가 판가름 나기 때문이다.

그럼에도 우리가 '좋은 자리'(당구장을 할 만한 자리)를 찾는 데 게을리 해서는 안 되는 이유는 창업에 있어서 위험 요소를 적극적으로 제거하고, 최소한 망할 수밖에 없는 최악의 위치를 선택하지 않기 위함이다.

---

3) 인테리어의 수준과 형태, 서비스의 수준과 형태, 운영 프로그램 등 당구장을 운영하는 데 하드웨어적 소프트웨어적 환경
4) p. 15 '당구장 자리 찾기에 대한 이해' 참조

초보 창업자의 당구장 자리 찾기 실전 방법론

당구장 초보 창업자는 당구장 창업을 결심하고 '당구장이 성업할 만한 좋은 자리'를 찾기 위한 방법으로 부동산 컨설팅 업체를 통하여 수많은 자리를 추천을 받기도 한다. 그러나 안타깝게도 그들에게 추천 받은 당구장 자리는 선별적인 최적화된 당구장 자리라기 보다는 평수와 임대료에 맞는 공실(空室)을 추천 받는 경우가 대부분이며, 이 과정에서 잘못된 선택으로 많은 오류를 범하고 있다. 이는 당구장 창업자도 부동산 업체도 당구장 자리를 선별하고 선택하는 안목(眼目)이 없는 현실에서는 어쩔 수 없는 불가피한 현상이다.

　잠시 이 오류에 대한 부동산 컨설팅 업체의 변을 하자면, 부동산 컨설팅 업체의 현실에서는 당구장 이외에도 여러 업종을 동시에 취급해야 하기 때문에 업종의 전문성이 떨어지는 것이 당연할 것이다. 이러한 현실 속에서 당연하게도 당구장의 특수성을 고려하지 않은 추천이 이루어질 수밖에는 없으며, 창업자가 당구장에 적합한 자리의 추천이 이루어지지 않았다고 해서 부동산 업체에 책임을 전가할 수는 없는 일이다. 그 판단은 어디까지나 창업자의 몫이다. 왜냐하면, 부동산 업체의 역할은 어디까지나 임대 평수와 보증금, 월세 등의 임대 조건에 부합하는 추천과 그 조건들의 원활한 협상의 창구로 활용되는 것이 원칙적으로 맞기 때문이다.

　결국, 창업자 스스로 당구장 자리를 선별하는 안목을 키워야 한다. 그러나 이 또한 지금의 당구업계 현실에서는 절대로 쉬운 일이 아니다. 여타의 업종과는 다르게 전문성 있는 업체도 찾기 힘들며, 당구장 전문가들의 경험과 노하우를 정리하고 표현한 집필을 찾기도(접하기도) 매우 어렵다. 그렇다고 인터넷에 떠도는 검증되지 않은 무분별한 정보를 창업자가 절대적으로 믿기도 활용하기도 어려운 상황이다. 왜냐하면 그 정보라는 것들이 타 업종의 짜깁기이거나 일반적인 논리이기도 하며, 전혀 근거가 없는 비전문가의 잘못된 정보일 경우도 많기 때문이다.

'당구장 자리가 따로 있다'는 말은 앞서도 이야기 했듯이 당구장을 하기 위한 원활한 창업과 운영 조건에 대한 종합적인 판단이다. 즉, 당구장의 위치, 건물의 임대 조건, 건물의 형태, 수익률, 투자비, 경쟁 관계 등의 종합적인 정보 수집과 분석에 의한 당구장 자리의 선택이 필요하다.

결론적으로, 원활한 창업과 운영 조건에 대한 종합적인 내용들이 창업자의 현실과 잘 부합하는 점포가 결국 '따로 있다'는 당구장 자리라는 뜻이며, 단순히 위치적인 기준에서의 '좋고', '나쁨'만을 의미하지 않는다. 다시 말해서, 적절한 투자비와 원활한 시설로 성공적인 운영이(적절한 수익을 낼 수 있는) 가능한 곳이 '당구장 할 만한 좋은 자리'라는 뜻으로 해석하면 된다.

02
타깃 고객을 명확히 하라

상권을 파악하고 당구장 점포를 보았다면, 이제 누가 주요 고객인지를 판단해야 한다. 이는 창업/운영 전략적인 부분에서의 접근으로 이해를 해야 한다. '누가? 내 당구장을 이용할 것인가?'에 대한 분석은 영업 전략과 시설 전략을 구성하는 데 중요한 뼈대가 된다.[5]

2010년부터 시작된 당구에 대한 관심과 열기 속에서 수많은 당구장이 생겨나고, 당구 산업(용품)의 발전에 큰 원동력이 되었다. 그러나 업계의 호황 속에서 상대적으로 당구장 장사에 대한 학문적인 연구와 개발은 업계의 당구 용품 판매에 대한 시장 논리에 관심 밖의 뒷전으로 밀려나고 30년 전 당구업계의 태생적인 취약함을 여실히 드러냈다. 결국 30년 전이나 5년 전이나 지금이나 당구업계의 현실은 참담하다. 최소한 당구업계의 학술적인 발전의 부분에서는 그렇다. 물론 '당구 전문 TV'의 개국과 대한당구연맹의 '당구 경기의 양적, 질적 확대'를 통하여 스포츠 문화로서의 당구 저변 확대와 인식의 변화를 가져온 것은 괄목할 만한 성과이지만, 이는 어디까지나 '당구'에 대한 문화적 인식의 변화와

---

5) p.24 당구장 자리를 찾고 판단하는 방법 1), 2), 3), 4) 참조
　p.26 〈그림 2-2〉관련 설명 참조
　p.29 [표 2-1]관련 설명 참조
　p.30 〈그림 2-3〉관련 설명 참조
　p.33 〈그림 2-4〉관련 설명 참조
　p.34 [표 2-2] 설명 참조

'당구'라는 경기 종목에 대한 접근 방식의 변화와 성장일 뿐이며, 이는 당구 산업의 한 부분으로 즉, 소비자 계층에 대한 발전적 방향의 제시라는 측면에서 괄목할 만한 성과이다. 그러나 이러한 변화와 발전에 '당구장'의 영업적인, 시설적인, 환경적인 '대응책은 있는가?', '제시를 했는가?' 이는 당구업계의 의식 있는 누군가가 또는 단체에서 분명히 연구와 함께 논(論)했어야 하지만, 이러한 변화를 '개인 용품 판매'에만 열(熱)을 올렸던 것이 사실이다.[6]

결국 2012~2014년까지 수많은 당구장이 폐업을 하게 된 원인에는 당구업계의 책임이 없다고 할 수 없으며, 2012년부터 침체되기 시작한 당구 산업(용품 업체)의 불황도 구태한 당구업계의 책임에서 벗어나기 힘들다.

본론으로 돌아와서, 그 많던 당구장들이 왜 망했을까? 단언하건대 구체적인 전략이 없는 접근으로 당구장을 만들었기 때문이며 그로 인한 목표 고객이 명확하지 않은 창업이 이루어졌기 때문이다. 전략이라는 말이 다소 어렵게 다가올지도 모른다. 쉽게 이야기하면 어디에서, 누구를 대상으로, 어떠한 방법으로 경쟁에서의 우의를 점하고 장사를 성공으로 이끌 것인가?에 대한 고찰과 문서화까지의 일련의 과정을 의미한다.

그렇다면 현실을 보자. 현재의 당구장들은 대부분이 같은 패턴의 인테리어, 같은 당구 용품을 사용하고, 같은 장사의 방법을 선택했다. 그 결

---

6) 이러한 이유로 당구장의 주요 고객의 형태적 변화를 가져왔으며, 더욱 심화될 것으로 판단된다. 그러나 아직 당구업계 누구도 이러한 변화에 대응할 만한 '당구장 사업'의 대처(안) 또는 사업 계획(안)을 제시하지 못하고 있다. 필자는 이러한 현실이 안타깝다. 선도적 역할을 하는 누군가의 실험적 당구장 개업에 아직도 우리는 의지해야만 하는가?

초보 창업자의 당구장 자리 찾기 실전 방법론

과로 현재의 당구장들을 다시 보자. 주인만 다른 유사한 모양과 서비스의 수많은 당구장들을 보게 될 것이다. 결국, 도토리 키재기 수준의 경쟁은 특별한 강자도 약자도 없이 지속되고 있으며, 그 와중에 조금 특별한(규모, 시설 수준, 서비스 체계 등)경쟁자[7] 앞에서 모두가 도태되는 결과를 낳고 있으며, 특히 그 중에서도 입지 조건이 취약하거나 상권의 특성에 맞지 않는 영업 방식을 택한 당구장들은 경쟁조차 시도하지 못하고 가장 먼저 폐업의 길로 접어들고 있다.

때문에, 보다 보편화된 장사의 접근이 필요하며 변화된 고객층을 수용할 만한 전략적인 접근이 필요하다. 다시 말해서, 이제는 철저한 사업 계획 속에서의 전략적 접근을 하여야 한다는 뜻이다. 기존 당구장 창업은 그야말로 주먹구구식의 창업이었음을 누구도 부인하지 못할 것이다. 타 업종의 경우[8] 기술신용보증기금이나 신용보증재단에서 2,000만 원, 3,000만 원의 소자본 창업대출을 받는 경우에도 최소한 20페이지에 달하는 사업 계획서를 제출해야 한다. 때로는 재단이 진행하는 창업 교육을[9] 이수해야만 자금을 대출받을 수가 있다. 타 업종에서는 이렇게 창업 과정에서의 계획과 준비를 중요시하고 있다는 것을 당구장 창업자 역시도 이제는 상기해야 한다.

잠시 타 업종의 이타적 사례를 이야기해 보자.

---

7) 흔히 말하는 장사에 정통한 창업자들을 의미한다. 이들의 당구장은 기존 당구장과는 다른 특별한 시설과 서비스와 운영 프로그램으로 무장하고, 나름의 전략적인 창업목표에 의하여 다양한 영업 방법을 구사한다. 이들 중에는 당구 선수도 있고, 다년간의 당구장 경험자도 있고, 타 업종에서의 성공적인 운영자도 있다. 그 주체의 전직이 중요한 사항은 아니며 얼마나 철저하게 준비된 전략적인 창업을 시도하느냐의 문제로 보아야 할 것이다.

8) 음식점, 커피 전문점, 주점 등의 소비 업종을 비롯한 생계형 창업 업종

9) 소상공인지원센터와 중소기업청에서 운영하는 업종별 창업 교육

한때, 독일식 화로구이 삼겹살집이 유행을 했었다. 이곳의 인테리어는 흡사 이탈리안 레스토랑을 연상케 하는 구조에 빨간색 꽃무늬 벽지와 적벽돌을 이용한 아늑하면서도 화려한 인테리어 구조였다. 이곳의 메뉴판과 기타 부대시설도 인테리어에 어울리게 고급스러움의 일색이었다. 당시만 해도 삼겹살집은 넓은 4각의 테이블에 연기를 흡입하는 후드가 있는 것이 전부였으며 특별한 인테리어라고 할 것 없는 삼겹살과 소주로 대변되는 다소 서민적인 분위기의 평범한 매장이 주류를 이루었다. 필자는 매장에 들어서고 놀라지 않을 수 없었다.

"사장님 왠 삼겹살집이 이렇게…"
"하하~ 조 실장님, 프로가 왜 그래요~?"
"제 의도를 모르시겠어요?"

필자는 조금은 의아했다. 파격도 너무 파격이었다.

"20대 연인들을 위한 삼겹살집입니다~^^"

시간이 한참이나 지난 이야기지만, 이곳의 점주는 20~30 대의 연인과 젊은 가족을 '타깃 고객'으로 하는 고급화되어 가는 고객의 외식 트랜드에 잘 맞추어진 매장을 기획했으며, 결국 그들에게 맞추어진 고급화된 삼겹살 매장으로 큰 성공을 거두었다.

이 사례 이외에도 요식업을 비롯한 타 업종에서는 유사한 사례를 많이 찾아볼 수 있다. 유명한 '화로구이' 고깃집에 어느 날부터 '어린이 놀이

초보 창업자의 당구장 자리 찾기 실전 방법론

공간'이 생겨나고, 커피 전문점에 '커피 강좌'가 만들어지고, Corkage[10) 없는 이탈리안 레스토랑이 생겨나고, 자동차 동호인을 대상으로 한 셀프 세차장과 정비 업소가 성업을 이루고 있다. 이들의 성공적의 원인은 산업의 동향을 파악하고 고객의 변화된 요구를 반영한, 대상 고객의 세분화/집중화를 통한 '타깃 고객'을 대상으로 한 차별화된 서비스와 프로그램의 구성에 있다.

지금부터 설명하는 내용은 당구장 고객의 설정에 대한 부분이다.[11) 과연 내 당구장의 고객은 누구이며, 누가 되어야 하는지에 대한 설정과 판단에 대한 것으로 이는 내가 운영할 당구장의 시설과 서비스의 구성 그리고 당구장 영업 홍보까지의 전반적인 부분에서의 기준이 된다.

조사의 방법은, 당구장을 이용할 세대, 직군, 성별 등(동네 상인, 동네 거주민, 학생, 영업직 사원, 생산직 사원, 일반 사무직, 유흥업소 종사자, 20대, 30대 등)을 정의하고, 상권 내(內)의 기존 당구장들에 대한 주요 이용 고객의 상황과 이용 형태를[12) 조사를 진행한다. 조사의 기본적인 방법은 1부에서 정의한 세분화, 추적, 조합의 원리에[13) 의하여 당구장을 이용하는 고객을 정의하면 된다. 물론, 이 조사의 과정은 경험 많은 전문가가 아니고서는 하루 이틀에 가늠하기가 사실상 어려운 부분이 있다. 경

---

10) Corkage: 레스토랑이나 호텔에서 손님이 다른 곳에서 사 가져간 포도주 마실 때 술잔 등을 제공해 주고 받는 돈.

11) p. 99 당구장 이용 고객의 이해 참조.

12) p. 26 〈그림 2-2 〉관련 설명 참조
   p. 29 [표 2-1] 관련 설명 참조
   p. 30 〈그림 2-3〉 관련 설명 참조
   p. 33 〈그림 2-4〉 관련 설명 참조
   p. 34 [표 2-2] 설명 참조

13) p. 24

험이 많은 전문가(당구 선수, 일부 재료상)들은 당구장에 들어서고 손님들이 당구를 치는 형태와 행동만으로도 대략의 매출 구조를 파악할 정도로 빠른 판단이 가능하기도 하다. 그러나 창업자에게는 요원(遙遠)한 이야기이니 잠시 접어 두고, 내가 직접 눈으로 보고 경험한 것에 기준한 객관적인 판단에 의한 자료를 만들어야 한다. 즉, 앞서 정의한 이용 고객의 구성표를 작성하고[14] 데이터화하여 분석하면 된다. 필자의 생각으로는 누군가의 직감적인 판단과 몇 마디의 말보다, 이 조사 자료가 상당히 근거 있는 지표가 되리라는 것을 경험적으로 확신한다. 여기에 다양한 경험이 있는 전문가의(당구 선수, 일부 재료상) 분석에 대한 의견과 토론이 더해진다면 더 좋은 결정을 위한 좋은 자료가 될 것이다.

1차적으로 조사가 완료되면, 내 당구장에서 유치가 가능한 고객과 그렇지 않은 고객에 대한 분류를 해야 한다. 즉, 내 당구장으로의 유치가 가능한 또는 유치해야 할 대상이 되는 고객과 포기해야 할 또는 버려야 할 고객의 분류를 해야 하는 데, 이러한 분류는 '내가 이렇게 만들어 놓으면 손님이 오겠지?'라는 막연한 기대와 상상보다는 현실적이고 객관적인 나의 상황을 고려한 분류가 되어야 한다. 예를 들어, 15대 규모의 내 당구장에 국제식 대대 3대를 갖추고, 동호인 중심의 프로그램을 운영하고 싶다는 생각이 있다고 가정해 보자. 국제식 대대 3대를 구매할 자금은 있는가?, 손님의 불만이 없는 기준에서의 국제식 대대를 관리할 수 있는 시설 관리 능력은 있는가? 국제식 대대를 원활이 운영할 수 있을 만큼의(적절한 수익을 낼 만큼의) 자원 동원 능력은 있는가? 등에 대한 현

---

14) p. 99 당구장 이용고객의 이해 참조.
   p. 29 [표 2-1] 당구장 이용고객의 형태적 구분

초보 창업자의 당구장 자리 찾기 실전 방법론

실적이고 객관적인 평가를 해 보아야 한다는 것이다. 사실 프로 당구 선수 출신의 점주들도 국제식 대대를 원활히 운영할 만큼의 자원 동원 능력이 없어 몇 달 운영하지 못하고 국제식 대대를 철수하는 경우를 필자는 자주 보았다.

대상 고객에 대한 한 가지 예를 더 들어 보면, 20대가 즐비한 일산의 '라페스타' 한복판에 당구장을 개업한다고 가정해 보자. 이곳의 주요 대상 고객은 20대의 커플, 20대 여성, 유흥·오락문화로서의 당구 활동이 주를 이룰 것이다. 이곳에 주변의 30대, 40대 직장인과 동네 아저씨들이 이용하는 뻔한 당구장을 만드는 우를 범하진 말자. 20대 젊은 남녀가 이용할 만한 감각 있는 시설과 운영 모델을 세워야 한다. 더불어 이 세대들이 좋아할 만한, 즐겨할 만한 서비스의 구성에도 집중을 해야 한다. 예를 들어, 당구장을 감싸고 돌 배경음악의 구성, 당구장의 컬러, 분위기, 서비스 음료의 구성 등에 대한 구체적인 사항들을 생각해야 한다. 현재 라페스타 거리에서 가장 유명한 당구장은 '컬러오브머니'라는 포켓 클럽이다. 이곳에는 맛있고 예쁜 수제 햄버거 홀과 포켓 당구장이라는 20대의 문화 코드로 대표할 수 있다.

참고적으로, 실제로 일산의 라페스타 중심거리에서 조금 벗어난 동선에는 30대, 40대의 직장인층도 많이 존재한다. 그러나 라페스타 중심가를 적극적으로 이용하는 상권의 주류 계층은 10대와 20대라는 것을 파악해야 하며, 30대 40대의 직장인이 주로 이용하는 동선은 별도로 존재하며, 그들의 소비를 이끌어 낼 만한 업종의 구성을 이루는 상권이[15] 존

---

15) p. 241 참조, 상권마다 소비자층의 목적별 주요 동선에 따라서 그들에게 적합한 업종이 집합을 이루고 하나의 상권을 형성하게 된다.

재함을 우리는 찾아내야 한다.

일산의 라페스타 거리와는 반대로 '어느 동네'의 40대가 주류를 이루는 상권에서 컴컴하고 반짝이는 20대 취향의 예쁜 당구장도 불가함은 당연하다. 다시 말해서 타깃 고객을 명확히하고 그에 적합한 전략의 수립이야말로 성공 창업으로 가는 기초가 됨을 명심하자.

다시 본론으로 돌아와서, 분류된 대상 고객들 중, 경쟁 당구장과의 여러 가지 상황과 나의 상황을 고려해서 내 당구장의 타깃 고객을 정하고 그에 따른 나의 당구장에 적합한 창업·운영 전략을 세우면 된다.

즉, 상권 내의 이용 고객을 형태적으로[16] 세분화하여 정의하고, 기존 당구장의 이용 고객을 분석하고, 내 당구장의 목표 타깃을 정해야 한다는 의미가 된다. 목표 고객의 정의는 영업 전략적인 측면에서의 판단과 함께 시설의 구성과 수준에 대한 해답을 함께 주게 된다. 목표 고객을 정의함에 있어서, 꼭 하나의 부류를 정의할 수는(필요는) 없다. 왜냐하면, 상권의 위치와 형태를 막론하고 다양한 대상 고객의 부류가 복합적으로 존재하기 때문에 해당 상권의 핵심 고객층 또는 경쟁 당구장과의 차별화된 고객유치 전략에 따른 고객층의 정의에 의하여 제1고객, 제2고객, 제3고객, 제4고객의 형태로 분류하여 정의하는 것이 바람직하며, 이 중에서 타깃 고객을 선택하고 전략의 중심에 세운다면 충분하다.

---

16) p. 99 당구장 이용고객의 이해 참조.

03
소방도로 초입을 노려라

전통적인 동네 상권의 핵심은, 주거지로 이르는 소방도로의 초입(初入)이다. 소방도로는[17] 주거지 인근에 거주하는 주민들이 본격적으로 진입하는 주도로의 역할을 하며, 소방도로를 따라 주거지로 진입을 하면 좌우로 넓은 범위의 주거단지로 들어가는 골목길들이 방사선 모양으로 펼쳐지게 되는데 주도로(버스가 다니는 2~4차선 도로)의 소방도로와 소방도로 사이에 존재하는 작은 골목길과도 연계되어 있다. 이처럼 소방도로는 주거단지의 동맥과도 같은 역할을 하는 길이다. 때문에 당구장 창업자는 이 소방도로에 형성된 상권에 집중해야 할 필요가 있다.

주거지에는 먼 거리에 직장을 가진 사람도 있고, 학생도 있고, 인근에서 장사를 하는 사람도 있고, 주부도 있다. 또한 이 주거지에는 10대의 남자아이도, 30대의 가장도, 50대의 가장도, 갓 결혼한 젊은 부부도, 아이가 하나쯤 있는 부부도 있고, 혼자 사는 젊은 남녀도 있다. 또한 이곳에 10년 이상 거주한 사람도 있고, 이제 갓 전입한 사람들도 있다. 물론 동네의 상황 즉, 소득수준과 주거의 형태에 따라서 다양한 소비성향을 갖는 다양한 사람들이 존재한다.

---

17) 소방도로의 정의: '소방 자동차의 접근이 가능한 통로'에 대해서 특별히 정해진 기준은 없으나, 기본적으로 도로의 기준인 4미터 이상의 폭을 확보하고, 고가 사다리 차의 회전 반경, 작업 공간을 감안하여 소방 활동에 지장이 없도록 충분한 공간을 확보한 도로. -소방방재청-

"실장님 이런 동네에서 당구장이 되나요?"

"당구는 회사 끝나고 치거나, 술 마시고 치는데 이런 동네에서 손님이 있을까요?"

조 실장

"네, 다들 노는 형태와 시간이 다르죠. 어떤 사람은 회사 친구와 놀고, 어떤 사람은 동네 친구와 놀죠~"

상담자

"그래도 대부분은 회사 앞에서 놀지 않나요?"

조 실장

"왜 여기 사는 사람들이 대부분 회사에 다닐 거라고 생각을 하시죠? 자영업자도 있고, 청년 백수도 있고, 학생도 있고, 잠시 쉬는 분도 있고 등등 다양한 사람들이 살겠죠. 그리고 회사를 다니는 사람도 집에는 와요. 왜 그들이 동네에서는 안 놀 것이라고 생각하시죠?"

회사 앞이건, 집 앞이건 하나의 생활권역으로 보아야 하는 것이 맞다. 당구 이외의 다른 소비 활동을 함에 있어서도 내가 근무하는 회사 근처에서도, 집으로 돌아오는 어느 거점에서도, 집 앞의 동네에서도 같은 소비 행위는 늘 일어난다. 다만, 그 소비 활동의 우선 순위가 있을 뿐이다.

소방도로를 중심으로 한 당구장 자리를 선택함에 있어서 주의해야 할 것은, 소방도로와 소방도로의 사이에는 주거지로 진입하는 작은 도로[18]

---

18) 골목길보다는 좀 큰, 소방도로보다는 조금 작은 길로, 샛길과도 같은 역할을 한다.

들이 존재하는 데 이런 작은(小) 도로는 무시해도 좋다. 물론, 이 길을 이용하여 주거지로 진입하는 경우도 있으나 이는 어디까지나 보조 도로로서의(샛길) 역할임으로 주의해야 한다.

4차선 이내의 도로가 존재하는 주거 밀집 단지의 경우, 이러한 핵심 소방도로가 버스정류소를 기준으로 다수 존재하게 되며, 각각의 소비 상권 규모가 다르게 형성된다. 즉, 밀집된 주거지에는 거주민의 생활 패턴을 반영하는 소비 상권이 각각 존재 하는 데, 그 규모와 형태가 특징적으로 존재하게 된다. 즉, 〈그림 3-1〉처럼 소방도로를 중심으로 형성된 상권 1, 2, 3, 4는 각각의 소방도로 진/출입로들(a~n) 주된 역할을 반영하는 특징 있는 상권으로 형성되어 있게 된다. 여기서 상권 2는 주거 1~8구역까지를 대표하는 상권으로, 상권 1은 주거 3, 4, 5, 9구역을 대표하는 상권으로, 상권 4는 주거 1, 2구역을 대표하는 상권으로, 상권 3은 주거 7, 주거 9구역을 대표하는 상권이면서 상권 2의 보조 적인 역할을 하는 상권으로 형성되어 있다. 즉, 〈그림 3-1〉에서의 핵심 소방도로는 i-m을 잇는 소방도로와 f, e, d가 핵심 소방도로가 되며, 나머지 소방도로들은 보조 역할로서의 소방도로가 된다.

특히, m과 n의 경우처럼 인접한 소방도로의 경우 주거 1구역의 거주민은 m과 n을 선택적으로 이용이 가능하지만 대부분의(실제적으로) 거주민은 핵심인 m을 주도로 이용하게 되며 만약 이곳에 당구장을 개설한다면 m의 위치 '어느 곳'에 위치하는 것이 유리하다는 결론을 얻을 수 있다. 결론적으로 〈그림 3-1〉에서의 상권의 역할을 통하여 당구장 개설 위치를 짐작해 보자. 상권 1, 상권 3, 상권 4는 각각의 주거지 진입을 위한 대표적인 상권으로 이해해야 하며, 상권 2는 전체 주거지를 대표하는 상권의 통합적 핵심 위치로 보아야 한다. 즉, 전체 주거지로 방사형으로 광범위하게 진입이 가능한 상권 2에서의 당구장 위치가 가장 유리할 것이며 상권 1, 3, 4도 당구장 자리로써 매우 유효한 자리가 된다. 그러나 그 외의 진입로가 되는 소방도로 즉 j, k, a, h 의 소방도로는 보조동선으로써 당구장 자리로써는 매우 부정적인 위치가 된다.

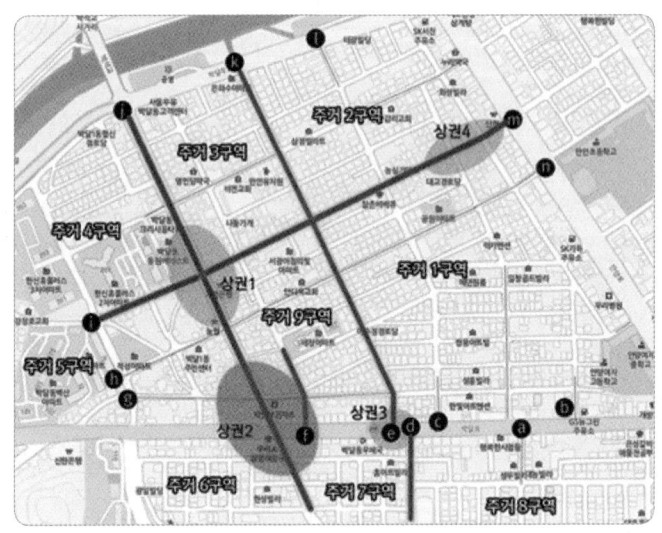

〈그림 3-1〉 소방도로 상권

이처럼 동네 상권은 대부분[19] 핵심 소방도로를 중심으로 반경 50m이내에 SSM 수퍼, 버스정류장, 제과점, 휴대폰 매장, 분식집, 호프집 등이 존재하게 되는데, 핵심 소방도로의 초입을 중심으로 집중적으로 다양한 생활 밀착형 소비 군락을 형성하게 되며, 핵심 소방도로와 핵심 소방도

19) 신도시의 경우는 예외적으로 단지 입구 또는 단지의 곳곳에 별도의 상권이 형성되어 있음. 여기서는 전통적인 다세대 주거지와 소규모 아파트 단지에 해당하는 상권에 대하여 논하고 있음.

초보 창업자의 당구장 자리 찾기 실전 방법론

로 사이에는 주로 부동산, 철물점, 자동차 정비소와 같은 업종이 존재하게 된다. 따라서 당구장의 주요 위치는 핵심 소방도로의 반경 50m에 있는 상권임을 명심해야 한다.

과거 당구장이 호황일 무렵에는 핵심 상권에서 벗어나 있더라도 즉, 위치를 막론하고 당구장을 개업하고 비교적 안정적으로 장사가 유지되었던 시절도 있었으나 결국 안정기로 접어든 지금의 상황은 '위치적 경쟁력'에 취약점을 보이며 폐업의 길로 접어든 경우를 많이 볼 수 있다. 물론 위치가 취약하지만 시설적, 서비스적인 경쟁의 우의를 보이며 성업하는 경우도 많지만, 이는 어디까지나 '장사의 방법'에 특별한 누군가에 해당하는 상황이다.[20] 이는 비단 동네 상권에만 국한된 이야기가 아니다. 도심지의 특급 상권에서도 주동선(主動線)과 보조동선(補助動線)사이에서의 영업적인 차이가 크게 발생하고 있다. 따라서 동네 상권에서도 특별한 영업적인 차별화 또는 특별한 전략이 없다면 상권의 핵심에서 가급적 벗어나지 말아야 함이 당연하다.

필자는 시내의 대형 상권보다는 동네 상권을 선호하는 편이다. 물론, 큰 규모의 자금을 가지고 움직이는 경우는 좀 다르겠지만 1억 원 내외의 보통 창업자의 자금 규모와 창업 형태를 고려할 경우는 그렇다. 그 이유는 비교적 임대 조건이 저렴하면서도 안정적인 운영을 할 수 있다는 장점과 혹시나 잘못됐을 경우도 투자비 손실이 적기 때문이다. 더불어 규모와 시설적인 부분에서의 경쟁보다는 비교적 서비스와 점주의 영업적인

---

20) 대형 당구장이거나, 클럽형이던가, 특별한 프로그램이 있던가 하는 무언가 특별한 전략적 무기를 갖고 있는 당구장.

역량에 장사의 승패가 좌우되기 때문이기도 하다.

　동네 상권에서의 핵심은 주거지로 진입하는 핵심 소방도로라는 것을 다시 한 번 생각하고 당구장 자리를 찾는 기본 기준으로 삼을 것을 당부한다.

지역의 랜드마크를 잡아라

각 동네마다 대표가 되는 건물이 있다. 예를 들어, 장사가 잘 되는 대형 식당, 대형 SSM, 찜질방, 병원, 은행 등이 존재하는 대형 건물들이 있다. 꼭 대형 건물이 아니더라도 지역에서의 대표가 되는 건물들이 존재하는 데 바로 이곳이 우리가 주의 깊게 보아야 할 곳이다. 동네 상권의 경우는 소방도로를 중심으로 생활형 소비 군락이 형성되고, 이 상권 전체를 포괄하는 하나 또는 두 개의 중심 상권이 존재한다. 이 중심 상권은 지역의 랜드마크를 중심으로 형성되는 경우가 많기 때문에 주시해야 한다.

우리가 약속을 정할 때,

"새마을금고 앞에서 보자"
"○○마트 앞으로 와~"

또는, 누군가에게 길을 설명할 때,
"거기서 좀 앞에 보시면, 커다란 ○○빌딩이 보일 겁니다. 거기서 우회전을 하시고요…"
"저희 동네 오시면 ○○커피숍이 있는 건물이 보일 겁니다…"

지역의 이러한 대표가 되는 것들을 랜드마크라고 정의하면 무난하다.

랜드마크를 중심으로 당구장 자리를 찾을 때 주의할 것은, 이마트, 롯데마트 등과 비교적 큰 형태의 마트(mart)는 지역의 랜드마크는 될 수 있지만 전통적인 주거지에서의 중심 상권은 아닐 수도 있다는 것이다. 이런 대형 마트는 그 자체가 하나의 상권 덩어리이므로[21] 주의해야 한다. 이러한 지역에서는 대부분 마트의 맞은편 또는 주변의 주거지 주출입로가 주요한 점포 선정지일 경우가 많다. 동네의 구성 형태에 따라서 많은 사례가 존재하기 때문에 상권 분석에 주의를 해야만 한다. 다시 말해서 랜드마크가 되는 건물과 인근 주거지의 형태 전체를 보고 당구장 자리를 판단 해야 한다.

또 하나, 꼭! 비싼 임대료를 지불하면서 랜드마크가 되는 건물에 당구장을 개설할 필요까지는 없다. 주변의 가시성 좋고, 진입에 불편함이 없는 적합한 건물이 있다면 그 또한 유효한 당구장 자리가 된다. 당구장은 분식점, 커피숍, 빵집 등과는 다르게 단거리 동선에 직접적인 영향을 받지 않으므로 대상 고객의 이동과 거리에 비교적 자유롭다는 것을 이해해야 한다. 예를 들어, 김밥 천국의 경우는 반드시(거의 반드시) 버스정류소 앞 또는 소방도로의 코너 또는 한두 건물 사이에 위치해야 하며, 탐엔탐스와 같은 커피숍은 주거지를 통합하는 대표 상권의 핵심 또는 APT 단지의 핵심 상가에 존재해야 하는 것이 일반적이다. 그 이유는 유동 인구와 주요 고객의 동선에 성패가 집중된 때문이다.

그러나 당구장은 이와는 좀 다르다는 것을 알아둘 필요가 있다. '목적성 있는 이동'이라는 표현을 쓰기에 다소 무리가 있을 수 있지만 타 업종

---

21) 하나의 건물에 모든 업종이 구성되어 독립된 형태로 갖으며 지역의 중심 상권과는 별개의 독립된 소비 상권을 형성한다.

초보 창업자의 당구장 자리 찾기 실전 방법론

에 비하여 충동적인 활동이라기 보다는 '당구 한 게임' 이라는 확실한 목적이 있는 것이 확실하다. 때문에 당구장의 위치와 함께 당구장의 시설적인(내부 시설, 주차 문제 등)부분과 서비스적인(친절도, 당구대의 성능, 음료 제공 등) 부분이 고객의 방문 이유에 크게 작용하게 된다.

그럼에도 불구하고 '랜드마크'로 설정된 건물은 지역상권(단일상권)의 핵심에 위치하기에 당구장 자리로서 매우 욕심나는 자리임에는 틀림이 없다.

부연설명

필자가 '당구대의 성능'을 서비스적인 부분으로 묶은 이유는, 당구대 자체는 당구장을 구성하는 주요 시설임에 분명 하지만 '당구대의 성능'은 운영자의 지속적인 관리가 필요한 부분이며, 고객의 이용목적에 해당하는 핵심 시설임을 염두해 둔 분류입니다. 식당에서 수저는 도구이고, 잘 노여진 수저는 좋은 서비스 입니다. 취급하는 메뉴(음식)은 상품이며, 맛있는 음식은 맛 서비스입니다. 따라서, 운영자의 노력과 관심이 기울여지는 것들은 '좋은 당구대'(잘 구르고, 깨끗하고, 제 각이 나오고 등)는 서비스라고 보는 것이 맞습니다. 당구대는 시설이며, '좋은 당구대'는 좋은 서비스의 하나입니다. '좋은 당구 큐'도 마찬가지 입니다.

05
상권의 이동에 주의해라

상권은 외부적인 환경에 의하여 조금씩 변화하기도 하며, 단번에 인근 상권으로 상권의 핵심이 이동해 버리기도 한다. 예를 들어 지하철 공사, 큰 도로가 생기는 경우, 대형 건물이 들어서 는 경우, 특이한 매장이 생기는 경우, 대형 회사 또는 공장의 입주와 이전 등. 다양한 이유로 소비자 집단의 동선이 변화하거나 랜드마크가 변경되거나 주요 정류소가 변경되는 등의 다양한 이유로 상권의 변화가 이루지게 되는데, 특히 주거지의 오래된 상권의 경우 재개발, 도로 확장, 건물 신축 등으로 인한 핵심 상권의 이동이 빈번하게 일어난다. 이러한 상권의 크고 작은 변화는 장사에 득이 되기도 실이 되기도 한다. 만약 심각한 문제가 발생될 것이 예상된다면 그냥 지켜볼 수 만은 없는 일이다.

오래 전 필자가 운영하던 매장 출입구 바로 앞에 한전에서 전봇대를 세울 때의 일이다.

"아니 현관 출입구에 전봇대를 세우면 장사를 어떻게 하란 말이죠? 간판도 가려지고 출입구도 문제가 생기게 됩니다. 여기는 절대 안됩니다!"

난감한 표정의 한전에서의 답변

"그럼, 좀 떨어진 이 길의 모퉁이에 옮겨 세우겠습니다. 여기는 괜찮겠죠?"

아주 오래 전에 필자의 당구장 정문 앞에 전봇대를 세우려는 한전의 직원과 실랑이 끝에 합의를 보았던 사례이다. 결국 민원의 제기와 함께 큰 무리가 없이 일이 잘 마무리가 되었다. 이 사례는 사실 '익스테리어'적인[22] 사례라고도 할 수가 있다. 그러나 최소 단위로 쪼개어진 상권의 세분화로[23] 본다면 최소 단위의 상권이동의 원인이 되기도 한다. 만약 무관심하게 있다가 전봇대가 당구장 앞에 세워지고 그로 인해서 진입성과 가시성과 노출력이 떨어지는 결과를 가져오게 된다면 상상할 수 없는 큰일이 벌어졌을지도 모른다. 같은 건물에 입주해 있는 다른 상가들에도 그 영향을 미쳤을 것이 분명하며 결국 동네에서 진입하기 좋고 쇼핑하기 좋은 건물의 인식과 위치에서도 배제되었을 가능성이 크다.

상권은 앞서 말한 것과 같이 큰 변화의 요소도 있지만, 무심코 지나칠 수 있는 작은 변화의 요소들이 늘 존재한다. 상권의 변화라는 주제를 생각할 때, 예시가 다소 논리적 비약이 있을 수는 있지만 상권의 변화를 막을 수 있는 방법이 있다면 '합리적인 저항과 함께 변화에 대한 적극적인 대책을 강구해야 한다'는 필자의 생각 정도로 이해하면 된다. 내 집 앞에 소각장이 생기고, 고가도로가 들어서는 상황에서 우리는 권리와 재산 보호를 위해서 시위와 함께 합리적인 보상을 요구하기도 하며, 때로는 그 계획을 철회시키기도 한다. 가능한 범위 내에서는 저항해야 하며 불가피하다면 그에 적합한 대책을 반드시 강구해야 한다는 것이 필자의 생각이다.

---

22) Outerior 또는 Exterior라고도 하며, 매장의 바깥쪽을 장식하여 이미지 향상을 꾀하고 부가가치를 높이는 부위를 모두 일컫는다. 즉 출입구, 계단, 건물의 외벽 등을 총칭한다.

23) p. 25 참조

장사를 하는 중에 발생하는 대형 공사와 사무단지의 이동 등 비교적 대단위의 외부적 환경의 변화는 장사를 하는 우리의 입장에서는 불가항력적인 요소임에 틀림이 없다. 그러나 장사를 하는 우리는 늘 신경을 써야 한다. 그 이유는 상권이 변함에 따라서 당구장의 적절한 매도 시기를 잡아야 할 수도 있으며, 외부 환경의 변화에 따른 발빠른 영업적인 대처를 할 수도 있어야 하기 때문이다.

| 사례 |

성남의 ○○ 시장이 불이 났습니다. 그 수습 때문에 한동안 동네 자체가 어지러웠지만 표면적으로 주변의 장사에는 큰 지장이 없었습니다. 그러나 2년 후, 시장은 주차장으로 바뀌었고, 핵심 상권은 시장 아래로 100m 이동해 버렸습니다. 이 이동은 사실 어느 날 갑자기 일어난 것이 아니라 폐허가 된 시장에서 조금씩 조금씩 상가들이 이동하면서 아래로 내려가 자리를 잡게 된 것입니다. 지금 기존 상권의 나이트, 식당, 당구장, 숙박업소 등 거의 모든 것이 예전과 같지 않습니다. 상권은 이렇게 조금씩 조금씩 이동합니다. 항상 어떠한 외부적인 환경의 변화에 예민해져야 합니다.

당구장을 개설하기 전이라면 외부적인 변화 요소들을 점검하여 사전에 대비하여야 한다. 인근의 부동산과 식당 등을 통하여 향후 지역의 개발 계획을 들을 수도 있다. 필자의 경우는 점포 개발 과정에서, 주로 점심시간에 밥을 먹으며 식당 이모와의 이야기를 통해서 이런저런 동네에 대한 개괄적인 정보들을 듣곤 했다. 물론, 부동산을 통하여 큰 계획들이나 변동되는 진행되고 있는 주요한 사항들을 알 수는 있지만 부동산 업

체 역시 이해당사자이기[24] 때문에 모든 것을 100% 들을 수는 없다. 이렇게 얻어진 정보들은 어디까지나 당구장 자리를 선택함에 있어서 참고 자료로 삼는 것이 원칙이며, 큰 이슈들은 반드시 확인 과정을 거쳐야 하는 데, 아주 먼 훗날의 이야기들도 있고, 그냥 소문에 지나지 않는 경우도 많기 때문이다.

당구장 창업자는 개설 전, 후를 막론하고 이러한 상권의 변화에 대하여 주변의 상황에 늘 귀를 쫑긋 세우고 있어야 한다. 어느 날 갑자기 손님이 줄고, 늘 오던 사람이 안 오고 결과적으로 매출이 급격히 하락을 하고나서야 변해버린 내 당구장 주변의 상황에 당황하는 일이 없도록 해야 한다.

---

24) 필자의 개인적인 생각이다. 모든 부동산 업체가 그렇진 않지만 그들 역시 건물을 팔아야 하고 임대를 놓아야 하는 당사자이기에 어떠한 원인에 의해서 상권에 미치게 될 불리한 모든 정보까지 곧이곧대로 제공하지는 않는 것 같다.

06

지역을 넓게 관찰하고, 상권을 세분화해라

상권은 한 가지 특성을 갖고 형성되는 경우도, 하나의 상권이 잘게 쪼개어진 몇 개의 특성 있는 형태로 존재하기도 한다. 도시의 설계에서부터 계획적인 특수 목적의 상권이 형성되기도 하며, 거주민 또는 유동 인구의 형태와 그들의 소비의 형태에 따라서 자연스럽게 나뉘어진 경우도 있다. 때문에 내가 보고 있는 당구장 자리의 상권이 어디에 해당하는지를 파악을 해야 한다. 그 결과 유사한 상권이 인근에 존재할 수도 있고 아닐 수도 있다. 만약, 유사 상권이 존재한다면 지금 내 당구장 자리가 그 핵심인지 아닌지도 판단해야 하며, 그 판단에 따라서 지금의 당구장 자리가 적합할 수도 있고, 아닐 수도 있다. 그렇기 때문에 반드시 상권의 전체를 넓게 보아야 한다.

상권의 이러한 특성을 이해하지 못하고 특정 지역의 특정한 소비 행위에 집중하여 판단하는 경우가 발생되기도 하는 데, 단일상권의 좁은 범위에서의 선택도 유효한 당구장 자리 선택일 수도 있다. 그러나 ① 넓게 관찰하고, ② 세분화된 조사와 판단은 보다 더 확실한 그리고 안전한 당구장 자리 선택의 기회가 될 수 있음에 이 장의 의미를 두었으면 한다.

경기가 좋고, 붐이 일 때는, 누구나 잘될 때는 어느 자리이건 장사가 다 잘된다. 2010~2012년까지의 3년이 그랬다. 그러나 지금은 상황이 좀 다르다는 것을 생각해야 한다. 다시 당구장의 상황이 좋아지고 나빠지고의 반복적인 상황을 감안해도 지나치지 않다. '곧 좋아질 거야, 그러니 이 정도면 괜찮아!'라는 생각은 일단은 접어 두자. 장기적인 관점에서의 최적의 당구장 자리를 찾아야 한다는 목적을 갖고 점포를 선택해야 하기 때문에 반드시 해당 상권과 함께 주변의 넓은 지역까지 상권의 형태와 내 당구장이 들어설 곳의 상권에 어떠한 영향을 주게 되는지(또는 주고 있는지)에 대하여 주의를 기울여야 한다.

인접한 주변의 상권들은 각각의 형태적 특징들과 함께 역할이 반드시 존재한다. 동네 상권, 유흥상권, 역세권을 막론하고 모두가 마찬가지다. 때로는 사거리를 중심으로 각각의 면(面)마다 연령과 소비성향이 다른 상권이 존재하기도 하며, 주거지 상권의 경우도 1~2km 이내의 소방도로와 랜드마크를 중심으로 각각의 소비성향과 상권의 형태 자체가 다른 경우가 많다. 이를 전체적으로 파악하고 최적의 당구장 자리를 찾는 일에 소홀해서는 안 된다.

"반드시 전체를 파악하고, 하나하나의 상권의 특징을 세분화 해라. 그리고 선택해라!"

많은 점포 개발 전문가(당구장을 비롯한 타 업종까지의 전문가들)들이 최소한 반경 3~4km내의 상권 전체를 분석하고, 넓게는 한 개의 구(區) 전체를 새벽 시간에 돌아보고, 낮 시간에 하나하나 인근의 상권을 돌아보는 이유를 생각해 보아야 한다. 그들이 기름값이 남아돌아서도 아니고 시간이 남아 다리운동을 하기 위해서도 아니다. 연관되는 또는 영향이 있을지도 모르는 주변 상권의 동향을 파악하고, 예정지에 대한 판단(전문가마다의 기준에 대한)을 하기 위함일 것이다.

이제 당구장을 창업하려는 우리는 내가 보아 둔 점포를 중심으로 한정된 상권의 해석에서 벗어나야 한다. 특히나 당구장은 소비성 타 업종에 비하여 넓은 범위의 상권을 이용하는 업종이라는 것을 염두하고 내 당구장 자리에 대한 해석과 판단에 신중을 기할 것을 당부한다.

한 지붕, 두 가족! 거부하지 마라!

하나의 건물에 두 개의 당구장이 존재하는 경우가 가끔 있다. 사실상 도의적으로 조금은 꺼려지는 부분이 있기는 한 것이 사실이다.

"아 실장님 우리 건물에 당구장이 또 들어온다네요!"

"정말이요? 그 사람은 무슨 생각으로 참나~"

"우선은 관리사무소에서 동종 업종의 개설이 가능한지에 대한 상가 관리 규정을 한 번 확인해 보세요"

가끔 이런 사례들이 있다. 사실 상가 관리 규정에 명시되지 않았다면 후발 입주자에게 법적으로 무슨 문제가 되는 것은 아니지만, 기존 입주해 있는 당구장의 입장에서는 쌍욕이 나올 수도 있는 상황임에 틀림이 없다.

그러나 조금 다른 관점에서 바라보자. 동네 상권이 아닌 대형 유흥상권 또는 대형 사무단지의 경우는 큰 거부감을 가질 필요까진 없다는 것이 필자의 생각이다. 기존 당구장 점주의 심정적으로는 '내가 장사 잘하고 있는데 왜 하필 여기에?'라는 거부감이 드는 것은 어쩔 수 없지만, 조금은 다른 관점에서 접근을 해보자. 현재 운영중인 내 당구장이 대형이라면 별 고민 할 것도 없을 것이고, 중소형의 당구장일 경우를 생각해 보면 무난할 것 같다.

대형 상권의 경우 20~30대의 대형 당구장이 많다. 중소형 당구장의 입장에서는 이들과의 치열한 경쟁을 하고 있을 것이 불을 보듯 뻔하고, 그 경쟁에 취약한 것이 사실이다.

"내가 20대였다면 저것들 하고 한 번 찐하게 붙어 볼 텐데"

이런 생각을 한 번쯤은 했을 수도 있다.

필자의 생각으로는, 한 개의 건물에(같은 층 또는 다른 층) 두 개의 당구장이 존재함으로써 자연스럽게 손님에게 다른 대형 당구장과 마찬가지로 대형 당구장으로서의 동일한 이미지를 심어 주고, 경쟁력을 갖추는 것도 나쁘지 않다는 생각이다. 더불어, 두 개의 당구장 점주가 전략적인 논의하에 주변의 대형 당구장과의 유효한 영업 전략이 도출된다면 더할 나위 없이 좋다는 생각이다. 개별로 대형 당구장과 맞서는 것 보다는 뭉쳐서 맞설 수 있다면 그렇게 하는 것도 하나의 방법임에 틀림이 없다.

중소형 당구장끼리의 경쟁이 심한 경우는 그들에 비하여 '규모'라는 큰 경쟁력을 갖추게 된 것일 수도 있다. 분명 이러한 경우는 당구 자원의[25] 규모가 받쳐 준다는 전제하에서는 큰 힘을 발휘하게 된다. 물론 같은 건물에 존재하는 두 개의 각각의 당구장 간의 경쟁도 당연하며, 손님의 자유로운 선택도 존중되어야 한다.

실제 창원 '상남동'과 안산 '중앙동'과 평촌 '평촌먹거리촌'에 이와 같은 사례가 있다. 특히 상남동과 중앙동의 경우는 같은 층에서 서로 마주보는 형태의 당구장이 구성되어 있다. 만약, 이러한 상황에 직면한 점주 또는 예비 창업자라면 참고할 만한 좋은 사례이니 꼭 방문해서 운영 실

---

25) 당구장을 이용하는 대상고객 전체. p. 99 당구장 이용 고객의 이해 참조.

초보 창업자의 당구장 자리 찾기 실전 방법론

태를 참고하길 권한다.

〈그림 7-1〉 한 지붕, 두 가족 사례

┤ 필자의 또 다른 생각 ├

필자가 고등학생 시절에는 신림동 순대촌은 지금과 달리 4~5평 또는 2평도 채 안 되는 100
여 개의 가게들에 개별의 주인들이 있었습니다. 그렇게 치열한 경쟁을 하던 어느 날, 각 층별
로 하나의 조합이 형성되고 지금의 모습이 되었습니다. (초기엔 조합의 출발이 확실했었지만
지금은 하나의 주인으로 지분 통합이 되었는지는 확실치 않습니다.) 지금의 당구장도 이러한
형태의 '상권별 통합이 이루어진다면 어떨까?' 하는 생각입니다. 제3자 누군가의 대형 당구
장에 의하여 나머지 영세한 중소 규모의 당구장이 무너져야만 하는 현실이라면, 서로의 심리
적/금전적 출혈을 조금만 감수를 하고 통합된 당구장의 출범을 통해서 안정된 수익 기반을
확립하고 새로운 당구장 사업의 전기를 마련할 수 있지 않을까요? 물론 이러한 조합의 형태는
누군가의 구심점이 필요하며 많은 부분에서의 논의와 합의가 이루어져야 함은 당연합니다.
막연한 상상일 수도 있지만 한 번쯤 구체적인 연구와 함께 시도해 봄직한 생각일 것입니다.

08

초보일수록 입지의 결점을 극복하려 하지 마라

어느 창업자의 말이다.

"4층인데 엘리베터가 없습니다."

"그런데 저는 제 방법으로 이 단점을 극복할 자신이 있어요. 분명히 제가 생각하는 방법이면 충분히 해결이 가능할 겁니다"

조 실장이 걱정스럽게 묻습니다.

"옆 당구장들은요?"

조금은 자신 없는 창업자의 말

"그 집은 2층입니다!"

조 실장이 다시,

"아, 그럼 그 당구장은 걸어서 올라가겠군요~ 그 방법이란 것이 혹시 에스컬레이터라도 놓으실 건가요?"

또 다른 사례로, 5년 전 외식 프랜차이즈로 유명한 회사의 팀장님과의 대화다.

유 팀장

"여기에 20대짜리 당구장을 개설하려고 합니다."

조 실장

"제가 보기엔 도로 뒤로 출입구가 돌아가 있고, 우리 건물의 앞쪽에 작은 모텔 건물이 있어서 당구장을 하기에는 부적합합니다. 이 자리가 그렇다고 유동 인구가 많이 있는 것도 아니고, 여길 누군가 들어오려면 20m는 돌아 들어와야 하는 데, 가능하겠습니까?"

유 팀장

"하하하, 그건 걱정 마세요. 저희 브랜드는 상권을 만드는 힘이 있습니다. 당구장도 분명히 저희들의 노하우면 충분히 통할겁니다!"

조 실장

"과연 그럴까요? 전 자신이 없습니다."

1년 후, 당구장은 문을 닫았습니다.

자리를 알아보는 과정에서는 이와 같은 점포의 단점들이 몇 개씩은 있게 마련이다. 위 사례와 같이 치명적인 것이 아니라면, 당구장 장사에 유경험자의 경우는 자신만의 방법으로 또는 검증된 방법으로 어느 정도 극복이 가능한 경우도 많다. 그러나 이런 이야기를 하는 초보 창업자가 있다면 단호하게 다음과 같이 말해줄 것이다.

"당구장 창업 처음이세요? 그럼 다른 좋은 자리를 찾는 데 주력 하세요! 에스컬레이터라도 설치하려고요?"

"다른 자리를 더 찾아 보시죠!"

당구장이 처음이라면, 특히 장사가 처음이라면 괜한 자신감은 금물이다. 현실적으로는 유경험자일수록 입지의 결점들에 훨씬 예민하고, 그 해결에 절치부심한다. 입지의 작은 결점들을 다양한 방법으로 완화시키거나 극복하는 것은 가능하지만, 그 또한 초보 창업자에게는 절대 쉬운 일이 아니다. 경험이 많은 사람은 결점을 극복하기 위한 방안을 강구하고, 그 가능성이 있을 때 점포를 결정하고 창업을 하게 된다. 그러나 초보자의 경우 막연한 방안과 기대감, 자신감만으로 덤비기 쉽다. 모를 때는 정말이지 용기만이 팽배하다. 어설픈 자신감은 금물이며, 명쾌하게 해결되지 않은 단점은 결과적으로 폐업의 근본적인 이유가 되곤 하는데, 직접적인 폐업의 원인이라기 보다는 운영자의 심리적인 전가(轉嫁)에 지나지 않는 사례가 많다.

필자가 지금 이야기하고자 하는 뜻은 '단점'의 극복이 불가능하다는 뜻은 아니다. 해결된 단점도 창업자의 마음에 남아 있게 되며, 상황의 악화로 폐업의 길로 들어섰을 때는,

"결국 그 문제가 해결이 안 된 것이었어!"
라는 말을 하게 되는 상황이 되어 버리곤 한다.

"엘리베이터가 없어서 손님이 없었던 거야!"
라고 말해 버리는 상황이 되어 버린다. 최소한 당구장 창업에 있어서 이러한 사태는 만들지 말아야 한다.

장사는 영업적인 난관들을 해결해 나가며 하나의 완성된 당구장이 만들어 진다. 문제는 그 난관들에 봉착 했을 때, 그 원인을 오래전 해결 되지 못한 입지적 단점에 기초한 생각을 하게 된다는 것과 상황이 해결되지 못하였을 경우, 다른 문제점들까지도 해결을 위한 노력보다는 미해결

된 원인으로 치부하고 상황을 쉽게 포기하게 되는 현상을 종종 초래하기 때문이다.

결국 폐업에 이르렀을 때, 그 원인은 모두가 잘못된 당구장 자리의 선택과 해결되지 못한 입지적 단점의 탓으로 돌아가게 된다.

때문에, 초보 창업자일수록 자리의 결정적인 단점을 애써 극복하려 하지 말고, 시간이 걸리더라도 조급함을 조금 누르고 다른 자리를 찾는 것이 현명하다.

"자리가 나빠서 망했어!"

라는 말처럼 스스로를 바보로 만드는 말은 없다. 결국 그 말은 창업자 본인의 철저한 분석과 명석한 판단이 애초에 없었음을 인정하는 꼴이며, 시작에서부터 스스로의 준비와 조심성이 부족했음을 인정하는 것이나 마찬가지다. 당구장 자리를 선택함에 있어서 주변의 많은 전문가들에게 도움을 요청하거나 스스로 다리품을 파는 공부를 시도함으로써 당구장 자리에 대한 선별과 판단력을 길러야 한다.

결점들의 극복 사례와 실패 사례들에 대한 많은 이야기들을 누군가에게 들어 보는 것도 판단에 도움이 된다. 이는 아마도 주변 당구장의 사장님들 또는 내 당구장 자리와 유사한 형태의 당구장을 방문하여 직접 이야기를 들어 보는 것도 좋은 방법이다. 분명히 봉착된 문제에 대한 해결이 가능한지 아닌지에 대한 생각과 판단이 설 것을 확신한다.

조 실장은 당구장을 하겠다는 창업자를 참 많이 만나고 이야기를 합니다. 물론 이분들 중에서는 고객이 되어 함께 하시는 분도 있고 아닌 분도 있습니다. 어찌되었건 그분들에게 공통적으로 드리는 말씀이 있는데,

"여러 당구장들을 많이 다녀 보시고 분석을 하세요. 그리고 그분들의 이야기는 듣고 참고만 하세요"라고 말입니다.

많이 다녀 보고 분석을 해 보라는 뜻은 결국 샘플링을 많이 하라는 이야기입니다. 사례가 많아야 판단이 됩니다.

사장님들의 이야기를 듣고 참고만 하라는 뜻은, 그분들의 이야기가 무조건 정답은 아니기 때문입니다. 물론, 맞는 이야기도 있고 틀린 이야기도 있습니다. 그 의견과 조언과 충고가 나와 맞을 수도 있고, 아닐 수도 있습니다. 각각의 사장님 마다 동일 상황에 대한 견해가 다른 경우도 있습니다. 이것들을 무조건적으로 받아들이다가는 정말 무엇이 옳고 그른지에 대한 기본적인 판단도 안 서게 됩니다. 때문에 일단은 참고만 하고 그 의견들을 종합한 하나의 결론을 도출하시라는 이야기입니다. 상황에 따라서는 한 사람의 성공 조언자를 선정하고 그분의 의견에 따른 과정을 밟는 것도 나쁘지 않습니다. 혼란스런 여러 가지 의견에 모델을 설정하는 것보다는 일관성 있는 '어느 한 분'의 의견과 조언이 큰 힘이 될 것이기 때문입니다.

09

동 시간대 해당 상권의 전체 매출을 산정하라!

가능성이 보이는 점포를 찾았다면, '내' 매장이 들어섰을 때의 예상 매출과 목표 매출을 산정해야 한다. 정확한 산정이라기보다는 어디까지나 예상과 목표의 설정이 주된 목적이다. 더불어 이 과정을 통하여 영업 전략과 손님의 구성 분석을 통한 타깃 고객의 설정, 서비스의 형태에 대한 '내 당구장'의 전략적인 방향을 세울 수 있다.

하나의 상권에도 각각의 당구장마다 손님이 몰리는 시간대와 그에 따른 손님의 형태(직장인, 학생, 동호회, 지역상인 등)가 다르게 형성 된다. 물론, 손님의 형태는 다양하게 섞여 있지만 시간대 별로 주(主), 부(副)가 분명히 나뉜다. 또한, 각 매장의 주요 손님의 형태에 따라서 손님이 몰리는 시간과 한가한 시간대가 다르게 형성되기도 한다.

각각의 매장에 대한 시간대별 매출과 손님의 형태를 조사했다면, 이제 동 시간대의 매출의 합을 계산하면 된다. 시간대별 매출의 합과 하루의 합산이 상권에서의 전체 매출이라 예상하면 된다. 이를 근거로 새로이 구성될 내 매장의 예상 매출과 목표 매출을 산정할 수 있다. 물론 경쟁할 상대, 경쟁 우위를 인정해야 할 상대의 구분에 따라서 예상 매출과 목표 매출은 다르게 표현될 수 있다. 다시 말해서, 치열하게 경쟁을 해야 할 상대와 경쟁하지 말고 고객을 나누어야 할 상대의 구분을 통해서 내 당구장의 현황(시설, 자금, 규모 등)에 정확한 포지셔닝을(Positioning)

해야 한다. 내 당구장에 비하여 월등히 강한 상대를 대상으로 한 경쟁 전략은 자칫 모든 것을 잃을 수도 있으며, 너무 약한 상대만을 경쟁자로 삼는 것은 그 자체가 무의미하다.

일반 회사에서 사업 계획서를 작성할 때, 지금까지 이야기한 부분이 시장의 규모의 예측에 해당하는 항목이다. 전체 시장의 규모를 알고, 나의 목표시장을 가늠하는 중요한 과정이다. 하루 100만 원 매출 규모의 시장에 5개의 당구장(당구대 전체 50대)이 있는 시장 규모라고 가정해 보자. 이 시장의 규모는 이미 당구장 2개(당구대 20대)만큼 포화 상태이다. 여기에 내 매장이 들어가서 어떻게 장사하고, 어느 정도의 경쟁력을 갖추고 몇 %의 시장을 가져올 것인지에 대한 깊은 고민을 해야만 한다. 물론, 여기서 1등을 하겠다는 생각이면 문제될 것이 없으나 장사가 그만큼 호락호락하지가 않다. 1등이 목표라면 그만큼의 자금과 노력의 투자가 병행되어야 한다. 누구나 1등 전략을 세울 수는 있다. 그러나 누구나 실행에 옮기지는 못한다는 것을 명심하자.

다음은 실제 상담 사례이다.

(사례 1)

상담자

"저 여기서 10대로 1등 해야만 합니다."

자신 없는 그러나 단호하게 조 실장이 이야기합니다.

"그런데 우리의 자금 규모로는 20대 규모의 ○○당구장을 제치고 1등을 하기에는 무리가 있습니다. 현실적으로 20대 규모의 저 당구장을 매출로나 수익으로나 우리가 이기기에는 매우 어려운 이야기입니다. 그렇다고 우리의 현재 자금으로는 10대 규모의 매우 특별한 당구장을 만들기에도 무리가 있습니다."

상담자

"실장님만 믿습니다. 그래서 제가 돈 드리는 거잖아요"

조 실장이 답을 합니다.

"저 주지 마시고, 차라리 규모를 키우세요. 아니면 구성(안)을 드릴테니 저 주실 돈으로 아웃테리어에 좀 더 신경을 쓰시는 것이 좋을 것 같습니다."

상담을 하다 보면, 되는 요구가 있고, 안 되는 요구가 있다. 조금 극단적이긴 하지만 규모적인 측면 이외에도 영업적인 측면에서의 잘못된 경쟁이 많다.
또 다른 사례를 하나 더 소개한다.

(사례 2)

상담자

"앞집 시설과 서비스가 정말 좋네요~ 저 집을 이길 수 있는 전략을 세워 주세요"

조 실장

"네, 분석해서 전략을 세워오겠습니다"

며칠 후, 계획서를 뽑아서 세세하게 브리핑을 하자, 상담자가 이야기합니다.

"아 비용이 꽤나 많이 드는군요~ 돈 안 들이는 방법은 없나요?

조 실장

"네, 없습니다."

"정말 없습니다. 적절한 투자가 이루어져야 합니다. 하다못해 컵을 하나 바꾸어도 돈이고, 점주가 인사 한 번 더하는 것도 사실은 돈입니다."

(점주가 손님을 배웅하고 살가운 접객을 하는 동안 누군가는 당구대를 닦고, 컵을 씻고, 청소를 해야 합니다. 결국 인건비가 들어갑니다.)

필자가 상권 전체의 매출을 파악하자는 제목에서 벗어나 굳이 상담 사례를 소개한 이유는, 창업지 조사의 과정에서 분명히 기존 당구장과의 경쟁을 생각하게 될 것이며, 그 경쟁 방법을 세워야 하는 과정에서의 막연한 상상을 사전에 막아 주고 싶은 이유 때문이다. 경쟁을 위한 방법을 강구하는 데 있어서 비용적인 측면이 반드시 고려가 되어야 하며, 그 실행 능력 또한 고려가 되어야 한다. 투자되지 못하는 계획과 몸으로 실행하지 못하는 계획을 세운다면 결국 경쟁 전략 자체인 경쟁 대상의 오류가 생길 수밖에 없다. 최소한 이를 한 번쯤 상기 시키고자 함이다.

결론적으로, 상권의 전체 매출을 파악한다는 것은 영업 전략, 시설 전략, 경쟁 전략, 입점 가능성 등에 대한 성공 창업의 지표를 알려 주는 좋은 과정이된다. 조금은 번거로운 과정일지라도 꼼꼼하게 확인하고 구체적인 계획을 세웠으면 한다

| 조언 |

상권 전체의 매출을 판단하는 데 있어서 주의할 점은 손님의 구성을 잘 보아야 한다는 것입니다. 특히, 즉빵 손님(3쿠션 돈내기 당구)과 상주 동호회의 매출입니다. 이 둘의 경우는 해당 상권의 또는 해당 당구장의 고정된 매출이라기 보다는 특수한 영업 환경으로 인한 부가 매출 정도로 이해해야 합니다. 상권 내의 매출 규모를 파악하는 과정에서는 배제되어야 할 매출 부분입니다. 특히나 인수 창업을 고려한 경우라면 더더욱이 배제되어야 하는 예상 매출에 해당합니다. 통상적으로 동호회와 즉빵 손님은 전 주인에 의하여 만들어진 비고정적 손님들이며, 비고정적 매출이기에 주인이 바뀌는 경우에는 장담할 수 없는 매출이 됩니다.

초보 창업자의 당구장 자리 찾기 실전 방법론

10

대기업 사옥, 벤처 산업 단지의 주변을 노려라!

임대 보증금과 임대료가 비싸더라도 확실한 자리를 원한다면 대기업 사옥의 주변 또는 벤처 산업 단지의 주변을 노려라. 높은 투자비에도 불구하고 가장 안정적이고 확실한 당구장 자리임에 틀림이 없다. 이러한 입지는 소형 당구장보다는 15대 내외의 중형 당구 클럽 또는 20대 이상의 대형 당구 클럽이 수익률 면에서 합리적이다. 신규 벤처 산업 단지의 경우는 식접 분양을 받는 방법도 좋은 투자가 될 수도 있다는 생각이다.

이러한 당구장 자리의 특징은 다음과 같다.

대기업 사옥 또는 벤처 산업 단지에 상주하는 직장인들을 대상으로 한 영업 형태이기 때문에 주 5일 장사에 가까우며, 월~금요일 저녁 6~9시까지 피크 타임의 순간 매출이 매우 중요하다. 토·일요일의 경우는 조금씩 편차는 있지만 양일을 합하여 하루 또는 하루 매출의 2/3정도로 추산하면 무난하다.

대기업 사옥의 주변과 벤처 산업 단지의 주변에는 업종에 따라서 유관 중소기업들이 함께 존재하는 경우가 많으며, 반드시 배후에 일정 규모의 소비 상권이 형성된다. 이러한 입지의 소비 상권의 구조적인 형태는 한 가지로 정의하기 어려운 측면이 있다. 왜냐면, 벤처 산업 단지 또는 대기업 사옥의 위치에 따라서 실제적인 구조가 다양하기 때문이다.

지금부터 대표적인 사례를 소개한다.

대기업 사옥의 경우

① 〈그림 10-1〉과 같이 사무 중심 지역(역삼동, 서초동, 삼성동) 내에 존재하는 경우와 ② 사무 중심 지역 외에 단독 건물의 형태로(양재동 현대 사옥, 분당 NHN 사옥 등) 위치하는 경우로 〈그림 10-2〉에서 보는 바와 같이 건물을 중심으로 주변에 유흥상권이 형성되기 어려운 구조이거나 인근에 안정된 상권이 있는 경우로 나누어 볼 수 있다.

·교대역 상권의 경우

각각의 경우에 대하여 설명하면,

〈그림 10-1〉 교대역 상권과 같이 ① 일반적인 사무 밀집 지역에 대기업

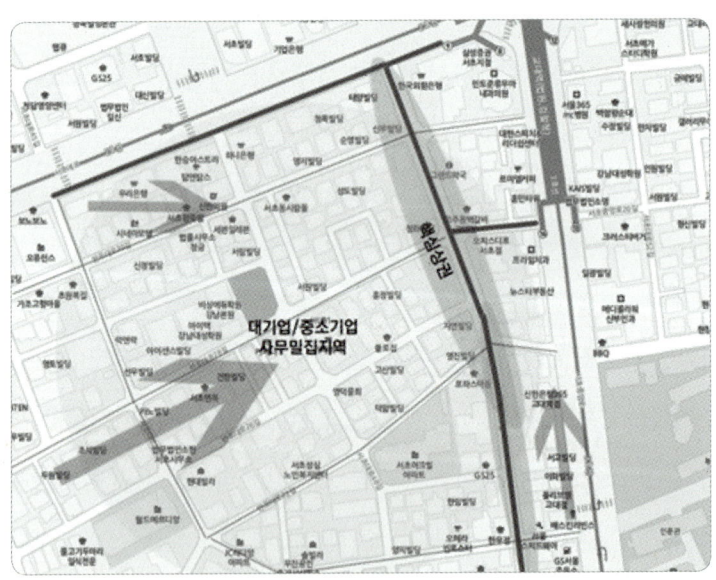

〈그림 10-1〉 교대역 상권

초보 창업자의 당구장 자리 찾기 실전 방법론

사옥이 함께 공존하는 경우로 전형적인 '사무 밀집 지역'으로 해석해도 무방하다. 이러한 상권의 특징은 퇴근길 동선이 일정한 방향성을 갖고 움직인다는 것인데, 〈그림 10-1〉의 화살표 방향으로 핵심 상권의 방향으로 집중되어 있다. 즉, 핵심 상권이 인근 지하철역 방향의 2열 도로에 형성되어 있기 때문에 각각의 동선의 축으로 작용하는 것을 확인 할 수 있다.

이러한 지역에서의 유효한 당구장 입점지로는 핵심 상권 내의 어느 한곳이 될 수 있으며, 퇴근길 주동선 방향내의 어느 한 지점이 될 수 있다. 각각의 위치에 따라서 고객의 당구장 이용목적이[26] 다르므로 장사의 방법 또한 달라지겠지만 세부적인 위치를 막론하고 매우 유효한 당구장 자리 임에 틀림이 없다.

〈그림 10-2〉 양재동 현대자동차 사옥은 ② 사무 중심 지역 외에 단독

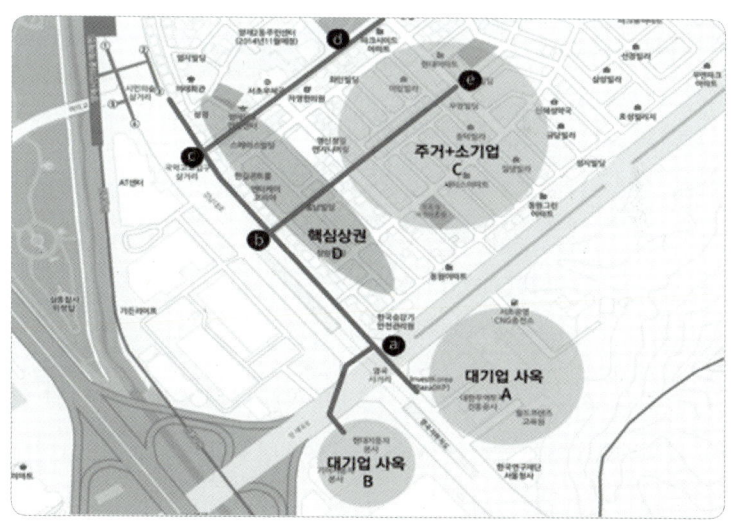

〈그림 10-2〉 양재동, 대기업 사옥 주변의 독립상권

---

26) p. 99 당구장 이용 고객의 이해 참조.

건물의 형태로 구성되어 있다. 경부고속도로 양재IC 하행 방향에서 좌측을 보면 덩그러니 현대기아의 사옥이 있다. 앞서 설명한 〈그림 10-1〉과 같은 근접 상권이 전혀 없는 형태다. 때문에 'a'지점을 통과하여 b-c 동선으로의 비교적 먼 거리를 이동하여 지하철역을 이용하거나 핵심 상권 D에서의 소비 행위가 이루어지게 된다. 〈그림 10-1〉의 경우에서는 핵심 상권으로 이동하는 중간중간의 위치에 당구장의 개설이 가능한 건물들이 존재하지만 이 경우는 고속도로와 배후의 녹지로 인하여 전혀 그럴 여지가 없는 형태의 구성임에 주목 해야 한다. 그럼에도 불구하고 우리가 핵심 상권 D에 주목해야 하는 이유는 〈그림 10-2〉의 사옥 A, B가 핵심 상권 D에 막대한 영향을 주는 주요 목표 고객이기 때문이다.

·벤처 산업 단지의 경우

철저하게 계획된 사무단지라는 것을 생각하면 간단하다. 각각의 건물에 일정수준의 소비 업종이 입주하기 때문에 별도의 유흥상권이 주변에 만들어지지 않는 특징이 있다. 때문에 〈그림 10-3〉과 같이 인근의 전철역 또는 인근에 존재하던 유흥상권이 대형화되어 발전되는 형태를 보인다. 따라서 사무 상권의 특징적인 영업 형태를 보이는 직접적인 당구장의 주요한 위치는 각각의 단지 내(內) 건물이 되는 경우가 많다. 결론적으로 벤처 산업 단지의 당구장 유효 입지는 각각의 해당 건물로 보아야 한다. 〈그림 10-3〉은 〈그림 10-4〉의 대단위 APT형 공장 지대 A의 확대된 지도이다. 앞서 설명한 바와 같이 통합 상권 A로의 방향성을 갖는 위치 내의 대 규모건물 ①, ②, ③, ④, ⑤ 각각의 건물 내(內)가 당구장이 위치할 만한 곳이라고 판단하면 무리가 없다. 주의할 것은 이러한 각각의 건물

초보 창업자의 당구장 자리 찾기 실전 방법론

에 위치한 당구장과 통합 상권 A에서의 당구장 이용목적과 방법이 다르게 되므로 영업 방법 역시 다르다는 것에 주의해야 한다.

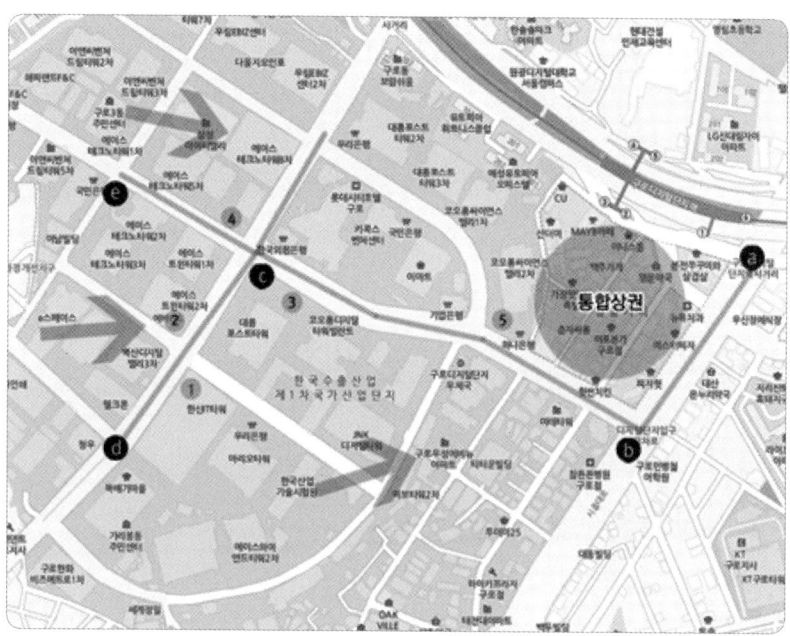

〈그림 10-3〉 디지털 단지 인근 상권(1)

〈그림 10-4〉의 경우처럼, 단독화된 소규모의 벤처 산업 단지의 경우는 상권 B, C와 같이 기존에 존재하던 인근의 인접한 소규모 상권이 이들을 통합하는 영향력 있는 상권으로 발전되기도 한다. 공장 지대 B의 경우는 핵심 상권 B로의 통합된 소비 활동을 보이게 되며 당구장을 비롯한 소비 상권이 존재하게 된다. 물론, 공장 지대 A의 경우와 마찬가지로 각각의 대형화된 건물에 당구장이 입점하는 것이 가능하나 핵심 상권으로의 이동 거리가 비교적 짧은 소규모의 단지의 경우는 핵심 상권

B에 인접한 위치가 다양한 목적의 접근성을[27) 갖는 고객층의 확보라는 측면에서 유리하다..

〈그림 10-4〉 디지털 단지 인근 상권(2)

---

27) 대단위 아파트형 공장지대 B의 경우
     상권을 이용하는 방법이 각각의 건물에 위치 하는 것보다 퇴근길 접근지에서 회식·유흥 등의 다양한 목적 수행이 유리한 핵심상권 'B'내에 당구장이 위치하는 것이 보다 유리하다는 의미임.

초보 창업자의 당구장 자리 찾기 실전 방법론

현실적으로 당구장 창업자들이 가장 선호하는 당구장 창업의 입지 형태입니다. 넥타이 부대를 대상으로 하는 장사이기 때문에 손님의 매너도 좋고 장사도 비교적 수월한 편이기긴 합니다만, 이러한 지역은 많은 높은 임대 보증금과 임대료와 함께 투자비를 감수해야 하며, 7~10대 규모의 당구장은 아무리 몫이 좋아도 수익률 측면에서의 꼼꼼히 따져 보고 결정을 해야 합니다. 필자가 10대 이하의 소규모 당구장의 수익률을 계산해 본 통계에 따르면 건물주가 아니고서는 한계 매출에 이르러서도 그 수익률을 장담하지 못하는 경우가 대부분이었습니다.

11

특급지, 입지 조건과 자금보다는 심장의 크기가 결정한다

⎮
●

　(월)매출 2,500만 원, (월)순수익 700~800만 원이 가능한 점포가 있다면 100명 중 90명 누구나 욕심을 내고, 창업의 의지를 불태울 것이다. 그러나 보증금 1억에 월1,000만 원의 임대료를 지불해야 한다면 과연 그들 중 몇 명이나 당구장을 하겠다고 쉽게 덤빌까?

　"아이고 한 달만 장사가 안 되도 1,000만 원씩 손해를 보는 것은 일도 아니겠는데요~ 두 달이면? 세 달이면? 3천? 헉!"

　결론적으로 (월)1,000만 원의 임대료를 지불해 본 경험이 있거나 그 임대료를 감당할 수 있는 배포를 가진(심장의 크기를) 창업자만이 할 수 있는 당구장이다. 1,000만 원의 임대료를 지불하고, 유지비를 감당할 수 있는 그만큼의 배포가 아니라면 절대 할 수가 없는 당구장이다.

　결코, 돈이 있고, 없고의 문제가 아니다.

　부연하면,

　장사가 보장되어 보이는 곳에서도 운영비에 대한 고민은 당연하다. 규모가 크건, 작건 사실상 '보장'이라는 말은 함부로 할 수가 없는 것이기에 실패와 성공의 두 가지 측면을 당연히 검토를 해야만 한다. [표 11-1]은 15대 규모의 일반적인 지출 내역이며, [표 11-2]는 그에 따른 손익분석 표다. 참고하여 신중한 검토를 해볼 것을 권장한다. 그리고 그것을 심장이 감당할 수 있으면 도전하자.

초보 창업자의 당구장 자리 찾기 실전 방법론

[표 11-1] 15대 당구장의 평균 지출 내역

NO	항목	소요 비용			비고
		(1개월)	(1년)	지출 비중	
1	건물 임대료	10,000,000	120,000,000	51.7%	월 고정비(부가세포함)
2	건물관리비	3,600,000	43,200,000	18.6%	월 고정비
3	인건비(1)	1,200,000	14,400,000	6.2%	월 고정비(파트 타임 낮 8시간)
4	인건비(2)	1,200,000	14,400,000	6.2%	월 고정비 (파트 타임 저녁 10시간)
5	인건비(3)	-	-	0.0%	
6	직원 식대	500,000	6,000,000	2.6%	주/야 식대 지출
7	전기세	1,100,000	13,200,000	5.7%	봄, 여름, 가을, 겨울 평균 전기세
8	통신비	45,000	540,000	0.2%	
9	수도세	-	-	0.0%	관리비 포함
10	음료비	1,000,000	12,000,000	5.2%	기본 제공 음료 서비스 비용
11	기타 서비스		-	0.0%	과일, 간식류 등의 서비스 비용
12	당구 재료비	50,000	600,000	0.3%	초크, 팁, 장갑 등 년간 소요 비용의 월평균
13	당구대 수리비	150,000	1,800,000	0.8%	천갈이, 수리 년간 소요 비용의 월평균
14	상대 교체비	-	-	0.0%	상대교체 소요 비용의 월평균
15	기타잡비	500,000	6,000,000	2.6%	간식, 교통비 등
16			-	0.0%	
17			-	0.0%	
18			-	0.0%	
	합계	19,345,000	232,140,000	100.0%	

[표 11-1]에서 건물 임대료 1천만 원, 관리비가 360만 원이 설정되어 있는데, 통상적으로 대형 건물의 순수 관리비가[28] 임대 평수를 기준으로 평당 15,000~20,000원으로 부과됨을 생각하면 이해가 될 것이며,

---

28) 관리비의 부과 기준은 전용 면적의 기준이 아닌 임대 면적에 기준하여 부과되며, 상가의 경우는 관리비에 엘리베이터 사용료, 공용구간 청소비용, 관리자 인건비, 공용 전기, 공용 수도 이외에 개별 전기세가 별도로 부과된다.

나머지 부분들은 통상적으로 소요되는 비용들이다. 인건비 항목의 경우는 15대 규모에서의 최소 투입 인력을 2명으로 가정했으며, 경우에 따라서는 총괄 책임자(매니저)의 채용도 검토해야 한다.

아래 [표 11-2]에서 순수익이 1,000만 원에 이르기 위해서는 하루 매출 평균이 약 100만 원에 도달해야 한다는 결론을 얻게 된다. 그러나 현실적으로 12~15대에서 하루 평균 매출이 100만 원에 도달하기란 일반적인 동네 상권이나 웬만한 유흥상권에서는 불가능한 일일 수 있으며, 예시는 특급 상권에서의 특별한 경우라는 것을 알아두자.

이러한 임대료 수준의 사례는 여의도, 강남 역 사거리, 일산의 웨스턴 돔 등과 같은 상권에서는 230m²(80평)~290m²(90평) 내외의 규모에서도 임대료와 관리비의 합계가 1천 만원을 근접하는 사례를 흔하게 볼 수 있다. 창업자의 입장에서는 정말이지 심장이 쪼그라들 수밖에 없는 어마어마한 수준의 임대료가 아닐 수 없다.

[표11-2] 15대 당구장의 손익분기

	예상 매출			예상 손익		투자 수익율
	일 평균 매출	월 평균 매출	연 매출	손익(월)	손익(년)	(연%)
ex1	600,000	18,000,000	216,000,000	-1,345,000	-16,140,000	-6.3%
ex2	650,000	19,500,000	234,000,000	155,000	1,860,000	0.7%
ex3	700,000	21,000,000	252,000,000	1,655,000	19,860,000	7.7%
ex3	750,000	22,500,000	270,000,000	3,155,000	37,860,000	14.7%
ex4	800,000	24,000,000	288,000,000	4,655,000	55,860,000	21.7%
ex5	850,000	25,500,000	306,000,000	6,155,000	73,860,000	28.6%
ex6	900,000	27,000,000	324,000,000	7,655,000	91,860,000	35.6%
ex7	950,000	28,500,000	342,000,000	9,155,000	109,860,000	42.6%
ex8	1,000,000	30,000,000	360,000,000	10,655,000	127,860,000	49.6%

초보 창업자의 당구장 자리 찾기 실전 방법론

12

PC방 위치를 참고해라

다세대 주거지 상권 또는 신도시의 APT형 주거지 상권에서 가장 손쉽게 당구장 자리를 파악하는 방법으로, PC방의 위치와 함께 장사의 정도를 조사하는 것이 유효한 방법이 된다.

PC방의 경우 2012년부터 시행된 금연 정책으로 인하여 30대와 40대의 중·장년층의 이용이 급격히 감소하고 주요 이용 고객층이 10대, 20대로 변경되었다. 때문에 시내의 중심 상권에서 PC방을 찾는 것이 매우 어렵게 되었다. 때문에 현재 PC방의 주요 이용 고객의 연령층과 당구장주요 이용 고객의 연령층에 다소 차이는 있지만 상권의 중심부와 동네의 주요 소방도로, 지역의 랜드마크에 위치하는 당구장 자리와 유사한 공통점이 있다. 때문에 PC방의 위치를 참고하여 주변 또는 같은 건물에 입점하는 것도 당구장 자리로는 나쁘지 않은 선택이 된다. 물론, PC방이 모두 좋은 자리에 위치한 것은 아닐 것이지만, 그 중에서 핵심에 위치한 매장들의 위치를 참고하고, 상권을 파악하는 것만으로도 충분히 좋은 당구장 자리를 찾는 데 도움이 된다.

'PC방과 당구장은 주(主) 이용 고객층이 다른데, 당구장 자리로서는 부적합하지 않은가요?'라는 의견을 제기할 수 있다.

틀린 이야기는 아니다. 유흥상권 내지는 사무 집중 단지의 경우는 위의견에 동의한다. 다만, 앞서 이야기했듯이 주택가/신도시APT의 주거지 상권에서는 집중상권과 위성상권과는[29] 조금 다른 관점에서의 소비자 그룹의 이용목적에 대한 해석이 필요하다. 즉, 이러한 위치에서의 당구장은 '유흥 목적'과 '여가 목적'의[30] 이용이 혼재하게 되며, 해당 위치에서의 상권의 범위가 좁은 특징으로 인하여 〈그림 12-1〉과 〈그림 12-3〉의 업종분포와 같이 100m 이내의 좁은 상권에 연령층의 구분이 없는 유흥과 여가 시설이 생활형 소비 업종과 함께 집중되어 있는 현상을 보이게 된다. 때문에 PC방과 당구장의 주요 위치가 공통되는 현상을 갖게 된다.

위 내용에 첨가하여, APT 주거단지의 경우는 〈그림 12-3〉과 같이 대부분 단지의 초입에 하나 이상의 중심 상가 단지를 보유하는 데 이러한 곳에는 여지없이 PC방과 당구장이 존재를 하게 된다. 이는 일반 다세대 주택가 상권과 APT 주거단지가 그 '주거 상권'의[31] 특성을 같이하기 때문인데, 그 차이는 〈그림 12-2〉, 〈그림 12-4〉에서의 차이처럼 '정비된 상권이냐', '아니냐'의 차이일 뿐이다. APT 주거단지의 상권은 통합된 대형 건물들의 집합의 형태로 구성되며, 다세대 주택가 상권은 소방도로를 중심으로 하여 비교적 넓게 펼쳐져 있다는 것 외에는 차이가 없다.

---

29) p. 48 [표 3-1] 참조
30) p. 99 당구장 이용고객의 이해 참조, p. 100 당구를 치는 상황 참조
31) p. 48 [표 3-1] ⑩ 단일상권 주거지 소비 상권

각각의 사례에 대한 상권에 대한 설명을 부연하면,

〈그림 12-1〉은 화곡동의 다세대 주거지 상권으로 동선 1, 2, 3이 주거지 주(主) 출입구 역할을 하는 핵심 주요 동선이 되며, 지점 2를 중심으로 반경 50m 이내에 대부분의 생활 소비 업종과 유흥 업종이 집중적으로 발전되어 있다.

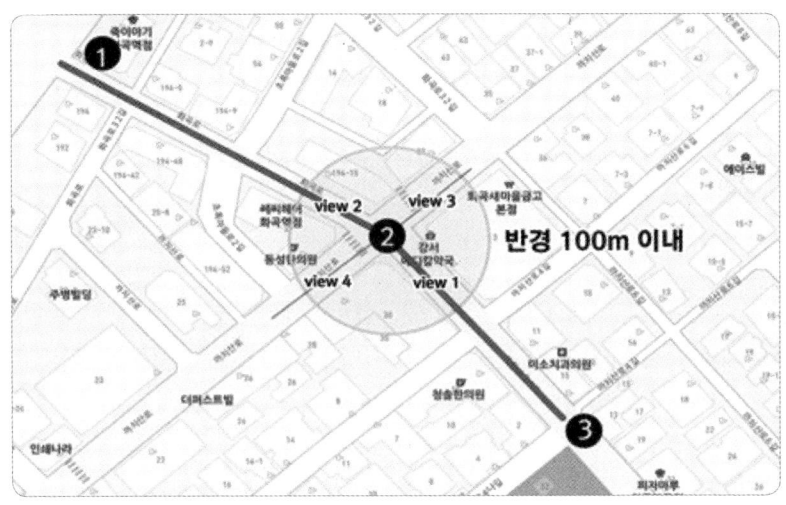

〈그림 12-1〉 다세대 주거지 상권

다음의 사진은 〈그림 12-1〉의 지점 2를 중심으로 본 사면의 상가 형태로 약국, 안경점, 핸드폰 매장 등 생활 소비 업종이 중심에 분포됨을 확인할 수가 있다.

〈그림 12-2〉 다세대 주거지 주요 업종 분포의 형태

　〈그림 12-3〉은 대표적인 APT 주거지의 포켓형(포대형) 상권으로 남양주 호평동의 사례이다. 핵심 상권을 중심으로 넓게 아파트 단지가 분포되어 있으며, APT 단지로 진입하기 위해서는 반드시 핵심 상권을 거쳐서 들어가는 구조로 되어 있다. 이러한 대단위 APT 단지의 경우, 계획 상권의 구성으로 인하여 모든 생활 소비 업종과 유흥 업종이 〈그림 12-4〉에서와 같이 한두 개의 대형 건물에 밀집되는 특징을 갖고 있다.

　〈그림 12-4〉는 〈그림 12-3〉의 핵심 상권의 입구에서 바라본 상권의 모습이다. 〈그림 12-2〉의 다세대 주거지와는 다르게 깔끔하게 집중되어 정비되어 있는 형태를 확인할 수 있다. 때문에 다세대 주거지 상권과는 다르게 당구장 자리를 선택함에 있어서 상권의 내부 동선까지도 점검하여 위치를 선택할 필요성을 갖게 된다.[32]

---

32) 동선 내의 도로에서부터 상가 내부로의 진입 방향과 엘리베이터의 위치와 건물 내 당구장의 세부적인 위치까지를 모두 포함한 건물 내부의 동선 점검을 통하여, 내가 운영할 당구장의 진입의 편의성을 검토해야 하며, 상가 내부에서의 전면, 후면, 중앙 등의 위치에 따른 유·불리를 함께 점검한 선택이 되어야 한다.

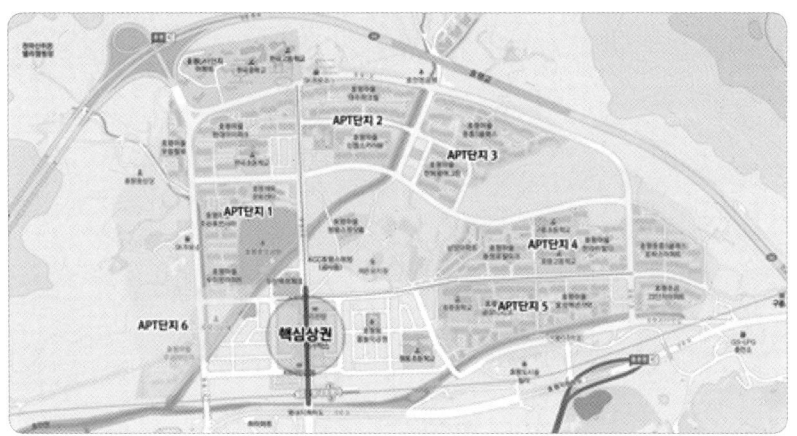

〈그림 12-3〉 APT형 주거지 상권

〈그림 12-4〉 APT형 주거지 주요 업종 분포의 형태

13

너무 낡은 건물은 피하자

임대료 싸다고 덥석 물지 말아야 한다. 주변 상가들에 비하여 너무 오래되고 낡은 건물은 내부 구조가 아무리 좋은 매장이라도 겉모습에서부터 고객에게 불쾌감을 주게 되며, 당구장 진입에 심리적 장벽을 형성하게 된다.

오래된 건물의 경우는 반드시 외장 공사를 통하여 세련되고 좋은 느낌의 장치물을 해야만 한다. 패션과 문화의 거리로 유명한 '신사동 가로수 길'의 경우 초창기에는 대부분 2~3층의 오래된 벽돌식 건물들이었다. 하나둘씩 전면부의 외장 리모델링을 통하여 매장의 익스테리어를 새롭게 꾸미고, 신축을 하는 과정을 통하여 지금의 가로수길이 탄생했다. 또한 기존의 낡은 건물들도 시대를 반영한 세련되고, 독특하고, 빈티지(Vintage)한 외장(외벽) 리모델링 공사를 통하여 독특한 형태들의 갖가지 매장으로 탈바꿈한 뒤 지금의 모습이 되었다.

그러나 우리의 당구장은 이러한 성공 사례와는 거리가 좀 멀다. 물론, 가로수길 중심부에 거리의 특징과 잘 어울리는 빈티지스러운 당구장을 꾸민다면 성공의 가능성도 있지만, 통상적으로는 적용이 불가능하다. 또 하나 간과하지 말아야 하는 것은 빈티지(Vintage)도 만들어진 인테리어라는 것이다. 즉, 건물의 있는 그대로의 활용이라기 보다는 '구현'이라고 보아야 한다. 때문에 창업자가 생각하는 빈티지스러운 효과를 발휘하기

176

위해서는 통상적인 당구장 인테리어에 비하여 많은 비용의 투자가 반드시 이루어져야 하며, 임대 건물의 있는 그대로의 적절한 활용만으로는 절대로 불가능하다는 것을 알아두어야 한다.

〈그림 13-1〉 신사동 가로수 길

다시 본론으로 돌아와서, 만약, 입지 조건이 너무 좋아서 창업자가 놓치기 어려운 자리라면 반드시 매장의 출입구와 일정 면적의 외벽 리모델링이 가능한지를 점검해야 하며, 그에 따른 추가 투자비를 고려한 판단을 해야 한다. 외벽 리모델링을 완성한 후에는 건물의 출입구부터 매장까지의 진입로에 대한 장치물들의 설치가 필수적이다. 이러한 일련의 장치물들을 '파사드'라고[33] 하는 데 계단, 엘리베이터, 복도 등이 주요한 설치 위치가 된다.

---

33) 파사드란 건물의 외벽에서부터 매장의 내부까지 매장 진입을 유도하는 모든 장치물을 의미한다. 당구장에서는 외부간판, 건물 인포메이션, 엘리베이터 내외부, 복도 등에 적용된다.

낡은 건물의 경우 주위의 신축 건물들보다 보증금과 임대료가 상대적으로 조금 저렴하지만, 그 이상의 투자비가 소요되어야 함을 알아두어야 한다.

| 조언 |

건물의 외부가 많이 낡았다는 것은 건물의 내부도 장담할 수 없다는 뜻입니다. 출입구를 비롯한 매장까지 진입하는 과정의 복도 등 모두가 정상적인 장사를 할 만한 상태가 아닐 가능성이 높습니다. 때문에, 정상적인 건물에 비하여 엘리베이터 사고, 누수 등 많은 부분에서의 협의와 함께 꼼꼼한 점검이 반드시 필요합니다. 정상적인 당구장 운영을 위해서는 초기 시설비가 많이 소요됨은 당연합니다.

초보 창업자의 당구장 자리 찾기 실전 방법론

14
당구장 몇 층이 좋을까?

같은 조건이라면 진입성과 가시성의 측면을 빼더라도 무조건 1층이 제일 좋다. 그러나 현실적으로 상가를 임대해야만 하는 우리에게는 불가능에 가까운 이야기이다. 간혹 1층에 입점이 되어있는 당구장이 있는데 상권 내에서 경쟁자가 없을 정도의 강력한 힘을 발휘하곤 하지만 임대를 위해서는 높은 바닥 권리금과 임대료로 인해서 현실적으로 건물주가 아니고서는 불가능하다. 때문에, 우리가 현실적으로 고민해야 하는 것은 지하, 2층, 3층 또는 그 이상의 7층, 8층 일 것이다.

우리가 단정적으로 당구장을 하기에 몇 층이 '좋다', '나쁘다'로 표현한다는 것은 바보짓이나 마찬가지이다. 이유는 각각의 상권마다의 현황이 다르고, 각각의 건물마다 건물 모양, 진입로의 형태, 복도의 형태 등의 입지 조건이 다르기 때문에 건물의 상황에 따라서 지하가 좋을 수도 있으며, 2층 또는 3층이 좋을 수도 있다. 가시성, 진입성, 전용 면적, 임대료 등의 전반적인 상황을 함께 고려해서 판단해야만 한다.

그럼에도 불구하고, 단답형을 좋아하는 독자를 위해 층별 팁을 제시한다면 다음과 같다.

지하의 경우는 출입구의 위치에 따라서 고객 진입의 어려움과 누적되는 담배 냄새로 인한 실내 공기의 쾌적함이 떨어진다. 더불어 햇빛을 보지 못한다는 운영자의 심리적 갑갑함이 대표적인 단점이다. 그러나 지하로 들어가는 넓은 전용 출입구가 있다면 적극성을 띨 필요가 있다. 왜냐하면 출입이 좋고, 임대료가 싸고, 전용 면적이 넓고, 전용 출입구를 조금만 잘 꾸미면 1층 상가와 같은 효과도 볼 수 있기 때문이다.

2~3층 매장의 가장 큰 장점은 가시성이다. 1층보다는 그 특성이 약하지만 당구장을 가장 돋보이게 만들 수 있는 층이다. 성공적인 당구장의 가장 많은 사례가 바로 2층과 3층이다.

고층의 경우는 특별한 경우를 배제하고는 가급적 피하는 것이 좋다. 예를 들어 사무 상권의 대형 건물의 경우, 층과는 무관하게 간판을 비롯한 기타 홍보를 위한 장치를 하기가 곤란할 경우가 많아 홍보에 많은 애로를 겪기도 한다. 때문에 장사의 안정기까지 도달하는 데 2~3층 매장에 비하여 비교적 긴 편이다.

결론적으로, 당구장을 하기에 가장 좋은 층수는 통상적으로 2, 3층이 가장 유력하며, 넓은 단독 출입구가 확보된 경우라면 지하 1층이 유력하다.

〈그림 14-1〉
넓은 출입구가 있는 지하 매장

초보 창업자의 당구장 자리 찾기 실전 방법론

〈그림 14-2〉 2층의 매장

〈그림 14-3〉 1층에 위치한 매장

〈그림 14-4〉 3층에 위치한 당구장

| 지나가는 이야기 |

현업에서는 지하와 2층, 3층 점포를 두고 선택을 고민하는 경우는 드문 경우 입니다. 같은 건물에서 지하와 4층, 5층을 고민한다거나 2층과 7층, 8층을 고민하는 경우가 대부분입니다. 그 고민의 원인은 임대료와 임대 보증금의 차이로 발생하는데 막상 상황에 접하게 되면 심각한 고민에 빠지게 됩니다. 이럴 때는, 현재의 경쟁 상황과 향후의 경쟁 상황(새로운 당구장의 개설 가능성)을 고려하여 결정이 되어야 합니다. 특별한 경쟁이 현재 없고 앞으로도 그럴 가능성이 낮다면 임대료가 저렴한 쪽으로의 선택도 가능하겠지만 그렇지 못하다면 투자비와 운영비 그리고 손익을 검토한 후 신중한 판단을 해야 합니다. 필자의 경우, 특별한 경우가 아니라면 임대료 지불로 인한 계산상의 수익이 조금 떨어진다고 하더라도 장사에 유리한 조건이 많은 2층, 3층 매장을 선택합니다.

15

잘되는 당구장을 찾아 다니자!

아마도 당구장 창업을 결심한 창업자는 지금쯤 여기저기 부동산을 방문하고 직접 임대 건물을 찾기 위해 도시의 구석구석을 뒤지고 있을지도 모를 것이다. 그러나 많은 점포를 보면 볼수록 '여기다'하는 최종 선택을 하기가 힘들어 질지도 모른다. 그 이유는 창업자가 보아 온 점포의 자리가 나빠서가 아니라 자리에 대한 확신과 자리에서의 영업 방법과 경쟁 구도에 대한 구체적인 현황과 구상이 구체적으로 그려지지 않기 때문에 망설여질 수밖에 없다. 만약 이러한 상황에 처한 창업자가 임대 보증금과 임대료만을 가지고 최종적인 점포 선택을 하게 된다면 그야말로 최악의 선택이 될 수도 있음을 명심해야 한다.

점포를 판단함에 있어서 임대 조건과 함께 임대할 점포의 구조적 장단점, 영업적 장단점, 주변의 경쟁 상황이 파악되어야 하며, 그에 따른 전략(영업 전략, 시설 전략, 경쟁 전략)의 수립이 가능해진다. 이렇게 수립된 전략을 토대로 현재의 점포에 당구장을 개설할 것인지 말 것인지를 결정하게 되는데 대부분의 당구장 창업자는 당구장 자리에 따른 유형별 성공과 실패에 대한 경험과 사례에 대한 정보가 없기 때문에 그 선택이 매우 힘들어지게 된다.

즉, '여기는 이럴 것이다'라는 정도의 최소한의 가늠이 가능해야 선정된 후보지 몇몇 곳에 대한 구체적인 조사와 함께 최종 선택이 가능해진다.

이해를 돕기 위해서 컨설팅 과정에서 흔한 사례를 하나 소개한다.

조 실장

"사장님은 임대 조건에 맞는 건물만, 일단 조사를 해 주세요!'

창업자

"그냥 조건에 맞는 것만 찾으면 되나요?"

조 실장

"네! 판단은 하지 마시고요. 제가 보는 시각과 사장님 보는 시각이 다를 수 있으니 일단은 조건에 맞는 것만 조사하세요. 그리고 조사하신 모든 곳을 같이 다녀 보기로 해요~"

2주 후,

창업자

"전 10개 정도의 점포를 조사 했습니다."

"실장님은 몇 개 정도 알아보셨나요?"

조 실장

"하하, 전 1개를 정했습니다."

"제가 놀러 다닌 건 아니니 나무라지는 마세요^^"

"사장님 보기에 마음에 드는 곳들을 순서대로 다녀 보죠~"

그렇게 창업자와 필자는 조사된 점포들을 모두 돌아다녔다. 창업자가 조사한 점포 중에 1~2개 정도의 점포에 관심이 갔었고, 총 3개 점포에 대한 구체적인 조사가 시행이 되었다. 8개의 매장을 포기하는 일은 그다지 어려운 과정은 아니며, 오히려 힘들게 조사한 8개 매장을 포기해야 하는 이유를 창업자에게 설명하는 것이 더 어려운 일 이었다.

창업자와 필자의 점포 선택에 있어서의 차이는 앞서 이야기한 사례가

'있느냐', '없느냐'의 차이일 뿐이다. 점포를 판단하는 것에 다른 특별한 무언가는 사실상 없다고 보아도 무방하다.

그렇다면, 당구장 창업자는

지금부터라도 잘되는 당구장을 많이 보고 분석해야 한다. 그 방법은 상권별로 조사 대상의 당구장을 선정하고 그들의 서비스, 시설, 운영 방법 등을 기록하고 장단점을 파악하면 된다. 창업자는 이 과정을 통하여 유사한 상권과 각각의 위치에서의 개괄적인, 공통적인, 특징적인 영업 방법이 서게 될 것이며, 조사한 당구장에 대한 자리의 좋고/나쁨에 대한 판단도 동시에 이루어 질 것이 분명하다. 이와 같은 방법으로 동일 상권 내의 여러 곳을 조사하게 되면 그들의 경쟁 관계와 함께 경쟁력이 저하되어있는 당구장의 영업적인 개선 방향까지도 미루어 짐작할 수 있게 된다.

"여기서는 이러한 방법으로 장사를 하면 되겠구나"

또는

"이런 방법으로 장사를 하기에는 이런게 단점 이겠구나"

라는 식의 판단이 설 것인데, 이는 자리를 판단하고 선택함에 있어서 매우 중요한 요소다. 다시 말해서, 당구장 자리의 판단은 순수한 상권의 입지 조건의 좋고 나쁨의 판단과 더불어 경쟁 관계의 판단이 더해져야 한다는 이야기다. 지금까지 어떠한 점포에 대한 결정을 내리지 못했다면 분명히 입지의 좋고 나쁨이 아닌 경쟁 구도와 그 방법에 대한 방향이 서지 않았기 때문이다. 이런 과정을 반복하다 보면, 분명히 내가 필요로 하는, 내가 찾고자 하는 당구장 자리가 보일 것이고, 선택한 자리(위치)에서의 유효한, 효과적인 영업 방법이 세워질 것을 장담한다.

필자 역시도 정말 많은 당구장들의 위치를 검토하고 영업 형태와 방법을 공부하고 있다. 그 이유는 수많은 특성이 있는 상권에서의 그리고 각각의 특성이 있는 자리에서의 유효한, 효과적인 영업 방법과 경쟁의 방법을 찾고자 함이며, 장사라는 것이 과거의 영업 방법이 늘 유효한 것만도 아니고 과거의 방법이라고 무시되어야 한다는 원칙도 없기 때문이다. 즉, 고객의 트랜드는 늘 변하고 당구장의 영업 방법도 경쟁에 대한 쟁점도 그에 따라 계속 변한다. 때문에 필자 역시도 계속 당구장들을 다니며 연구할 수밖에는 없다.

| 조언 |

제시한 방법을 공부하기 위해서는 사실 당구장을 서슴없이 들어가야 하는 마음의 불편함이 있습니다. 필자의 경우는 명함 내밀고 차 한 잔 마시면서 인사를 하고 필자의 스케줄에 맞추어 정기적으로 방문하는 것으로 매장을 분석하는 것이 가능합니다. 그러나 창업을 준비하는 분의 경우는 이 또한 쉽지 않은 과정입니다. 창업자 입장에서의 유일한 방법은 '혼자 가는 손님'이 되는 것 뿐입니다. 그렇게 한두 번 방문을 하고 게임을 하고 지켜보면 됩니다. 그렇게 한 달이면 창업을 준비하는 과정에서의 안목을 키우기에는 충분한 시간이며, 성공 점포 여러 곳의 사례를 만들 수 있을 것입니다.

절대 쉬운 일은 아니지만 시도해 볼 만한 가치가 있는 일입니다. 어차피 준비하는 과정에서 별로 할 것도 없지 않습니까? 정히 혼자 다니기 어려우면 저녁 술값을 쓰더라도 친구 한 명 부르면 되는 일입니다.

16
주저하지 말고 들어가라

당구장 창업을 생각하는 과정에서 특히 창업의 결심을 굳히기 전에 (관심을 갖고 알아보는 단계) 장사가 잘된다는 여러 당구장을 둘러보고, 분석도 하고, 당구장 운영자와의 대화를 적극적으로 나누어 볼 것을 추천한다.

이 과정을 통해서 창업자는 자신감도 얻을 수 있고, 반대로 자신만의 이상과 현실의 차이를 발견하고 창업 과정을 포기하거나 또는 스스로 잘못된 정보의 개선과 함께 작성해 놓은 사업 계획의 보완점을 찾을 수도 있다. 혹시라도 이 과정에서 당구장 창업을 포기를 한다고 해서 자신이 의지가 없거나 판단이 잘못된 것은 절대 아니다. 그 결정 역시 매우 어려운 결정이며 바른 선택일 수 있다.

어떠한 결정이건 일단은 직접 만나 보아야 한다. 내가 필요한 정보를 얻기 위해서는 겁내지 말고 당구장 문을 열고 들어가자! 문을 열기까지 창업자는 여러 가지 두려움이 있을 수도 있다. 당구장이 바빠서 내 이야기에 대꾸를 안 해주면 어떻게 하지? 날 그냥 무시하고 대화를 안 해주면 어떻게 하지? 들어가서 뭐라고 말을 하지? 등등의 걱정과 불안 그리고 창피함이 앞서는 것은 당연한 것이니 크게 신경 쓰지 않아도 좋다. 괜한 선입견으로 두려워하거나 망설이지 말자. 우리의 당구장 사장님들은 생각보다 관대하며, 생각보다 친절하고 대화에 적극적이다.

일단 당구장 문을 열고 들어가서,

"사장님 좀 만나 뵈러 왔습니다"

"제가 창업을 하려고 하는 데 여러 가지 궁금한 것이 있어서 사장님의 조언을 좀 구하려고 합니다"

라는 한 마디면 많은 사장님들이 용기 내어 방문한 창업자에게 자신의 진솔한 이야기를 들려줄 것이다. 더불어 좋은 당구 재료상을 추천을 해 줄 수도 있고, 전문가를 추천해 줄 수도 있다. 이러한 당구장 점주의 이야기가 인터넷에 난립하는 출처도 불분명하게 떠도는 수많은 이야기들 보다는 실질적이고 유익한 정보가 될 것을 확신한다. 주의할 것은 1차적인 참고 자료로 삼아야 하며, 여러 사장님들의 의견을 종합한 창업자의 판단이 이루어져야 한다.

당구장 방문 시 주의점은, 당구장의 특성상 저녁 6~10시의 피크 시간은 피하는 것이 좋다. 이 시간에는 저녁 장사를 위한 준비도 해야 하고 실제로 손님이 들이치기 시작하는 시간이기에 당구장 손님 외의 누군가에게 신경을 쓰기가 어렵기 때문이다. 당구장 사장님들과 대화하기 가장 좋은 시간은 오전 청소가 끝나고 한숨 돌리는 낮 2~4시가 여유로운 대화를 하기에 좋은 시간이며, 밤 11시 이후의 시간도 좋은 시간이다. 또는 몇 번의 방문을 통하여 사전에 방문 취지를 밝히고 마감 시간에 캔 맥주 한 잔과 함께 여유로운 대화를 하는 것도 좋은 방법이다.

조언

당구장의 하루 일과는 참 힘든 일입니다. 낮부터 출근해서 새벽까지의 일과는 참기 힘든 기다림과 시달림의 연속입니다. 하루를 마감하고 청소를 마치고 나면 자연스럽게 시원한 맥주 한 잔이 생각나기도 한답니다. 그리곤 자신의 고된 하루의 이야기를 들어줄 누군가를 그리워하기도 하죠. 하루 종일 당구장을 지키고 있다 보면, 손님 이외의 누군가와의 대화가 절실히 그리워지기도 합니다. 그러니 예비 창업자인 여러분이 당구장의 방문을 통해서 당구장에 대하여 이런저런 것들에 대하여 자문을 구하는 것을 너무 두려워하지 마세요. 우리의 당구장 사장님들은 업계의 선배로서 친구로서 어렵게 용기내어 방문한 당신을 따뜻한 마음으로 반겨줄 것이 확실합니다.

반드시 실측을 해라

마음에 드는 점포를 찾았다면, 임대 계약 전에 당구장 배치(Layout) 설계를 반드시 작성해 보아야 한다. 당구대가 어떤 모양으로 어떻게 들어갈지에 대한 예측과 함께 창업자가 구상한 영업적인 시설들과 고객 서비스 구현을 위한 공간의 구성이 가능한지를 임대 계약 전에 반드시 검토해보아야 한다.

보통은 부동산에서 제공하는 건축물 도면을 통하여 검토를 하게 되는데, 현실적으로 시공 단계에서 많은 오류가 발생되는 가장 큰 원인이 된다. 이유는 건축물 관리대장의 도면은 어디까지나 준공 검사를 위한 도면이기 때문에 건물의 실제 계측 치수와는 다소간의 차이가 발생한다. 심한 경우는 정사각형으로 표기된 도면과는 다르게 실제는 사다리 꼴 모양의 건물이 존재하기도 한다. 특히 오래된 건축물일수록 이러한 오류가 많으니 반드시 실측해야 한다. 더불어 건축물 관리대장의 도면에는 기둥의 치수와 상,하수도의 위치 등 레이아웃 설계를 위한 세부적인 내용은 기입되어 있지 않는 경우가 많기에 꼼꼼한 현장의 실측을 권장한다.

아주 오래 전, 필자가 초보자이던 시절에 당시 당구 재료상의 사장님의 상담 현장을 따라 갔을 때의 상황이다.

창업자

"여기 당구대 몇 대가 들어갈까요?"

재료상 사장님이 저벅저벅 걸으면 보폭으로 비어있는 공간을 측정합니다. 그리곤 천장의 텍스를 세어봅니다.

"여기는 12대가 들어가겠군요."

2007년, 당시의 상황에는 아마도 이 방법이 맞는 방법이었다. 당구대의 설치 경험이 많은 당구 재료상의 입장에서는 굳이 줄자를 들이밀지 않아도 대략적으로 설치될 당구대 수를 가늠하는 것은 어려운 것이 아니었다. 당시에는 그래도 되었던 영업적인 상황임이[34] 분명하다. 그러나 지금은 당구장에 당구대만이 설치되는 것이 아니다. 각종 고객 서비스를 위한 비품들과 편의 시설들이 영업적인/경쟁적인 이유에서 설치가 되기 때문에 이 모든 것이 함께 고려된 레이아웃의 설계가 반드시 필요하다. 그러기 위해서는 반드시 정확하게 실측된 현장 도면이 필요하다. 이러한 레이아웃까지의 검토가 아니라 하더라도 현장 실측을 통하여 도면 오류로 인한 당구대 설치에 난감한 상황이 생기지 않도록 미리 대처할 것을 권장한다.

참고) 실측 과정에서 반드시 기입해야 할 것들

-건물 내부 벽체의 각 면의 길이, 높이

-건물 내부 기둥의 위치 및 가로, 세로, 높이

-건물 내부 출입구의 위치 및 가로, 세로

---

34) 당시 당구장은 '당구대'만 설치하면 되던 시절이다. 다른 특별한 고객 서비스나 그것을 위한 공간의 구성이 별 의미가 없었던 시장의 상황이다. 어쩌면 지금도 필자의 생각과는 달리 그럴지도 모르고, 지금도 당구대만 있는 평범한 당구장이 전체의 90% 이상이다.

-창문의 위치 및 바닥에서의 높이

-상, 하수도의 위치

-배전반의 위치

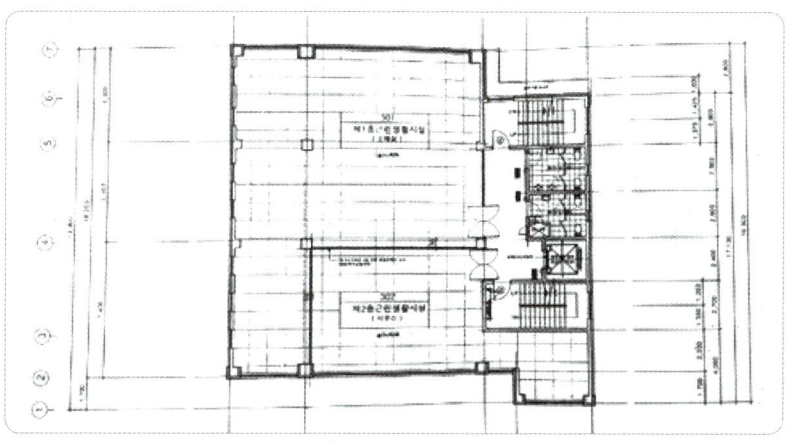

〈그림 17-1〉 건축물 도면

창업자는 실제 부동산을 통하여 〈그림 17-1〉과 같은 도면을 받아 들게 된다. 이 도면에서 보면, 기둥의 가로×세로와 중심의 위치가 표기되어 있지 않음을 확인할 수 있으며, 건축물의 실재 내부 치수가 기입 된 것이 아니라 외벽의 중심에 기준 한다는 것을 알 수가 있다. 때문에 30~50cm의 기준선에서의 오류가 발생한다. 창업 현장에서 당구대 설치를 위해서 10cm의 좁고 넓음으로 인해 당구대의 〈그림 17-2〉의 ①, ②, ③의 사례처럼 설치가 불가능한 경우가 생기는 것을 감안하면 실측의 중요성을 알 수 있을 것이다. 또한 〈그림 17-3〉에서와 같이 A, C, F공간의 실측의 결과에 따라서 〈그림 17-2〉와 같이 다양한 형태로의 당구대 배치가 가능하게 된다.

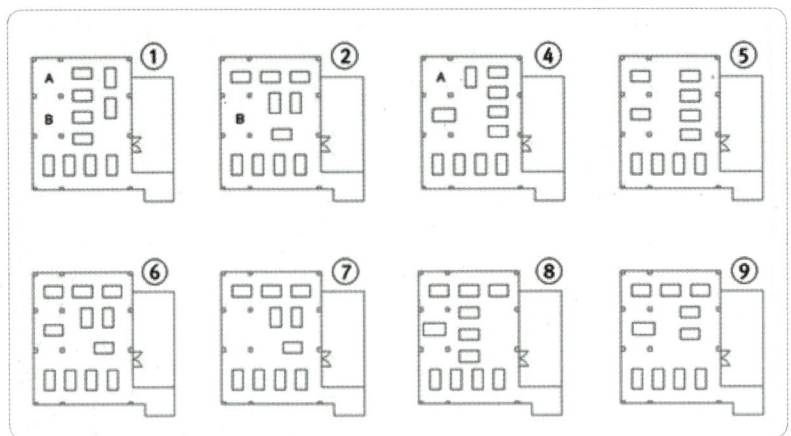

〈그림 17-2〉당구대 배치의 사례

　〈그림 17-3〉과 같이 기둥과 기둥 사이의 거리에 따라서 당구대 A, B
가 설치가 가능할 수도, 불가능할 수도 있게 된다. 참고로 당구 큐의 최
소 간섭거리 R=1480mm 이상[35] 되어야 당구대의 설치가 가능하며, 큐
장이 있는 벽면까지의 거리는 약 1,800mm(최소 1,600mm) 이상의 공
간이 확보되어야 한다.

---

35) 당구 큐의 길이는 1,450mm로, 당구대의 코너 끝에서의 타구를 한다고 가정했을 때의 팔의 유격 거리
　는 약 50mm 내외가 된다. 통상적으로 1,500mm의 거리를 두며, 포켓 당구대의 경우는 1,600mm
　로 설정하게 된다.

초보 창업자의 당구장 자리 찾기 실전 방법론

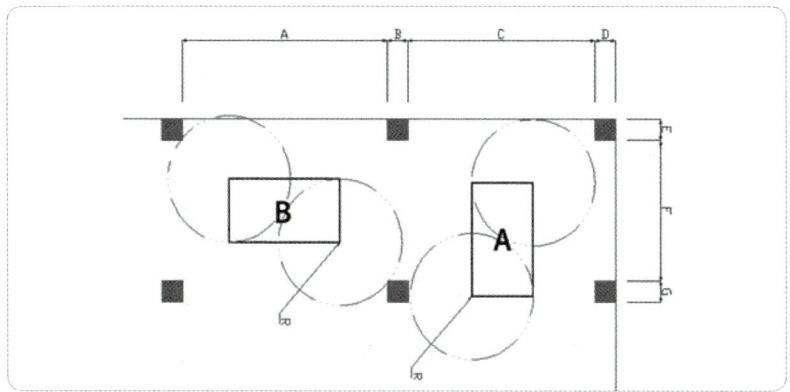

〈그림 17-3〉 당구대와 기둥의 간섭

---| 사례 |---

1년 전, 5대의 당구대를 설치하기 위한 레이아웃 설계를 도와드린 적이 있습니다. 창업자는 6대를 설치할 것을 원했지만 필자의 판단으로는 불가능 했습니다. 그 후 1년 뒤에 창업자로 부터 운영 상담 요청이 있어서 방문을 했을 때, 저는 정말 깜짝 놀랄 수밖에 없었습니다. 당구대가 6대가 설치가 된 것입니다. 더 놀란 것은 포켓 당구대가 설치된 좌우로의 공간이 1m도 안 되었다는 것입니다.

"아니 이걸 여기에 어떻게 설치를 하셨네요?" 필자가 놀라서 묻자, 점주의 말이 더 가관입니다. "설치 기사 분이 이 정도면 충분하다고 했어요" 그리곤 반 토막으로 잘려진 큐 한 자루를 내미는 겁니다. 참 어이없는 상황이 아닐 수 없습니다.

조 실장

"여기서 손님이 당구를 치나요?"

점주

"하하하 좋아들 해요~"

조 실장

"그 손님들 다시 오시나요?"

"… 가끔 4구 치러 와요"

아무리 몰라도 최소한 이런 상황은 만들지 말아야 합니다.

그리고 아무리 점주가 모른다고 해도 이런 상황으로 만들어서는 안 됩니다.

평수보다 건물의 구조가 좋아야 한다

"60평입니다. 당구대 몇 대 들어갈까요?"

"7~10대 입니다"

가장 잘못된 질문이며, 가장 성의가 없는 답변이다.

"60평이며, 가로가 10m, 세로가 6m입니다. 당구대만 놓으면 몇 대가 들어갈까요?"

이렇게 질문 하는 것이 가장 정상적인 질문이다.

도면을 첨부하여 질문하면 더 좋겠지만…

평수보다는 건물의 모양과 길이에 대한 정보가 당구대 배치를 위한 유용한 실전적인 기본 정보가 된다. 당구대의 적절한 배치를 위해서는 평수보다는 건물의 구조가 좋아야 한다. 같은 평수에 7대가 들어갈 수도, 10대가 들어갈 수도 있으며, 이 결과는 곧 수익률과도 직결이 된다.

당구장의 구조는 위의 설명과 같이 단순히 당구대의 설치 가능 대수에 대한 유/불리를 따지는 것 이외에도 장사의 방법에 따른 구조적인 적합성을 검토해야 한다.

참고로 필자의 경우는 네모 반듯한 군더더기 없는 모양의 건물보다는 좀 푹 들어가고 나오고 비뚤어진 형태의 매장을 선호한다. 이유는 필자의 장사 방법이 뭔가를 설치하고 꾸미고 하는 것을 좋아하기 때문이며, 네모난 당구장에 당구대가 일렬로 쫙! 펼쳐지고 카운터만이 있는 당구장을 선호하지 않기 때문이기도 하다. 장사는 각종 영업적인 장치물들을 통한 '고객과의 소통의 창구를 개설해야 한다'는 것이 필자의 장사에 대한 생각이기 때문이기도 하다. 그래서 필자가 운영하던 당구장과 조언을 했던 당구장들의 경우 비교적 많은 디스플레이와 편의 시설이 갖추어져 있는 원인이다. 물론 그런 것들을 장사에 활용 하는 것은 어디까지나 점주의 노력에 달려 있다. 물론, 사각형의 쫙~펼쳐진 당구장이 나쁘다는 이야기는 절대 아니다. 이는 어디까지나 운영자의 영업적인 판단에 의한 것이기 때문에 선택을 해야 할 사항일 뿐이다. 필자가 이야기 하고자 하는 것은 구조적인 부분에서 점주가 시행해야 할 영업적인 목적과 수단에 맞는 점포의 선정이 이루어져야 한다는 말이다.

점포의 선정 과정에서 다음과 같은 영업 전략적인 부분에서의 진중한 접근을 해 보아야 한다. 당구장이 입점할 건물을 알아보는 단계에서 보통은 건물의 평수에 집중하는 경향이 있다. 부동산에 의뢰 할 경우에는 당연히 임대 면적이 매우 중요한 기준임에는 틀림이 없으나 결정을 하는 과정에서는 내가 구상한 영업 방법과 서비스에 적합한 시설물의 설치가 가능한 구조인지를 파악 하여야 한다.

임대할 건물의 모양에 따라서 매장이 구성된 이후에 안정감 있고 편안하며 편리한 매장이 될 수도, 아닐 수도 있다. 구조(형태)적인 측면에서 사업 계획과 반(反)한다면 그 결정을 재고(再考)해야 한다. 물론, 인테리어 공사를 통하여 원하는 구조물을 만들 수는 있지만 그 비용은 감수해야 한다. (같은 조건에서의 선택이라면 사업 계획에 부합하는 선택을 해야 함을 뜻한다.) 또 하나, 수익률에 적합한 당구대(수)의 배치가 가능한지에 대한 검토가 동시에 이루어져야 하며 아무리 좋은 모양의 건물이라고 하더라도 설치될 당구대의 수(數)가 문제가 되지 않아야 함은 당연하다.

다음은 비용적인 측면에서의 접근이다. 구조(형태)의 중요함은 앞서 이야기한 영업 전략적인 측면의 고려가 가장 중요하다. 이와 더불어 공사 비용적인 측면에서의 설명도 필요할 듯하다. 상·하수도의 위치, 배전반의 위치, 천장의 형태, 공조 시설의 형태 등에 따라서 수백만 원에서 수천만 원에 이르는 공사 비용의 차이가 발생하게 된다. 물론, 있는 그대로를 사용하겠다면 이야기는 달라지겠지만 영업 전략적인 측면에서의 접근을 고려한다면 이들의 이동과 보완은 필수적인 사항이 된다.

결국 사업 계획서상의 영업 전략과 부합하는 시설의 원활한 구성이 이루어져야 하는 데, 불가피한 경우라면 그 비용을 산정하고 보완 대책을 세울 수 있어야 한다. 이러한 조건을 무시할 경우 자칫 사업 계획서상의 중요한 전략 자체를 포기해야 하는 경우도, 막대한 비용을 투자해야 하는 경우도 비일비재하게 발생되곤 한다. 모든 조건을 100% 만족할 수는 없지만 근접해야 하고, 보완이 가능해야 한다.

사업 계획에 준(準)하는 정상적인 창업과 영업을 위해서는 건물의 평수보다는 창업자의 사업적인 구상을 뒷받침할 만한 건물의 구조(형태)가 매우 중요함을 다시 한 번 강조한다. 창업자는 자신이 구성한 영업 전략에 최적으로 부합하는 구조의 건물을 찾고 선택하는 노력을 게을리해서는 안 된다.

19

자리, 서두르지 마라! 기다릴 줄도 알아야 한다

당구장 하기에 좋은 자리를 선택하는 것은 절대 한 순간에 이루어지지 않는다. 긴 시간의 노력과 발품을 팔아야 '아~! 여기' 하는 자리를 찾을 수가 있다. 자리를 찾았다고 해서 모두가 이 자리에 당구장을 할 수 있는 것도 아니다. 임대료, 보증금 등의 임대 조건과 창업 비용 등의 모든 조건들이 맞아 들어가야 한다. 이 기간이 적게는 1달, 길게는 3개월 이상이 걸리기도 한다. 재수 좋게 바로 눈에 들어오는 경우도 있지만 현실에서는 드문 일이다. 필자의 경우도 최소한 한 달은 소요가 되어야 어떠한 자리에서의 조사와 선택이 이루어진다.

간혹, 평소에 눈여겨보아 둔 자리가 있을 경우 '여기에 빈 상가가 생기면 창업을 하겠다'는 생각으로 당구장 창업을 준비하는 경우도 있다. 이경우 상당한 인내심과 인근 부동산을 활용한 사전 작업이 필요하다. 해당 건물들의 임대 상황과 계약 만료 기간들을 사전에 조사하여 기다리기도 해야 하며, 상황에 따라서는 적절한 권리금을 지불하고 당구장을 창업하기도 한다. 그러나 이런 경우는 매우 특이한 경우로 해당 지역의 상권을 정확히 파악하고, 자리에 대한 100% 확신이 있어야 가능한 일이다.

다시 본론으로 돌아와서, 좋은 당구장 자리를 찾는 과정은 단숨에 이루어지지 않음을 명심해야 한다. 창업자는 많은 상권의 여러 자리를 보는 것을 게을리하지 말아야 하며, 성급한 마음에 적당히 한 순간의 충동적인 선택을 한다면 두고두고 후회할 일이 발생할 수도 있다는 것을 명심해야 한다.

확신이 서지 않는다면 계약을 하지 않는 것이 최선일 수도 있다. '기다릴 줄 알아야 한다'는 의미는 그냥 넋 놓고 있으라는 의미가 아니다. 좋은 자리를 찾기 위해서 창업자 스스로가 직접 찾아 다니고, 분석하고, 검토하는 일련의 과정에 시간과 노력을 끈기 있게 투자해야 한다는 의미다. 필자와 같은 사람들에게 점포 개발을 의뢰한다고 하더라도 그들이 제시한 결과물의 냉정한 판단을 위해서라도 창업자의 이러한 노력은 병행되어야 한다.

| 조언 |

좋은 자리를 찾는다는 것은 정말 많은 시간과 노력이 필요합니다. 필자 역시도 한 눈에 '아~여기' 하는 곳은 없습니다. 설혹 그런 경우가 있다고 하더라도 한 번에 결정하지는 않습니다. 간혹, 직감적으로 '아~여기' 하는 경우는 있지만 그러한 경우에도 많은 조사와 분석이 병행되어야 함은 너무나도 당연한 것입니다. '감이 좋습니다'라는 말을 하기도 하죠. 그러나 그것 만으로 누군가에게 섣부른 추천을 하지는 않습니다. 여하튼 저는 도로가 한가한 새벽 시간에 드라이브 삼아서 상권의 전체를 크게 돌아보고 골목골목 들어가 보고 가상의 고객층을 대상으로 한 주요 동선을 예측해 보곤 합니다. 그리곤 다음날 다시 정상적인 조사 시간에 점검을 하곤 하죠. 필자도 사실 조금은 힘들고 귀찮은 일이긴 합니다. 그러나 게을리해서는 안 되는 중요한 점포 개발의 과정이니만큼 창업자 여러분도 게을리하지 않길 바랍니다.

초보 창업자의 당구장 자리 찾기 실전 방법론

20

자리가 반이고 전략이 반이다

이번 내용은 무언가 구체적인 제시보다는 창업 과정에서 두리뭉실하게 넘어가는 부분에 대한 이야기를 하고자 한다.

그것은 자리에 대한 이야기와 전략에 대한 이야기다. 이 책의 내용의 전체라고 해도 과언이 아닌 '자리'에 대한 이야기를 다시 꺼내는 이유는 그만큼 중요하기 때문이고 창업자의 대부분이 자리의 선택이 성공 창업으로 가는 길의 100%라는 생각을 가지고 있기 때문이다. 더불어 전략에 대한 부분은 구체적인 생각조차 하지 않은 안타까운 현실 때문이다. 오래전 과거에는 자리의 선택이 100%라고 말해도 별로 이상할 것이 없었다. 그 이유는 경쟁이 그만큼 치열하지 않았고 특수한 계층(소위 말하는 시시껄렁한 사람이라는 사회적 이미지)의 놀이 문화에 지나지 않았기 때문이다. 이 의견에 반대하는 전문가도 존재할 것이지만 필자의 생각은 이 부분에 단호하다. 다행인지 불행인지 현재의 당구 문화는 업계의 다양한 홍보 활동과 당구 선수들의 국내외에서의 이미지 개선 활동을 비롯하여 스포츠 TV 중계 등을 통하여 당구에 대한 이미지가 많이 개선 되었다. 개선되었다는 표현보다는 전환되었다는 표현이 현실적이다.

문제는, 이러한 시장의 상황에 대한 당구장 창업자의 창업에 대한 인식의 전환이 반드시 필요함에도 불구하고 대부분의 많은 창업자는 아직도 10년 전, 20년 전의 당구장 창업에 대한 사고와 판단을 한다는 데 그 문제가 있다. 다시 말해서 시대의 상황이 변함에 따라서 고객의 트랜드(이용 이유, 목적, 요구, 수준 등의 상황)도 변화했다는 것을 간과하고 있는 것이다. 그 결과로 최근 2011~2015년 현재, 창업한 당구장들의 무더기 폐업의 결과에 대한 원인을 찾을 수 있다. 이들의 폐업을 단순히 경기 불황과 경쟁 과다로 돌린다는 것은 다소 무리가 있는 주장이다. 이 와중에도 손님이 대기하고 있는 당구장들이 있고, 이들은 나름의 특별한 무기와 전략을 갖추고 장사를 하고 있음을 알아야 한다. 정작 폐업으로 들어선 당구장들의 대부분의 현황(당구장의 형태, 서비스, 점주의 마인드 등)이 유사하다는 것에 집중해 볼 필요가 있다.

결론적으로 시대 상황에 맞지 않는 전략의 수립과 그 수립조차 세우지 않은 창업자의 판단이 폐업을 가속화했으며 전반적인 불황으로 인식하게 했다는 결론에 도달하게 된다. 폐업하는 당구장이 급속히 증가했다는 것은 절대강자 한두 곳에 의해서 일반적인 당구장들의 경쟁력이 사라졌음을 간파해야 한다. 시대 상황을 고려하지 않은 전략의 부재가 결국 원인이라는 것이 필자의 판단이다.

당구장 창업 과정 중의 반은 자리를 찾는 일이다. 당구장의 경우 위치적으로 요식업 또는 기타 판매 중심의 서비스업에[36) 비하여 자리의 유동성이 좋은 편이다. 그러나 요즘 같은 사회 전반의 불경기에는 상권의 핵심에서 벗어난 당구장일 경우 심리적으로 매우 불안정한 요인으로 작용하며 장사에 막대한 영향을 미치게 된다. (이는 상권의 축소로 해석해야 한다. 과거 중심 상권에서의 2열, 3열 상권들까지도 호황을 누릴 때

---

36) 커피 전문점, 아이스크림 전문점, 휴대폰 매장, 펜시·악세서리 전문점 등

초보 창업자의 당구장 자리 찾기 실전 방법론

는 잘되고, 더 잘되고의 차이였지만 현재의 상황은 상권 자체가 축소되어 있다.) 때문에 요즘 같은 때에는 상권의 핵심이 되는 위치에서 가급적이면 벗어나지 않는 것이 중요하며, 그 선택에 있어서 매우 신중한 자세가 필요하다.

좋은 입지를 찾고, 선택했다면 이미 창업의 반은 진행이 된 것이나 다름이 없다. 창업자 스스로 까다로운 입지 조건을 내걸고 많은 시간을 투자하여 입지를 찾고, 분석하고, 결정하는 과정을 거쳤다면 말이다. 어찌되었건 당구장 자리를 선택하고 나면, 그 다음은 일사천리로 개업까지가 진행이 된다. 당구대 납품 업체를 결정하고, 인테리어 업체를 선정하고, 그렇게 당구장의 시설이 마무리가 되고 영업을 시작한다.

여기까지가 일반적인 창업자의 창업 과정이다. 문제는 50%의 창업 과정의 완성이 100%의 성공 준비 과정으로 착각을 하고 있다는 것이다. 점포를 결정하는 과정만큼이나 중요한 것이 그 점포에 적합한 영업 전략을 구상하는 것이고, 그에 적합한 시설 전략과 홍보 전략을 세우는 일일 것이다.[37] (물론, 사업 계획 속에서의 전략에 맞는 점포의 선택이 이루어 졌다면 이야기는 좀 달라진다. 그럼에도 점포 선택의 완료 후에 변경된 사항들에 대한 사업 계획 내의 전략들을 수정 보완해야 함은 필수적이라 할 수 있다.)

자! 여러분은 이제 자리를 찾았다.

반이 진행이 된 것이다. 그런데 나머지 반을 무심결에 포기하고 개업

---

37) p. 24 당구장 자리를 찾는 방법 1), 2), 3), 4) 참조

까지 진행이 된다. 다시 말해서 전략을 세우지 않았다. 입지를 결정했다면 반드시 입지에서의 영업 전략, 시설 전략, 경쟁 전략 등의 계획을 세우고 이에 부합하는 매장을 개설해야 한다. 그러나 안타깝게도 자리를 결정하고는 경쟁자와 다를 바 없는 그냥 똑같은 당구장이 들어서는 것을 많이 본다. '친절하고, 깨끗하고, 서비스 잘하면서 장사를 잘하면 된다'라고들 말하는데, 다들 그렇게 생각하고 그렇게 하고 있다. 결국 구체적인 전략이 없이 주먹구구식 또는 머릿속의 서비스만을 무기로 덤벼들고 있다는 이야기다.

점포를 선택했다는 것은 집터를 구한 것과 같다. 여기에 어떤 모양의 집을 지을 것인가가 즉, '어떤 당구장을 만들 것인가?', '어떤 서비스를 어떻게 할 것인가?'가 성공의 핵심이다. 성공과 실패는 아주 간단한 차이로 발생한다. 그 차이는 준비 과정에서부터의 전략적 접근으로 시작된다. 자리를 구하기 전에 사업 계획을 세웠을 것이다. 그에 적합한 입지를 찾는 것이 반, 그에 적합한 새로운(수정된) 전략을 세우는 것이 반이다. 그것이 바로 성공 창업으로 가는 나머지 반의 과정이다.

전략의 수립은 반드시 문서화할 것을 권장한다. 생각은 잊기 쉽고, 그냥 생각일 뿐이다. 문서화하는 과정에서 좀 더 구체적인 생각들과 실천 방안들에 대한 현실적인 고민과 함께 창업자 스스로의 의지가 생길 것을 확신한다. 결국 사업 계획의 작성은 창업 과정을 비롯하여 개업 이후의 실천에 대한 의지를 갖게 하는 원동력이 될 것이 분명하며 성공 창업의 길로 이끌어 주는 지표가 될 것이다.

필자가 사업 계획의 중요성을 곳곳에서 이야기하는 이유는 너무나 간단합니다. 성공 창업을 위한 바른 길이라 확고히 믿기 때문입니다. 어떠한 일이건 계획과 실행과 결과에 따른 분석이 반드시 필요하며, 머릿속의 생각은 그저 지나가는 생각일 뿐 입니다. 반드시 문서화하여 작성을 해 보길 권장합니다. 아마도 머릿속의 생각과는 다른 결론이 도출될 가능성이 많으며, 그 생각들의 정리 과정에서 또 다른 좋은 아이디어와 계획들이 도출될 것을 확신합니다. 더불어 자신의 계획들을 다시 한 번 명확하게 점검하는 계기가 될 것입니다.

21
부동산은 다 들려라

당구장 자리를 찾는 방법에는

직접 '임대' 현수막을 보는 방법, 부동산에서 소개를 받는 방법, 인터넷을 통하여 찾는 방법 등 여러 가지가 있다. 통상적으로 이러한 여러 가지의 방법이 동시에 이루어지는데, 현실적으로 가장 유력한 방법은 부동산을 통한 소개를 통한 방법이다.

때문에, 우리의 창업자는 부동산의 문에 들어서는 것을 두려워하지 말아야 한다. 문 앞에서 머뭇거릴 필요도 없다. 내가 원하는 점포의 조건(평수, 보증금, 월세 등의 조건)을 명확히 제시하고 알맞은 점포를 찾아 달라고 하면 된다. 방금 들어간 부동산의 옆 건물에도 부동산 사무실이 있을 것이다. 반드시 들어가서 임대 조건을 이야기 하고 찾아 달라고 해야 한다. 부동산들 사이에는 공유하는 물건 정보도 있고, 자신만이 가지고 있는 물건 정보도 있다. 부지런하고 적극적인 부동산의 경우는 인근의 부동산에 모두 연락을 취해서 창업자의 조건에 부합하는 물건 정보를 제공해 주겠지만 이런 부동산 업체를 만나는 경우는 매우 드물다. 그렇다 하더라도 인근의 부동산 업체를 모두 방문하는 것이 창업자의 입장에서는 현명하다.

다만, 부지런한 부동산 업체를 통해 통해서 점포를 추천받는 경우에는 그 수수료와 계약의 번거로움이 있는 것이 당연하다. (중개 수수료를 관여된 부동산 업체가 서로 나누어야 하기 때문에 임대 조건의 조율에서부터 번거로운 일이 생길 수도 있다.)

반드시 상권 내의 모든 부동산을 들려라. 그래야 점포 선택의 폭이 넓어지고, 이런저런 이야기들 속에서 상권에 대한 다양한 정보를 얻을 수 있다.

| 조언 |

부동산을 이용할 경우 다음 장에 제시한 임대 조건 및 창업자의 요구 사항을 A4지에 정리하여 제공하는 것도 좋은 방법입니다. 구두상으로만 내용을 전달하기에는 그 내용이 많을 뿐더러 명확하지 않기 때문에 자칫 헛된 시간을 낭비하는 경우가 많습니다. 소개를 받는 점포의 숫자가 적어지더라도 명확한 제시가 필요합니다. 소개받는 점포가 요구 조건에 100% 만족하지 못하더라도 근접할 것이 분명하며. 사전에 부동산 업체에서 건물주와의 확인과 조율이 이루어질 것이기 때문에 창업자의 입장에서는 매우 좋은 방법입니다.

22

임대 조건을 명확히 설정해라

점포를 찾는 일은 창업 준비의 과정 중에서 가장 힘들고 번거로운 일 중에 하나다. 상황에 따라서는 당구장을 개설하기 힘든 건물들까지도 부동산 업체를 따라다니며 일일이 확인해야 하는 경우가 발생이 된다. 막상 상가를 가보면 기둥이 너무 많다든지, 당구대가 들어갈 수가 없다 든지, 임대료가 터무니없이 비싸든지 등등의 상황에 맥이 빠져 버리기 일쑤다.

때문에, 부동산 업체를 방문할 때는 반드시 '임대 조건'에 대한 명확한 기준을 제시해 주어야 한다. '당구장 할 건데 좋은 자리 추천해 주세요!'라고 말한다면 부동산 업체의 임대 조건에 대한 질문을 받으면서 창업자 스스로의 기준 없는 대답을 해야만 하고, 내가 가진 예산에도 맞지 않는 점포들을 추천받게 될 것이 뻔하다. 단순히 의미 없는 여러 개의 건물을 보게 되는 수고 이외에도 자칫 자리에 무리한 욕심을 내어 계약을 하고는 이후의 자금에 심각한 압박을 받을 수도 있다. 자금 조달에 여유가 있는 경우라면 큰 문제가 없겠지만 그렇지 못할 경우는 장사 자체에 큰 차질이 발생될 수도 있으며 결국은 폐업까지 생각하는 결론에 도달할 수 있다.

조금은 비약적인 가정이다. 그러나 장사라는 것이 '자리'만 가지고 하는 것이 절대 아니다. 구상해 놓은 서비스, 시설 등도 경쟁력 있는 전략적인 구성에 포함에 되어야 한다. 미리 설정된 예산의 범위에서 벗어난다면 애써 마련한 나만의 경쟁력 있는 시설 구성에 큰 차질이 빚어질 수도 있으니 주의해야 하며 사업 계획서에 기초한 합리적인 임대 조건 범위를 설정하고 그에 부합하는 점포를 찾고 선택하길 바란다.

임대 조건의 제시와 확인 사항은 다음과 같다.

[임대 보증금] 투자할 보증금의 최대/최소의 범위와 보증금의 축소 또는 확대 가능한지를 제안해 주면 된다. 보증금의 축소와 확대는 (월)임대료의 가감을 가져오게 되며, 향후 당구장을 매각하는 과정에서 매수자의 중요한 결정 요소가 되므로 적절한 선에서의 결정이 필요하다. 때문에 임대 보증금의 월세로의 부분 전환이 가능한지에 대한 언급이 반드시 필요하며, 이러한 창업자의 의견을 부동산 업체에 제시해 주는 것이 바람직하다.

[임대 평수] 창업자가 원하는 전용 면적의[38] 범위를 제시해 주어야 한다. 제시하지 않을 경우 앞서 이야기 했듯이 보증금의 범위를 터무니없이 벗어나거나 인테리어 공사비에 많은 투자를 해야만 하는 등의 상황으로 인하여 쓸데없는 시간 낭비를 해야 할 경우도 발생하게 된다.

[월 임대료] 월 임대료의 범위와 임대료 조정 가능성의 여부를 제시해 주면 좋다. 제시의 방법으로 월 임대료+관리비+부가세를 포함한 상한선

---

38) 전용 면적: 실재 사용 가능한 매장 내부의 면적

을 제시하는 것도 좋은 방법이 된다. 특히, 건물 관리비는 건물의 크기, 위치 등에 따라서 세대별 전기의 사용, 공용 전기의 사용, 청소 용역, 관리 용역 등에 대하여 각각의 개별적인 기준이 적용되므로 관리비의 산정 기준을 명확히 제공 받는 것이 중요하다.

[전기 용량] 해당 임대공간에 부여할 수 있는 전기의 정격 용량의 한계를 확인하고 당구장에서 사용할 정격 용량을 제시해 주어야 한다. 모자라는 용량의 '증설'에 대한 대책도 함께 논의하는 것이 중요하다.

[주차 문제] 해당 건물 주차 가능 대수와 주변 주차장의 현황을 파악해 두어야 한다.

[건물의 외관] 건물의 외형적인 청결도 또는 방위(출입구의 형태로 풍수를 믿는 창업자에게는 이 또한 매우 중요한 요소이다)를 제시해주어야 하며, 원하는 상태가 아닐 경우에는 간판의 부착 또는 외장 공사 가능 여부에 대한 확인을 해야 한다.

[공사 조건] 인테리어 공사를 하기 위한 건물주의 조건에 해당하는 부분이다. 하면 '안 되는 것'과 해도 '되는 것'에 대한 명확한 이야기가 의논 되어야 한다. 간혹 공사 진행 과정에서 건물주의 제재로 인하여 낭패를 보는 경우가 있다.

[건축물의 용도] 용도 변경 또는 기재 변경을 필요로 하는 경우에 용도 변

경 가능 여부와 함께 비용 부담에 대한 사전 논의가 필요하다.

이러한 사항들은 현실적으로 모두 '돈' 즉, '창업 예산'과 연관되어 있다. 임대 조건에 100% 부합하는 상가를 얻기는 힘들지도 모른다. 그러나 기준이 있다는 것은 그만큼 합리적인 선택을 할 수 있는 발판이 될 것이 분명하며, 창업자도 부동산 업체도 불필요한 시간 낭비와 수고를 덜 수가 있다.

좋은 자리를 찾는 것이 한 순간에 단시간에 이루어지지 않는다는 것을 다시 한 번 명심하고 많은 발품을 파는 노력을 게을리하지 않기를 바란다.

| 지나가는 이야기 |

필자가 이 과정에서 무료로 도움을 줄 수 있는 부분은 알아본 건물에 당구대가 몇 대가 들어갈지에 대한 배치도를 작성해 주는 것뿐입니다. 사업 계획서와 함께 건물의 도면을 들고 방문한다면 구체적인 레이아웃과 함께 당구장의 운영 방법에 관한 이야기를 무료로 해 줄 수 있습니다. 단, 반드시 사업 계획서가 있어야 하며 연구실로 방문을 해주셔야 합니다. 기본 사업 계획서는 필자의 블로그(http://blog.naver.com/kgecho)와 ABBI연구소(abbi.co.kr)를 통하여 배포하고 있으니 언제든지 참고하시면 됩니다. 저를 현장으로 부르시면 돈이 듭니다. 그러니 편할 때 여유로운 마음으로 오셔서 차 한 잔 하고 가시는 것도 좋습니다.

23

재료상에 자리가 어떠냐고 묻지 마라!

초보 창업자는 창업의 과정에서 믿고 의견을 나눌 곳이 드물다. 주변의 지인들에게 조언을 구하는 것도 사실상 전문성에 대한 의구심 때문에 창업자 스스로가 신뢰하기 어려워지곤 한다. 즉, 그들의 의견에 대한 확신이 서지 않게 된다. 그렇다고 인터넷을 뒤져봐도 실력 있는 검증된 당구장 창업 전문가를 찾기란 사실상 찾기가 어려운 현실이다. NAVER 지식인서비스의 도움을 받는 것 또한 앞서 이야기한 신뢰도에 대한 의구심만 키울 뿐이란 것을 얼마 지나지 않아서 알게 된다. 그렇다고 일반 창업 컨설턴트를[39] 만나서 자문을 구해 본들 뚜렷한 해답이 없는 것도 사실이다. 다만, 일반 창업 컨설턴트들의 경우는 그나마 인터넷에 떠도는 이야기나 검증되지 않은 비전문가의 경우보다는 조금 낫다. 왜냐하면 전 업종에 걸친 종합적이면서도 통계적인 이야기를 창업자에게 해 줄 수 있기 때문에 그 오류의 범위가 많이 줄어드는 것이 사실이지만, 그들 역시 당구장이라는 특수한 업종에 대한 영업적인 기반이 없기 때문에 100% 신뢰하기란 어렵다.

창업자가 자신이 보아 둔 자리에 누군가를 데려가고 의견을 묻는 이유는 '나' 아닌 제3자의 동조된 의견을 듣고, 자신이 보아 둔 당구장 자리

---

39) 커피 전문점, pc방, 음식점 등을 전문으로 하는 컨설턴트와 이들 전체의 매매를 중심으로 한 창업 컨설팅 업체를 통칭하여 이야기 하며, 일부의 부동산 업체도 포함되는 개념임.

초보 창업자의 당구장 자리 찾기 실전 방법론

에 대한 확신을 얻기 위함이 가장 크다.

그래서 간혹, 당구 재료상에 방문하여 자신이 보아 둔 당구장 자리에 대한 '어떠한' 의견을 묻기도 한다.

창업자

"이 자리 어때요? 장사가 잘 될까요?"

재료상

"네 열심히 하면 잘 될 것 같습니다"

재료상의 입장에서는 너무나 뻔한 대답이다. 그곳에 가 본 적도 없고 책임질 의견을 주어야 할 의무도 없다. 지역에 대하여 잘 아는 재료상의 경우는 나름의 의견을 주기도 하지만 무언가 정확한 이야기를 해주는 경우는 드물다.

'열심히 하면 잘 될 것 같다'는 말로 위로와 확신이 생긴다면 그렇게 해라. 그러나 그 의견을 100% 신뢰하는 창업자는 없을 것이라 믿는다. 당구 재료상은 어디까지나 당구 용품을 파는 상점일 뿐이다. 자리의 좋고 나쁨에 대하여 당구 재료상에서 말을 하지 못한다고(안는다고) 그들을 나무랄 일이 절대 아니다. 당구 용품을 판매하는 재료상은 당구 용품의 좋고, 나쁨 그리고 사용법, 관리법 등에 대하여서는 누구보다 경험적인 노하우가 쌓여 있는 전문가임에 틀림이 없다. 그들에게 '자리가 어떤가요?'라고 묻는 사람이 이상한 사람인 것이다.

재료상에는,

"이 당구대 어때요? 쵸크는 뭐가 좋아요?"

등의 것들을 질문하는 것이 맞다. 이 질문에는 아마도 자신이 갖고 있는 노하우와 경험 그리고 기존 사장님들의 경험을 모두 합하여 입에 침이 마르도록 자세한 설명해 줄 것이다.

| 조언 |

간혹 당구 용품을 오래 취급한 사장님들 중에서는 점포를 판단하는 뛰어난 안목이 있는 분들이 있습니다. 이런 분들에게 의견을 묻는 것은 좋다고 생각합니다. 다만, 적절한 출장비와 수고비를 지불하고 의견을 받는 것이 서로가 떳떳하고 명쾌한 답을 얻는 방법이라 하겠습니다. '당구대 사 주고 인테리어까지 맡길 건데 그 정도도 못해 주나요?'라고 이야기하는 창업자가 있다면, 그분을 통한 가치 있는 답변은 포기하는 것이 좋습니다. 창업자가 발주하는 당구대와 인테리어에 대한 부분은 어디까지나 별개의 부가가치일 뿐입니다. 그렇다고 다른 곳에서 견적을 안 받아볼 것도 아니지 않습니까! 세상일이 모두 그렇듯이 비용의 지불 없이 무언가 책임 있는 결과물은 없습니다.

초보 창업자의 당구장 자리 찾기 실전 방법론

24

예산 설계는 꼼꼼하게 꼭!

어떤 업종의 사업이건 '예산 설계'는 필수적이다. 즉, 어디에 얼마큼의 자금을 어떠한 형태로 사용할 것이며, 자금의 조달은 어떠한 방법으로 할 것인지에 대한 구체적인 계획이 반드시 필요하게 된다. 우리가 당구장 창업 이전의 어느 한 분야에 전문가로 있을 당시에는 아마도 그 분야에서의 사활을 건 신규 사업을 추진함에 있어서 아주 구체적이고 상세한 예산을 설계하고 사업에 적합한 예산 조달의 방안을 다양한 방법으로 충분히 강구했을 것이 분명하다. 더불어 예산의 집행에 있어서도 예측 가능한 다양한 변수에 대한 가정과 함께 그 상황에 따른 합리적인 집행을 위한 방법론까지도 사업의 성공적인 목표 수행을 위한 중요한 수단으로 강구되었을 것이 분명하다.

그러나 당구장 창업을 눈앞에 둔 창업자의 현실은?

대략 '인테리어에 얼마', '보증금에 얼마', '당구대에 얼마' 이런 방식의 주먹구구식 생각으로 간략하게 접근하는 것이 일반적이다. 필자가 많은 예비 창업자를 상대로 상담을 하면서 예비 창업자의 그러한 이유에 대하여 피부로 느낀 것은 '당구장'이라는 아이템 속에 이미 그들의 머릿속에는 간단한, 대충해도 될 것 같은 등의 가벼운 생각이 머릿속에 박혀 있는 듯 했다. 다시 말해서 내가 전에 하던 일에 비하여 간단해 보이고, 쉬워 보이고, 별것 아닌 듯하게 보이는 그런 심리 상태가 작용하는 것 같다.

'왠지 그래도 될 것 같은', '왠지 그래도 쉽게 성공할 것 같은' 당구장이라는 사업 아이템은 그렇게 창업자의 머릿속에 쉽게 박혀 있는 듯했다.

당구장 창업을 통하여 안정적인 성공을 원한다면 이제는 그러한 생각을 버려야 한다. '당구장'이라는 생각은 잠시 버리고 '창업'이라는 큰 생각을 해야 한다. 또는 내가 몸담던 전문 분야에서의 신규 사업 진출을 위한 기획(안)을 누군가에게 제출한다는 마음도 좋다.

일반적인 이야기이긴 하지만, 창업 과정에서는 자의적, 타의적으로 많은 변수가 발생되며 창업자의 머릿속 생각처럼 모든 과정에서의 자금 흐름이 원활히 움직여지질 않는다. 그러한 결과로 자칫 대금 지불에 난항을 겪기도 하며, 초기 운영을 위한 예비비가 '0원'이 되어 낭패를 보는 수도 있으며, 결과적으로 창업 과정 전반에 걸쳐 발생되는 변수와 오류는 실패한 창업의 결과로 맞닥뜨리게 된다.

최소한 창업자가 이러한 우를 범하지 않기 위해서는 자신이 운영하고자 하는 당구장의 형태에 따른 사업 계획이 명확하게 준비되어야만이 정확한 예산을 설계를 할 수가 있다. 즉, 상권과 고객의 형태에 따른 합리적인 시설 방안, 운영 방안, 홍보 방안 등이 세워져 있어야만이 그에 따른 적합한 예산이 서게 된다. 2014년 모든 것이 변화했고 변화하는 당구장 산업의 현실에서 20년 전, 천편일률적인 당구장 형태의 창업은 성공을 운에 맡기고 1억을 길에 버리는 행위일지도 모른다는 것을 다시 한 번 명심해야만 한다. 명확한 목표와 전략이 없는 창업은 잠시의 행운이 있을 순 있어도 장기적인 성공의 행운을 가져다 주지는 못한다는 것을 인지해야 한다.

현재 전국에 당구장이 약 1만2천여 개가 영업 중에 있다. 이들 당구장이 상권과 고객층의 분류에 무관하게 하드웨어적, 소프트웨어적 상황이 대부분 비슷하다는 것은 아마도 20년 전의 모델이 그대로 적용된 이유가 아닐까? 하는 심각한 생각을 해 보아야 한다. 또한 이러한 형태의 당구장 창업이 지금 우리의 당구 현실에 맞는 최적의 창업 방향이었을까? 에 대한 고민을 해 보아야 한다. 분명한 것은 이러한 생각을 하고 적절한 대책과 함께 전략적 창업을 선도한 소수의 창업자 누군가는 2012, 2013, 2014 그리고 지금의 불경기에도 꿋꿋하게 지역의 1등 당구장으로 성업을 하고 있다는 것을 의미 있게 생각해야 한다.

잠시, '점포 개발을 위한 내용의 책에 왠 뜬금없는 사업 계획서 이야기지?'라는 독자가 있을 것을 예상한다. 필자가 지속적으로 사업 계획서에 대한 이야기를 언급하는 이유는, 좋은 당구장 자리를 찾는(개발하는) 과정과 전혀 무관하지 않기 때문이란 것을 이해해 주기 바란다. 점포 개발의 실제에서는 계획에 없던(자금에 무리가 있는, 영업 전략과 맞지 않는) 점포에 현혹되어 덜컥 계약을 하고는 낭패를 보는 경우를 많이 보아 왔다. 만약 사업 계획이 잘 준비되어 있었다면 창업자의 눈에 순간에 현혹되는 점포가 있다 하더라도 다시 한 번 사업 계획과의 면밀한 비교 검토를 통하여 신중한 선택 과정을 갖게 될 것이며, 선택되었다면 그에 따른 모든 사업 계획을 수정/보완하게 될 것이기 때문에 이 또한 유효한 사업 계획이 되었을 것이 분명하다. 그러한 이유로 필자는 이 책에서 사업 계획서의 중요성에 대하여 틈틈이 언급하고 있는 것이다.

---

40) 하드웨어적 상황이란? 당구장의 구조와 인테리어의 형태를 의미하며, 소프트웨어적 상황이란? 당구장을 운영하는 방법 또는 장사의 방법을 의미한다. 현재 운영되고 있는 당구장의 형태가 당구 재료상을 통한 일괄적인 일반적인 창업이 많았기에 그 형태와 구조와 운영이 비슷하게 적용되었다.

"실장님! 당구대 10대 들어갑니다. 실 평수 70평 규모의 당구대와 인테리어 견적을 주세요!"

"네! 당구장 창업에 필요한 다른 것들과 함께 견적서와 예산 설계서를 보내 드릴께요"

필자에게 견적을 요청한 창업자와의 대화의 일부 내용이다. 필자의 경우 컵, 에어컨, 간판, 홍보물 등의 당구장 창업에 필요한 전체적인 부분의 예산을[41] 함께 보내 주는 경우가 많다. 그 이유는 대부분의 창업자가 당구대와 인테리어 비용만을 창업 비용으로 생각하고 있기 때문에 '이런 부분에 당신의 돈이 더 들어갈 것이니 알고는 있어야 한다'라는 무언의 의미가 있다. 필자의 입장에서 다행인지 불행인지 이런 서류를 받아 본 창업자의 대부분은 더 이상 필자에게 창업에 관하여 무언가를 질문하거나 컨설팅을 의뢰하겠다는 등의 연락이 오지를 않는다. 아마도 예상치 못한 소요 비용에 당황했을 수도 있고, 그것을 타 업체보다 현저히 높은 비용이 소요되는 견적서로 오해했을 수도 있다.

어찌되었건, 필자는 나의 역할을 했다는 것으로 만족하며, 제공된 예산 설계서로 인하여 당구장 창업에 대하여 다시 한 번 꼼꼼하게 점검해 보는 시간이 되었기를 바란다.

---

41) 필자는 통상적으로 당구장 창업의 과정에서 소요되는 모든 비용을 4~5page 분량으로 견적서와 함께 제공을 했다. 간혹 구체적인 사업 계획을 설명하고 연구실에 찾아와 의논한 창업자에게는 보다 구체적인 의논과 함께 예상되는 소요 비용 전체에 대한 예산 설계서를 제공해 왔다.

다시 본론으로 돌아와서, 당구장 창업의 과정에서는 창업 유형에 따른 두 가지 경우의 창업 예산 설계가 필요하다. 하나는 신규 창업, 또 하나는 인수 창업의 예산 설계이다. 특히, 인수 창업의 경우는 신규 창업과 다른 세세한 부분에서의 인수 예산 설계가 필요하다.

신규 창업의 경우는, 당구장 창업에 점검해야 할 표준화된 예시 항목만[42] 있어도 비교적 원활한 기초 예산 설계를 진행할 수 있다. 여기에 영업 목표와 영업 방향에 따른 시설물의 구성, 인력 구성 등의 구체적인 계획을 반영한 예산 설계를 하면 큰 무리가 없이 진행이 된다.

그러나 인수 창업의 경우는 조금 다른 접근이 필요하다.

초보 창업자(당구장 운영 경험이 없는)가 당구장을 인수할 경우에는 '당구장을 사면, 나는 들어가서 장사만 하면 된다'라는 생각을 하는 것이 일반적인 생각이기에 여기에서부터 많은 오류가 발생이 된다. 물론 기존의 시설과 시스템이 잘되어 있는 경우에는 몸만 들어가서 장사만 하면 되는 경우도 있지만, 대부분의 경우는 노후된 시설의 보수와 함께 새로운 주인의 장사 패턴에[43] 알맞은 부분적인 보수와 시설의 변경이 불가피하다. 창업자는 인수 단계에서부터 시설물의 보수와 영업 패턴의 변화에 따른 적절한 예산을 편성하고 인수를 결정해야만 인수 후의 원활한 영업을 진행할 수가 있다. 분명히 초보 창업자의 경우는 내 마음에 드는 이 당구장을 인수 후에 어디에? 얼마가? 더 자금이 들어갈지에 대하여

---

42) 중소기업청, 소상공인지원센터, 벤처기업지원센터 등에서 제공되는 사업 계획서상의 예산의 설계 및 자금 조달계획 항목에서의 표준화된 예시.

43) 당구장을 인수하려는 사람의 심리가 기본적으로 '안정적인 매출'에 기반을 두고 있기에 현 상태의 '장사의 방법'을 고수하려는 경향이 있다. 그러나 현 매장의 장사의 방법이 '내가 할 수 있는 영업 방법'인가에 대한 고민을 해 보아야 할 것이다. 필자의 생각으로는 인수 창업의 가장 큰 매력은 '선점된 좋은 자리'를 사는 것으로 본다. 또는 '가능성 있는 좋은 자리'를 사는 것으로 본다.

가늠이 서지 않을 것이며, 어쩌면 그 생각조차 하지 못할 것이 분명하다. [표24-1]은 당구장 인수 창업 과정에서 매장 내의 시설에 대하여 꼭 점검해야 할 기본적인 항목들에 대한 예시다. 참고하여 사용하길 바라며 여기에 내가 운영하고자 목표하는 당구장의 하드웨어와 소프트웨어적 계획을 첨가하여 인수 예산을 세운다면 더 좋을 것이다.

추가로, 신규 창업과 인수 창업을 막론하고 예산 설계의 과정에서 '홍보비'를 예산에 책정하지 않는 경우가 많은데 이 또한 창업 예산으로 편성하여 홍보 활동에 지장을 주는 일이 없도록 해야 할 것이다. 예산 설계는 당구장이 안정기에 접어들기까지의 일련의 과정을 염두 한 소요 비용을 창업 예산으로 설계해야 한다.

만약 당신이 20년 전의 고전적인 그리고 현재 보편적인 당구장 형태의 창업을 생각한다면 보증금/인테리어/당구대 비용만으로 예산을 책정하고 가까운 당구 재료상에 견적을 여러 개 받으면 최소의 비용으로 또는 보유하고 있는 자금의 규모에 맞추어서 간단하게 당구장 창업을 할 수가 있다. 그러나 지금은 2015년이다. 모든 것이 변했고, 영업 환경이 빠르게 급변하고 있다. 당구장 창업도 이제 구태의연한 생각과 방식에서 벗어나야 함을 다시 한 번 강조한다.

[표 24-1] 신규창업 예산설계서 예시

품목		수량	예산	비고
임대관련	보증금	1	30,000,000	
	부동산 수수료	1	2,070,000	보증금 3000만원, 임대료 200만원을 가정 / 0.9%
	전기증설	1	–	건물주와 협의사항
	소방시설	1	–	건물주와 협의사항
내부시설	실내 기본 인테리어	1식	30,000,000~ 35,000,000	약 80평 매장의 중급의 인테리어를 가정
	당구대 및 당구 재료	1식	30,000,000~ 35,000,000	일반중대 9대~10대 기준으로 적용 (당구대의 종류에 따라 차이 있음)
	냉난방기기(40평형)	2ea	5,000,000~ 6,000,000	천장형 40평대 2대 설치시 (제조사/판매처 마다 차이 있음)
	냉난방기기 설치비	2ea	1,000,000~ 2,000,000	기본 설치비 외 배관 추가로 인한 추가설치비
	환기시설	1식	4,000,000~ 5,000,000	함석관을 이용한 급배기 시설 3line 기준
	디스플레이	1식	500,000~ 1,000,000	실내를 꾸미기 위한 각종 소품
가구류	휴게실용 테이블	2	100,000~ 200,000	개당 약 5~10만원 소요
	휴게실용 소파	2	400,000~ 600,000	개당 약 20~30만원 소요
	휴게실용 의자	6	300,000~ 600,000	개당 약 5~10만원 소요
	당구대 비치용 테이블	10	1,000,000~ 1,500,000	개당 약 10~15만원 소요
	당구대 비치용 의자	40	2,000,000~ 4,000,000	개당 약 5~10만원 소요
외부시설	돌출간판	1식	1,200,000	5m2기준으로 산정
	전면간판	1식	1,200,000	10m2기준으로 산정
	X베너	2ea	120,000	개당 약 6만원 소요
	에어간판	1ea	400,000	개당 약 40~50만원 소요
	창문LED광고물	1식	1,000,000	개당 약 10만원의 제작/설치비 소요
	기타 부착물	1식	500,000~ 1,000,000	출입구 실사출력 및 창문 선팅 등

	품목	수량	가격	비고
비품	음료용 냉장고	1ea	350,000~ 500,000	음료수, 물 등의 비치
	고객용 PC	1ea	600,000	고객휴게실 비치용
	카운터 비치 용 PC	1ea	600,000	카운터 비치용
	TV	1ea	1,500,000~ 2,000,000	
	정수기	1ea	렌탈	
	정수기(물통형)	1ea	렌탈	고객의 자유이용이 가능한 셀프빠 비치용
	인터넷&유선방송	1ea	렌탈	
	오디오장비	1ea	500,000~ 1,000,000	
	분리수거용 쓰 레기통	3ea	150,000	
	커피자판기	1ea	350,000~ 500,000	
	머그컵	50ea	200,000	
	유리컵	50ea	200,000	
	서빙용 쟁반	15ea	200,000	
	주방용품	1식	100,000	세제, 설거지 렉 등 주방 용품
홍보용품	제공용 라이타	2000ea	500,000~ 600,000	
	배포용 전단지	1식	400,000~ 500,000	홍보용 전단지 (개업 초기 배포용)
	배포용 쿠폰	1식	400,000~ 500,000	할인쿠폰 (홍보용)
총계		116,000,000~135,000,000		

* 상기의 품목 및 가격은 일반적인 기준으로 실제 견적 및 구입시의 가격은 업체마다 다를 수
있습니다.
* 상기의 예산은 일반적인 기준에서의 창업시 필요한 필수 구성품 입니다.
창업자의 운영방안에 따라서 추가 또는 삭제하여 활용하시기 바랍니다.

[표 24-2] 인수 창업시 점검 내용

1. 인수 후, 임대조건					
임대보증금	월임대료	부가세	관리비	임대면적	전용면적
40,000,000	1,800,000	180,000	–	150평	90평

임대 특이사항

- 인수 후의 임대 조건에 대한 건물주와의 협의가 1차적으로 끝난 상태로, 재 계약시 협의 가능함.
- 6개월 후, 관리비 조정이 있을 것으로 예상됨 (현 점주의 정보제공)

2. 매출 및 지출 (조사기간 평균)					
매출내역			지출내역		
	항목	금액		항목	금액
1	일반 게임비	12,000,000	1	임대료	1,800,000
2	동호회 주말모임	400,000	2	부가세	300,000
3	유료음료	50,000	3	관리비	300,000
4			4	전기요금	750,000
5			5	인건비(매니져)	1,500,000
6			6	인건비(알바 1)	800,000
			7	인건비(알바 2)	–
			8	음료구입	700,000
예상 손익분석			9	간식류	200,000
			10	기타잡비	500,000
투자비 항목		투자비용	11	직원식대	100,000
임대보증금		40,000,000	12	정수기렌탈료	34,000
권리금		40,000,000	13	유선TV	35,000
매장수리 및 리모델링		8,000,000	14	인테넷요금	15,000
당구대 수리		1,200,000	15	전화요금	12,000
비품추가		1,000,000	16	수도세	9,000
투자비합계		90,200,000	17		
*예산설계서 참조			18		
월순수익		5,395,000		합계	7,055,000
ROA		13.80%			

3. 당구대관련 기본시설물 현황의 확인

구분	제조사	모델	수량	옵션		
				hitting	astro	astro-p
일반중대	허리우드	골드프러스	4	10	5	5
	민테이블	클럽	4	2	2	
	빌텍	비바체	1	1	1	
국제식중대			0			
			0			
국제식대대	허리우드	프로암v	1			
	가브리엘	크로노스	1			
포켓			0			
			0			
*특이사항	당구대 천갈이 필요함					

구분	종류	수량	상태			비고
			양호	수리	교환	
큣대	한발큐	100	o			
	상대				o	상대 50개 신품교체
큐장	웨스턴골드 시스템		o			
당구공	3구공		o			5개 추가요망
	4구공		o			
	6구공		o			
	포켓공		o			
청소기					o	신품으로 교체요망
기타						
*특이사항	전반적으로 양호함, 3구공의 추가가 필요함					

4. 내/외부 시설물 현황

구분	시설물	check	수량	특이사항
냉난방시설	천장형 냉/난방	☐		
	천장형 냉방전용	☐		
	천장형 온방전용	☐		
	스텐트형 냉/난방	☐	2	
	스텐트형 냉방전용	☐		
	스텐드형 난방전용	☐	1	
		☐		

초보 창업자의 당구장 자리 찾기 실전 방법론

공조시설	덕트시설(함석관)	☐		
	일반환풍기(천장)	☐	20	
	일반환풍기(벽부)	☐	2	
	기타	☐		
바닥재	카펫트	☐		
	데코타일	☐	O	대대공간 카펫트로 변경 필요함
	카펫트+데코타일	☐		
	기타	☐		
화장실	공용사용	☐		
	소변기	☐	O	청결을 위한 개선이 필요함
	대변기	☐		
	남/여 화장실	☐	O	청결을 위한 개선이 필요함
당구대조명	일반 형광등	☐		
	LED 형광등	☐		
	매입등	☐		
등박스	기성품등박스	☐		
	제작 등박스	☐	O	LED 등기구로 교체 필요함
	없음	☐		
주차시설	건물주차장	☐	O	10대 까지 가능
	외부주차장	☐		
	없음	☐		
편의시설	내실	☐	O	청결을 위한 개선이 필요함
	고객전용휴게실	☐	O	소파의 교체 필요함
	고객전용 흡연실	☐		
	고객전용PC	☐	O	시스템 정비 필요함
	창고	☐	O	
외부시설	전면간판	☐	O	교체 필요함
	돌출간판	☐	O	교체 필요함
	창문선팅	☐	O	교체 필요함
	계단 유도간판	☐		추가 필요함
	외부 유도간판	☐		추가 필요함
		☐		

5. 비품/집기류 현황			
품목	check	수량	특이사항
커피자판기	☐	2	
일반냉장고	☐	1	
얼음냉장고	☐	1	
음료용디스펜서	☐	0	
음료용믹서기	☐	0	
캔음료자판기	☐	1	
커피머신	☐	1	
식기세척기	☐	0	
컵건조기	☐	1	
적립카드시스템	☐	1	
카드단말기	☐	1	
공기청정기	☐	4	
개인큐보관함/사물함	☐	20	
고객전용pc	☐	1	
PDP/LCD TV	☐	1	
오디오시스템	☐	1	
안마의자	☐	0	
빔프로젝터	☐	0	

─┤ 지나가는 이야기 ├─

우리가 직장에 근무를 할 때는 어떠한 일의 시행에 앞서서 사업 계획을 세우거나 기안 문서를 작성하는 행위가 너무나 당연한 이야기였는데요. 우리는 이상하게 제대 후 조금은 귀찮고 불필요하다 느끼는 예비군 훈련을 가는 마음으로 당구장 창업을 준비하는 것 같습니다. 당구대구입 비용, 인테리어 비용, 임대 보증금은 엄밀하게 따져서 '시설 투자비 항목'으로만 보아야 하는 것이 맞는 것이고 그렇게 회사에서도 일을 해 왔는데 말입니다. '예산'이란 것은 초기의 시설 투자와 함께 시장 진입 초기에 소요되는 비용의 전체를 의미하는 것인데 말이죠.

초보 창업자의 당구장 자리 찾기 실전 방법론

25

절대정화구역 '해지' 생각보다 어렵다

인터넷을 뒤지다 보면 '정화구역해지'에 대한 이야기가 가끔 나온다. 해지 신청을 하고 행정 소송을 하고, 결국 오랜 시간이 지나서 행정 판결을 받고 당구장 창업을 위한 정화구역 해지에 성공했다는 내용이다. 이 과정을 묵묵히 진행하고 창업을 한 창업자에게 축하를 하는 것은 당연할 것이다. 그러나 그 과정의 어려움과 마음고생을 생각해야 한다. 절대 정화구역은 쉽게 말해서 청소년 유해 시설에 대한 최소한의 접근 제한에 대한 법적 조치인 것이다.

왜? 굳이 여기에 당구장을 하려고 하는가?

몇 개월의 시간을 투자해야 하고, 될지 안 될지도 모르는 기다림과 소송에 대한 스트레스까지 받아가면서 꼭 그래야만 하는 가치가 있는 것일까? 한 번쯤 생각해야 할 필요가 있다.

반면 상대정화구역의 경우에는 간단한 절차만으로 해지의 결과를 알 수가 있다. 상대정화구역의 경우에는 행정 구역의 편의상 상업 지구에도 심의를 받아야 하는 경우가 있는데, 이런 경우에는 특별한 사유가 없는 한 정화구역이 해지가 가능하다. 그러나 학교 통행로 또는 심의위원회의 학생들을 위한 특별한 관리 지역의 경우에는 해지불가 판정이 나올 수도 있다. 이런 경우에는 깔끔하게 포기해라. 소송 과정과 긴 기다림의 시간은 아주 어려운 과정이며 스트레스다. 일련의 소송 과정에서의 스트레스를 생각하지 않더라도 아직까지 당구장은 중고등 학생을 둔 부모의 입장에서는 유해 시설의 이미지가 큰 것이 사실이고 현실이다.

| 필자의 개인의견 |

필자의 생각은 그렇습니다. 절대정화구역에는 당구장을 개설하지 말자는 것이 지론입니다. 스포츠로서의 위상이 대단한 지금, 아이들 문제를 이야기하는 고리타분한 사람이라고 말씀하시는 분들도 있을 수 있습니다. 그 의견에 반대 하는 것은 아닙니다. 문제는 절대정화구역 이외에도 유흥가에 가면 중고등학생들이 다니는 당구장이 많이 있습니다. 이 아이들의 놀이 형태를 한 번 보신다면 20년 전 우리의 모습과 별반 다르지 않음을 알 수 있을 것입니다. 그럼에도 굳이 학교 앞에까지 아이들을 대상으로 한 당구장을 개설할 필요까지는 없다는 것이 필자의 생각입니다. 필자의 생각에 반대하는 분들의 입장도 충분히 이해하고 백 보 양보한다 해도 반대입니다. 개설을 위한 해지 과정에서의 스트레스는 상상을 초월합니다. 그 시간에 다른 좋은 점포를 알아보고 차라리 한숨 푹~자는 것이 현실적으로 좋다는 생각입니다.

초보 창업자의 당구장 자리 찾기 실전 방법론

26
자리보다 중요한 것은 경쟁자다

┃

당구장 자리가 좋다는 것 즉, '목'이 좋다는 것은 매우 중요한 강한 경쟁력임에 틀림이 없다. 그러나 그 자리에서의 경쟁 전략이 없다면 아무런 소용이 없다. 목이 좋다는 것 하나만으로 1등을 할 수 있을까? '목이 좋으니 최소한 이 자리에서 2등은 할 수 있을 것이고, 나눠 먹기는 할 수 있겠다'라는 생각을 하고 있는가? 그렇다면 지금 당신은 1년 내에 고사되기 딱 좋은 상황에 처해 있는 것이다.

자리를 보았다면 경쟁자들의 면면을 살펴야 한다.

그들의 장사 방법, 시설 수준, 영업 패턴, 점주의 성향 등에 대한 모든 것을 관찰하고 분석해야 한다. 그리고 그들과의 경쟁 전략을 세워야 한다. 이 과정에서 버릴 것과 취할 것이 명확해질 것인데, 경쟁자들에 대한 근거 없는 자신감도 패배감도 경계해야 한다. 내 당구장에 비해서 작다고 무시해서도 안 되며, 크다고 무조건 무서워할 필요도 없으며, 운영자가 당구 선수라고[44]해서 막연한 두려움을 가질 필요도 없다. 어떠한 형태의 당구장이건 그 장점과 단점이 존재하고 강점과 약점이 존재하게 된다. 우리의 창업자가 해야 할 일은 그것들을 명확하게 조사하고 분석하는 일이 되어야 한다. 그리고 조사/분석된 자료들을 활용하여 내 당구장

---

44) 대한당구연맹소속의 당구 선수. 흔히 이들이 운영하는 당구장의 입간판에는 '프로 당구 선수 직영'이라는 현수막이 붙곤 한다.

과의 경쟁 전략을 세우고 실천하면 된다.

때로는 자리가 아무리 좋아도 그들을 이길 수 있는 경쟁 전략이 없다면 과감히 포기해야만 한다. 자리를 맹신하고 스스로를 과대평가하지 말 것을 당부한다. 지금 당신의 경쟁자는 신규로 개설될 당구장으로의 고객 이탈을 막기 위한 치밀한 계획을 세우고 있을 것이 분명하다. 스스로 강하지 않고, 그들의 틈이 없다면 그 자리를 포기해라.

| 조언 |

경쟁 업체의 상황을 파악하는 것은 정말 중요합니다. 일종의 SWOT분석(Strength, Weakness, Opportunity, Threat)과 4P(Product, Price, Place, Promotion) 전략의 수립이라고 설명하면 더 이해가 빠를지도 쉬울지도 모르겠습니다. 중소 회사에서도 거의 모든 투자와 사업에 이러한 전략들을 밤을 새워 가며 머리를 싸매고 결과를 도출합니다. 그 결과가 반드시 성공으로 이끌어 주는 결과를 가져오진 않지만 사업에의 방향성 제시와 기틀을 제공함은 물론이거니와 사업에 대한 믿음과 신념을 심어 주기도 합니다. 이는 결국 사업 진행 당사자의 적극적인 추진력과 난관에 대한 적극적인 극복 의지의 문제이기도 합니다.

초보 창업자의 당구장 자리 찾기 실전 방법론

27
넓은 진·출입구를 확보해라!

1층 매장의 가장 좋은 점은 '잘 보이고, 들어가기 쉽다'는 점 이다. 그러나 당구장 하면서 1층 매장은 건물주가 아니고서는 엄두를 내지 못하는 것이 현실이다. 물론, 간혹 1층에 당구장이 있는 경우가 있지만 매우 특이한 경우이니 생각에서 배제하자. 보통의 창업자에겐 목성에서 물 찾기만큼 어려운 이야기다. 그러나 최대한 당구장으로 진입하는 넓은 출입구가 확보된 매장을 찾는다면 1층 매장과 유사한 효과를 충분히 누릴 수 있다.

잠시 일반론적인 이야기를 해 보자.

당구장 자리의 선택 기준에서 '목'만큼이나 중요한 것이 '출입의 편의성'과 '눈에 잘 보이는 것'이다. 즉, 당구장이 사람들의 동선에서 잘 보여야 하고, 보았다면 당구장으로 진입하기에 편해야 한다는 의미가 된다. 극단적인 예를 들어 먹자골목 8차선 맞은편 대로변에 당구장이 있다고 가정해 보자. 분명히 잘 보일 것이나 맞은편의 먹자골목에서 이 당구장까지 진입하기 위해서는 저 멀리에 있는 신호등을 건너서 당구장이 있는 건물로 진입하게 된다면, 이는 잘 보이기는 하지만 진입성에 즉, 이용 과정에 큰 문제가 있는 자리가 된다. 또 하나의 예로 먹자골목의 중심에 위치해 있는 당구장의 건물에서 출입구가 먹자골목의 주(主) 도로의 방향이 아닌 건물 측면에 있다거나, 너무 좁다거나, 1층 상가에 가려서 보이지 않는 경우가 있다면 이 또한 진입성에 막대한 문제가 있는 경우에 해당한다. 또한 건물에 진입하여 당구장 정문까지 도달하기 위한 복도가 혼돈스럽거나, 엘리베이터의 위치를 찾기 어렵다거나 하는 상황도 진입성에 문제가 있는 경우에 해당한다. 다시 말해서, 진입성과 가시성은 상권의 외부에서부터 당구장이 있는 건물의 내부와 당구장 문 앞까지의 진입과정 전체를 의미하며, 이 과정이 고객의 입장에서 무리 없이 원활해야 장사에 유리하다는 뜻이다.

넓은 진·출입구를 확보 한다는 것은, 사람들의 눈에 잘 보이고 당구장을 이용하는 실제의 고객이 당구장을 드나들기에 편한 출입구의 구조를 가진 당구장 자리를 의미한다.

창업 현장에서는 사실상 가시성에 문제가 있다고 하더라도 치명적인 결점이 아닌 이상에는 익스테리어(exteriorr)[45]와 간판(sign)의 적절한 활용을 통하여 가시성의 단점을 극복하고 당구장을 잘 보이게 할 수 있는 다양한 방법이 있다. 그러나 '출입의 편의성' 건물자체의 변경될 수 없는 구조적인 부분과 연관되어 있기에 해결이 불가능한 경우가 많다. 때문에 당구장 자리의 목이 아무리 좋아도 신중한 판단을 해야 한다. 특히 건물 뒤로 돌아가는 출입구와 좁은 현관, 식별이 어려운 출입구의 형태는 장사에 있어서 매우 치명적이다. 그러한 의미에서 출입이 편하고

---

45) 익스테리어(Exterior)란, 건물의 외벽 및 현관, 창문, 간판, 벤치, 폴딩도어, 데크 등 직접 길에서 보여지는 건물의 외관에 대한 실외 장식을 말한다. 창업 현장에서 간혹 익스테리어와 간판(sign)을 동일시 생각하는 경우가 있는데, 간판(sign)은 상점·회사·영업소·기관 등에서 그 이름, 판매 상품, 영업 종목 등을 써서 사람 눈에 잘 띄도록 걸거나 붙이는 표지를 의미한다. 때문에 간판은 익스테리어의 한 부분으로 간주되어야 하며, 당구장 익스테리어는 보다 넓은 범위로의 .적용이 필요하다.

잘 보이는 넓은 출입구의 확보는 점포 선택 과정에서 매우 중요한 의미를 갖는다.

당구장으로의 입장과 퇴장을 위한 모든 출입구는 넓을수록 좋다. 당구장의 경우, 지하 또는 건물의 상층부로 이동을 해야 하는 여건을 고려한다면 건물의 입구와 당구장 입구까지의 형태가 매장의 이미지를 결정하는 중요한 요소가 되기도 한다.

건물의 몇 가지 유형에 따라서 개별적인 설명을 하면,

중소형 건물의 경우는 건물의 현관 즉, 출입구가 가급적 넓고 쾌적할수록 좋다. 1층에 다양한 상가가 구성되어 있는 경우는 특히 이 점에 유의해야만 한다. 자칫 1층 상가와 당구장으로 진입하는 건물의 현관과 구분이 되지 않아서 당구장의 입구를 찾아 헤매다가 당구장으로의 입장을 포기하는 경우가 비일비재하며, 우여곡절 끝에 고객이 당구장으로 들어왔다 하더라도 다음 번 방문을 장담하기 어려워진다.

"아! 그 집은 들어갈 때가 좀 기분이 불쾌해"

"아! 그 집은 좀 복잡해!"

등의 말을 듣기가 일쑤다. 매장 내부의 현황과 서비스 등이 타 매장과 동일한 경우라면 아마도 영업에는 치명타가 될 가능성이 매우 높다.

중소형 건물의 지하 매장의 경우는 특히나 출입구의 위치와 크기에 신경을 써야 한다. 건물의 입장에서 지하 공간은 그야말로 보조적인 임대공간으로 간주되어도 무방하기에 1층 또는 지상층 중심의 건물설계를 할 수밖에 없다. 때문에 지하로 진입하는 단독 출입구가 건물의 전면에 크게 존재한다든지, 1층에서의 진입이 편한 방향으로 구성된다든지 하는 경우가 드물다. 간혹 지하로 들어가는 전용 출입구가 있는 경우에도 특별한 경우가 아닌 이상에는 출입구의 형태가 매우 협소하고 위치 또한 건물의 측면 또는 뒤편에 존재하게 되어 보조적인 역할로 밖에는 못하게 된다. 때문에 지하 매장의 경우는 가시성과 진입성 두 마리 토끼를 다 잡기가 매우 어렵게 된다.

대형 건물의 경우는

건물 현관에서부터 엘리베이터까지의 건물 현황에 유의하여야 한다. 복도는 넓은지, 깨끗한지, 엘리베이터까지의 유도 과정은 정갈한지 등에 대한 점검을 반드시 해야 한다. 또한 당구장 이용을 위한 건물의 주(主) 출입구가 외부에서 원활히 구분이 되는지도 매우 중요하다. 대형 건물의 1층에는 다양한 업종이 존재하는데, 이들 1층 상가의 간판과 건물의 출입구가 구분이 어려운 경우도 많이 존재한다. 때로는 출입구가 도로의 전면(前面)을 피하여 구성되어 있는 경우도 존재하는 데(이는 풍수상의 방위에 기인한 경우도 있고, 1층 상가의 영업력 강화를 위한 경우도 있다) 1층의 매장들에는 큰 문제가 없겠지만 지하 또는 지상의 고층을 사용하는 당구장의 경우는 매우 치명적인 형태가 된다. 때문에 반드시 건물 출입구의 위치와 크기, 1층 매장과 출입구의 식별력, 엘리베이터까지의 통로 구성에 매우 신중한 점검이 필요하다.

건물의 관리 형태에 따라서 불리한 불합리한 부분이 있다면 임대차 계약 전에 건물주 또는 관리 주체에게 정비를 요청할 수도 있고, 그렇지 못한 부분도 있다. 건물의 요건을 정확히 파악하고 임대 여부를 판단할 것을 권장하며. 같은 조건이라면 출입구가 넓고 쾌적한 쪽으로의 선택이 이루어져야 한다.

성공 사례

필자가 직영점으로 지하 매장을 운영한 적이 있었습니다. 120평 규모에 당구대 10대로 장사를 했습니다. 이 매장의 가장 큰 장점은 출입구가 1층 상가처럼 5m로 넓게 구성되어 있어서 1층 매장이라고 해도 무방할 정도였죠. 건물의 외관이 낡아 있었기에 필자는 400만 원을 들여서 고급 목재로 외장 공사를 하고 간판을 세웠습니다. 그 결과 홍보에도 도움이 되었고 당구장이 빠르게 안정되는 효과도 보았습니다. 작은 동네 상권이었지만 동네의 랜드마크처럼 사람들의 입에 오르내리게 되었으며, 매출 또한 매우 만족할 만한 성과를 올렸습니다. 물론, 장사라는 것이 출입구 하나만 가지고 되는 것은 아니지만 장사에 큰 효과를 보았음은 분명합니다.

28

건물 뒤로 돌아가는 출입구는 버려라

"어디로 들어가는 거야?"

"여기 5층이 맞는데, 입구가 대체 어디 있지?"

출입구의 위치가 명확하지 않은 경우에 당구장을 방문하는 손님이 약간은 푸념석인 목소리로 이야기하곤 한다.

이번 이야기는 앞 주제인[46] '매장 출입의 편의성'과 관련된 연속된 이야기다. 아무리 당구장의 '목'이 좋아도 출입구의 위치가 파악이 되지 않는다면 그 이점은 반감이 될 수밖에 없다. 당구장 자리는(목은) 좋은데 정작 손님이 드나들어야 하는 데 불편함이 있다면 장사에는 큰 약점일 수밖에 없다. 때문에 손님의 진입을 방해하는 또는 진입 욕구를 저하시키는 건물로(당구장으로) 출입하는 주(主) 출입구의 위치가 골목 안쪽이나 뒤쪽으로 나있는 경우는 가급적 매장의 선택에서 피하는 것이 좋으며, 특별한 경쟁 당구장이 없는 독점 위치를 제외하고는 심사숙고해야 할 문제다.

부연하여 이야기 하면, 당구장을 이용하는 고객의 출입에 혼선을 빚는다면 매장의 첫 인상에서부터 매우 불리한 영업 조건임에 틀림이 없다. 건평 200평 내외의 중소형 건물의 경우는 그나마 골목으로 깊게 들

---

46) P. 229 넓은 진·출입구를 확보해라!

초보 창업자의 당구장 자리 찾기 실전 방법론

어가지 않기 때문에 어느 정도 '파사드'의 활용을 통하여 단점이 극복 가능한 경우도 있지만 이 경우도 당구장 자리 선택에 있어서 심사숙고하여야 한다. 또 하나의 예로, 중심가의 대형 건물이나 신도시의 대형 상가들의 경우 특히 1층 매장 중심의 상가 건물일 경우에는 건물의 출입구가 20~30m를 돌아 들어가야 하는 심각한 경우도 발생될 수도 있는데, 건물 내부에 진입 후에도 당구장을 찾기가 어려운 구조라면 심각하게 생각해야 할 문제다. 이는 '1장'에서 설명한 '세분화'의[47] 원칙을 생각해 보면 쉬운데, 건물 내부에서의 위치와 동선의 상황까지도 고려한 당구장 자리의 선택에 해당된다.

결론적으로, 당구장을 이용하는 고객이 당구장의 출입구는 고사하고 건물의 출입구를 찾지 못할 정도의 상황이라면 피하는 것이 좋다. 어쩔 수 없다면 출입구의 위치를 명확하게 알려 주고 당구장까지의 진입을 원활히 유도할 수 있는 '무언가' 별도의 장치가 반드시 필요하다.

47) p. 27

29
상권의 중심 골목을 찾아라

상권에서의 중심 골목을 찾는 것은, 대형 유흥상권 및 중형 규모의 일자형 상권에서 당구장 자리를 선택하는 유용한 방법이다. 단일상권의 소규모 상권에서는 통상적으로 범위가 좁고 소방도로와 중첩되어 상권이 형성되므로 당구장 영업에 유리한 자리를 찾기가 비교적 쉽다. 그러나 중대형 규모의 상권에서는 진입로가 많고 상권이 넓게 퍼져있기에 단일상권에 비하여 최적의 자리를 찾고 판단하는 데 어려움을 겪을 수 있다. 지금부터 이야기하는 것은 범용적인 기준에서의 이야기이니 참고하여 적용하기 바란다. 물론 각각의 상권마다 핵심 위치는 해당 상권의 특성과 주변 상권과의 관계 인접한 소비자집단의 형태에 따라서 차이가 있을 수 있다는 것을 미리 밝혀 둔다. 즉, 상권에서의 최적 위치가 상권의 초입일 수도 중심부일 수도 있다.

통상적으로 당구장의 유효한 위치는 상권으로의 진입을 위한 과정에서의 진입동선(進入動線) 즉, 상권 진입로가 되는 버스정류장 또는 지하철역 입구에서부터 상권 내부로 들어가는 위치와 상가가 밀집되어 있는 상권의 중심부(中心部)로 구분되며, 이러한 동선은 상권의 중심부와 어떠한 연관성을 반드시 갖게 되는데 우리가 지금부터 해야 할 것이 이 동선을 통하여 상권의 중심부를 찾고(설정하고) 연관성의 추론을 통하여 상권의 중심과 연결된 동선에서의 당구장 개설이 가능한 위치를 찾아내고자 한다.

첫째로, 상권 내 교차로가 많은 대형 유흥상권의 경우다.

노원 먹거리 상권[48], 평촌역 상권, 일산 웨스턴돔 상권 등의 형태가 대표적으로 이에 해당한다. 이러한 상권은 상권의 입구가 여러 곳이 존재하는데 출입구의 목적과 기능을 구분해야 한다. 즉, 단순한 출입구인지 아니면 중심 상권의 시작 위치인지를 구분해야 하며 각각의 출입구에 대한 고객 이용의 우선순위를 정해야 한다. 다음으로 이들의 출입구가 서로 교차하는 중심 통로를 조사하면 된다. 상권의 규모가 클수록 교차점이 많이 생기게 되며, 이 경우 역시 교차점의 순위를 정해야 한다. 이 과정의 조사를 진행해 보면 버스정류소, 지하철역 출입구 등과의 연관성을 찾게 되며, 상권 내에 랜드마크가 되는 건물 또는 업종이 있는 경우에는 이를 중심으로 상권의 중심이 형성되는 경우도 있음을 알 수 있게 된다.

각각의 상권마다 다양한 경우가 존재하게 되지만 지금부터 설명하는 방법으로 조금만 신중을 기하면 유효한 위치를 찾을 수 있다. 〈그림 29-1〉과 같이 ① 출입구를 표기하고 ② 출입구의 우선순위를 정하고 ③ 각각의 교차점을 표기하고 ④ 버스정류소, 지하철역 출입구에서부터 상권의 진입까지의 동선을 표기한다. 이 과정을 진행하면 상권의 중심부까지 당구장 영업이 가능한 주요한 동선과 위치가 표기가 될 것이다.[49]

예시로 제시된 〈그림 29-1〉 노원 문화 거리를 설명하면, 노원 문화의 거리에서의 1차 중심 골목은 동선 c-a가 되며, 2차 중심 골목은 동선 b-d

---

48) 〈그림 29-1〉은 노원 문화 거리 상권에 대한 당구장 자리 찾기의 방법에 의한 표시이다. 부상권 1, 2, 3은 인근 핵심 상권인 문화의 거리 상권의 주변 상권으로 별도의 동선 조사가 필요하다. 그림에서는 부상권으로의 진입을 위한 주 출입구만 표기하였으며, 〈그림 29-1〉은 문화의 거리 상권을 중심으로 참고하면 된다. 여기에서의 주요 당구장 입점 가능 위치는 동선 a-b-c와 동선 b-d이며, 동선 c-b가 가장 유력한 입점 위치가 된다.

49) p. 34, 당구장 자리를 찾는 방법 2) 동선의 점검 참조

가 되며, 핵심 교차로는 b지점이 된다. 따라서 당구장 개설이 유력한 위치는 동선 a-b-c와 동선 b-d이며, 동선 c-b가 가장 유력한 위치가 된다. 이러한 결론은 당구장 자리를 찾는 방법 1) 2) 3)에[50] 의하여 검증이 가능하다. 유력한 동선 내 각각의 위치에서의 창업/운영 전략은 출입구 1, 출입구 2, 동선 d, 동선 b 각각 유사하지만 차별화된 특성을 갖게 된다. 이는 각 부의 위치마다의 상권을 이용하는 연령층과 고객의 상권 이용목적이 다르기 때문이다. 참고로 노원역 상권은 인접한 주거지와 사무실에서의 이용뿐 아니라 노원 전체를 대표하는 집중상권임에 주목해야 한다.[51]

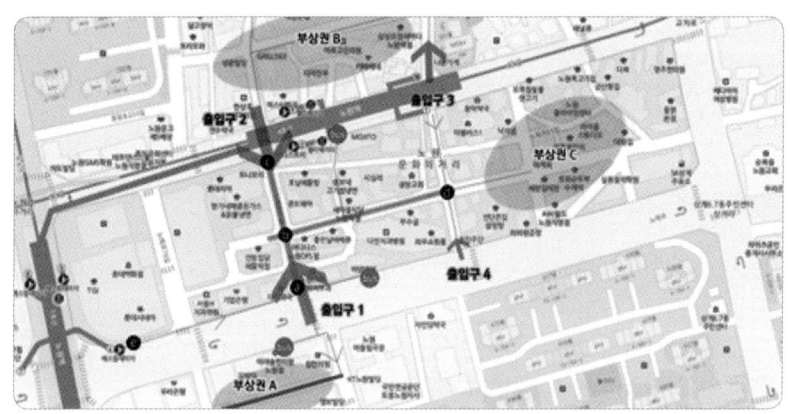

〈그림29-1〉 노원 문화의 거리 상권

두 번째로, 중소 규모의 일자형 상권의 경우다.

사무단지의 배후상권 또는 주거 밀집 지역에 자주 나타나는 상권의 형태로 주(主) 출입구가 유흥상권으로의 진입과 주거지로의 진입을 특정하

---

50) p. 32, 34, 37 참조

51) 인근 주거지 및 사무실에 근무하는 소비자 그룹의 직접 이용 상권을 부상권 1, 2, 3으로 보아도 무방하다.

초보 창업자의 당구장 자리 찾기 **실전 방법론**

는 두 개 이상으로 형성이 된다. 〈그림 29-2〉의 출입구 3은 주거지로의 진입목적이며, 출입구 1과 2는 유흥상권으로의 진입 목적으로 구분 지을 수 있다. 앞서 설명한 것과 같은 방법으로 연결선을 그어보면 1차 중심 골목은 동선 a-b이와 동선 d-c가 서로 다른 목적의 중심 골목이 된다. 즉 동선 b-a는 유흥가 진입을 위한 주목적 동선(중심 골목)이 되며, 동선 d-c는 대표 소방도로를 이용한 주거지 진입을 위한 주목적 동선(중심 골목)이 된다.

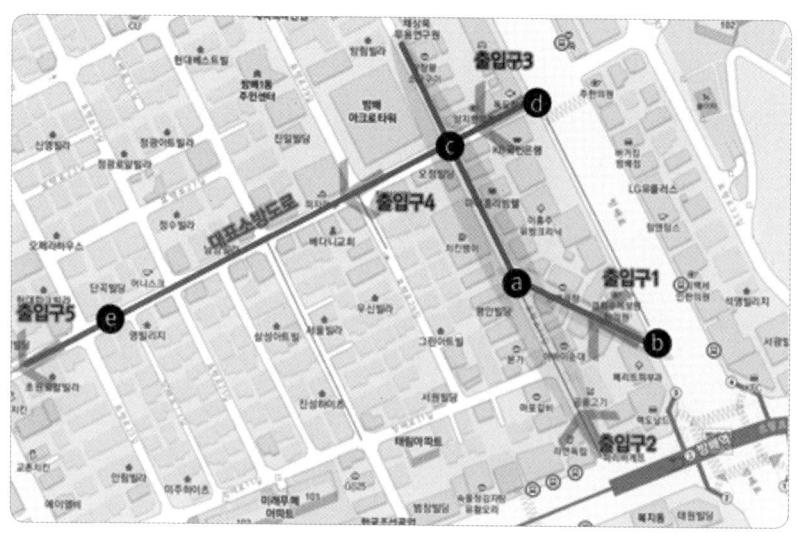

〈그림 29-2〉 방배역 먹자골목 상권

예시로 제시된 〈그림 29-2〉 방배역 먹자골목 상권을 설명하면, 동선 d-e는 인근 주거지로 이어지는 대표 소방도로의 역할을 수행한다. 때문에 동선 d-e는 주거지 중심의 소비성 생활 편의 시설이 집중되어 상권이 형성 되어 있다. 동선 a-b는 인근 직장인, 학생 들의 주(主) 출입구가 되며, 주거민의 대표 소방도로로의 진입동선이 된다. 때문에 유흥 업종이 중심을 이루며 동선 a-c의 경우 중첩된 경향을 보인다. 앞서도 잠시 언급했듯이 출입구 3)과 출입구 2)는 각각 주거지 진입과 유흥가 진입의 목적성을 띤 출입구로 구분되어야 하며, 출입구 1)의 경우는 주거지 진입과 유흥가 진입의 두 가지 중복된 특성을 갖는 동선으로 구분 지을 수도 있다. 다만 주목적은 유흥가의 진입으로 보는 것이 합당하다.

따라서 당구장 주요 위치는 동선 d지점, c지점이 가장 유력하며, 동선 c-a-d선상의 위치가 되며, 동선 d-b, c-e의 선상은 주동선의 범위에서 벗어나 있으며 보조동선의 역할을 하는 구간이므로 당구장을 개업하기에는 부적절한 위험 구간으로 구분해야 한다.

이처럼 상권의 중심 골목을 파악하는 이유는, 상권의 중심부에서부터 진입로에 이르기까지의 동선에서 당구장 영업이 가능한 위치를 파악하는 데 주된 목적이 있다. 물론, 상권의 중심부에 위치할수록 좋을 것이라는 판단을 할 수도 있으나 이는 상권에 따라서 별도의 분석이 필요하다. 때로는 상권의 초입, 때로는 중심부가 유리할 수도 있다. 이는 해당 상권의 소비 형태와 주변 상황을 충분히 고려해야 한다.

| 조언 |

대형 유흥 중심 상권일수록 상권의 중심부 교차로가 당구장 자리로 가장 유리하며, 100m 이내의 작은 상권의 경우는 상권의 진/출입부가 당구장 자리로써 비교적 유리한 경우가 많습니다. 물론, 상권이 작을수록 상권 내에서의 특정 위치가 장사에 크게 영향을 받지 않으나 각각의 위치에 따른 우선순위를 정해야 함은 필수적입니다. 이를 기본으로 다른 상황들 즉, 임대 조건과 건물의 형태 등을 종합적으로 고려하여 '내가 하고자 하는' 당구장의 영업 형태에 가장 유리한 자리를 최종적으로 선택하면 됩니다. 반대로 '선정된 위치에서의 최적의 영업 방법'을 찾으면 됩니다.

상권의 연령층을 파악하자

당구장을 개설할 자리가 정해졌다면 목표상권을 이용하는 주요 고객의 연령층을 상권 내외의 주요 동선별로 구획을 나누어 세분화하여 정의하는 과정이 필요하다. 이 과정은 1부에서 설명한 '당구장 자리를 찾는 방법 4)'의[52] 중요한 기초 자료가 된다.

상권의 형태적 분류에[53] 따른 단일상권, 집중상권, 위성상권에서의 주요 연령층을 파악함에 있어서의 특징적인 것들을 이야기하면 다음과 같다.

단일상권의 경우, 상권을 이용하는 핵심 연령층이 각각의 작은 상권마다 어느 정도 명확하게 정해져 있는 특징이 있다. 주거지의 경우는 통상적으로 20~50대까지 다양한 연령층이 공존하며, 상권 내(內) 좁은 범위에서 업종분포에 따라서 상권을 이용하는 주요 고객이 연령대별로 부분적으로 분산되는 경향도 있다. 그러나 50~100m이내의 좁은 범위의 상권 규모를 가정하면 하나의 상권에 공존 한다고 보아도 무방하다. 사무집중 단지의 단일상권의 경우는 사무단지의 배후 또는 퇴근길 동선 내(內)에 위치하게 되므로 상권을 이용하는 대상이 명확하게 30~40대 직장인들 중심의 중·장년층이 주류를 이룬다.

---

52) p. 42 방법 4) 전략의 구성 및 점포 선정, p. 99 당구장 이용 고객의 이해 참조
53) p. 48 [표3-1] 상권의 형태적 분류 참조

위성상권과 집중상권의 경우는, 단일상권에 비하여 상권의 범위가 넓으며 지역적인 특색과 상권의 규모에 따라서 상권을 이용하는 연령층이 복합적으로 존재하게 된다. 때문에 상권 내외의 동선을 구획으로 나눈 세분화된 정의가 필요하다. 예를 들어 〈그림 30-1〉의 2호선 신림역 상권과 같이 지하철역 4거리를 중심으로 주요 이용 연령층이 10~20대는 A, B의 상권을, 30~40대는 A상권을 주로 이용하는 형태로 나뉘기도 하며, 상권 내부의 특정 지점을 중심으로 이용 연령층이(세대가) 나뉘기도 하며, 인접한 두 개의 상권이 상권을 이용하는 핵심 연령층의 명확한 구분을 갖고 발전하기도 한다. 간혹 다양한 연령층이 밀집된 하나의 상권에 공존하는 경우도 존재하지만 이 경우 역시 상권 내부의 특정 지점을 중

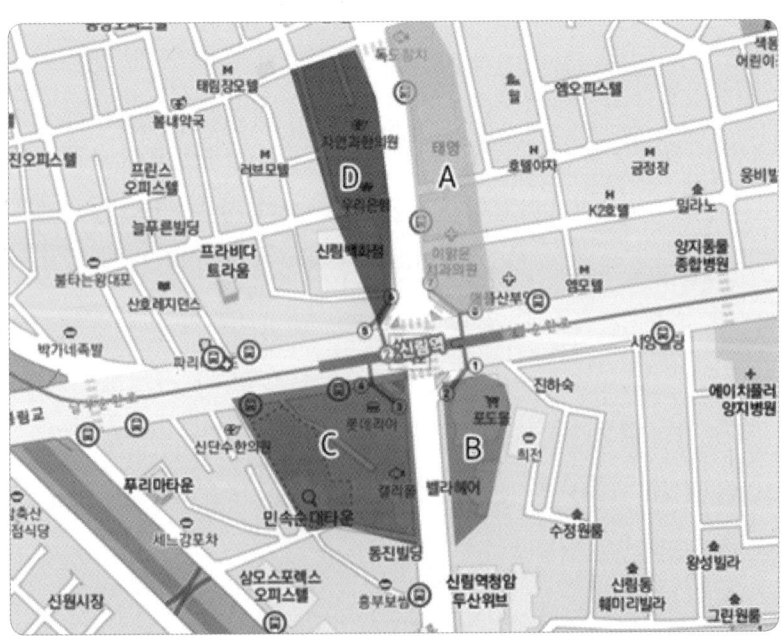

〈그림 30-1〉 연령별 상권 이용 분포

초보 창업자의 당구장 자리 찾기 실전 방법론

심으로 나뉘는 것으로 보아도 무방하다. 이러한 이유로 위성상권과 집중상권의 경우는 세분화된 각각의 위치마다의 상권 주요 이용 고객의 연령층을 정의하고 당구장을 이용할 것으로 가정되는 목표 고객을 분류하여 정의를 해야만 한다.

이처럼 상권은 반드시 상권의 소비를 주도하는 이용 연령층이 존재하며 그에 알맞은 상가들이 자연스럽게 존재하게 된다. 예를 들어 화장품, 여성 브랜드의 의류매장, 헤어샵, 네일아트, 네일아트 매장과 같은 것들은 10대와 20대 주도의 상권에 비교적 많이 존재하게 된다. 더불어 이들 세대의 이용이 편리한 유흥 업종의 브랜드가 함께 존재하게 되며, 아마도 이런 상권에는(C구역과 같은) 유흥 주점 또는 중·장년층이 주류를 이루는 관광 나이트 클럽보다는 퓨전 포차, 부킹 포차, 클럽 등의 20대 중심의 유흥 업종이 주로 존재할 것이 분명하다.

우리가 상권의 주요 연령층을 파악하는 방법으로 〈그림 30-2〉와 같이 상권 내에 존재하는 업종의 분류와 그룹화를 통하여 상권의 주요 이용 고객과 상권의 형태적 특성을 추측하기도 한다. 〈그림 30-2〉는 대표적인 상권 내 업종을 나열한 것이다. 대부분의 상권에는 이와 유사한 업종들이 일정한 규칙을 갖고 존재하게 되는데, 상권의 특성에 따라서 그 규모의 차이는 있을 수 있지만 상권의 이용세대와 이용목적에 일관성 있는 규칙을 가지고 있게 된다.

음식점 (식사중심)	양주BAR (30~40대)	부동산	미용실 (대형체인점)	커피 전문점 (소형 독립점)	외식업체 (한식, 한우전문점)
주점 (치킨&맥주)	양주BAR (20대)	일반은행	미용실 (소규모 개인)	커피 전문점 (대형 독립점)	과일/야채가게
주점 (삼겹살, 전, 족발 보쌈 등)	노래방	농협 새마을금고	대형문구점	정육점	PC방
횟집	룸싸롱 단란주점	개인병원	컴퓨터수리점	약국	스크린골프
참치전문점	안마시술소 성인마사지	대형 마트 (이마트, 홈플러스)	철물점 전파사	분식점 (김밥천국, 만두 등)	퓨전레스토랑
일식	나이트클럽	생활잡화 (다이소 천냥백화점 등)	24시 편의점	제과점 (파리바게트, 뚜레쥬르 등)	포장마차 집단
퓨전포차	호텔/모텔	핸드폰 매장	중소형 마트 (SSM ㅍㅎ험)	신발 할인매장 (ABC마트 슈마커 등)	헬스클럽
대형서점	백화점	액세서리매장	의류매장 (여성)	페밀리레스토랑	멀티방

〈그림 30-2〉 상권 내 업종의 분류(1)

예를 들어, 〈그림 30-3〉의 분류 'A'의 업종은 전형적인 주거지 상권에서의 업종 분포인데, 〈그림 30-4〉의 'C', 'D'그룹의 업종이 중복되어 존재하기는 현실적으로 힘들다는 이야기가 된다.

초보 창업자의 당구장 자리 찾기 **실전 방법론**

		Ⓐ			Ⓐ	
음식점 (식사중심)	양주BAR (30~40대)	부동산	미용실 (대형체인점)	커피 전문점 (소형 독립점)	외식업체 (한식, 한우전문점)	
주점 (치킨&맥주)	양주BAR (20대)	일반은행	미용실 (소규모 개인)	커피 전문점 (대형 독립점)	과일/야채가게	
주점 (삼겹살, 전, 족발 보쌈 등)	노래방	농협 새마을금고	대형문구점	정육점	PC방	
횟집	룸싸롱 단란주점	개인병원	컴퓨터수리점	약국	스크린골프	
참치전문점	안마시술소 성인마사지	대형 마트 (이마트, 홈플러스)	철물점 전파사	분식점 (김밥천국, 만두 등)	퓨전레스토랑	
일식	나이트클럽	생활잡화 (다이소 천냥백화점 등)	24시 편의점	제과점 (파리바게트, 뚜레쥬르 등)	포장마차 집단	
퓨전포차	호텔/모텔	핸드폰 매장	중소형 마트 (SSM ㅍㅎ험)	신발 할인매장 (ABC마트 슈마커 등)	헬스클럽	
대형서점	백화점	액세서리매장	의류매장 (여성)	페밀리레스토랑	멀티방	

〈그림 30-3〉 상권 내 업종의 분류(2)

또, 〈그림 30-1〉의 C구역의 상권은 10대와 20대가 주류를 이룬다고 앞서 설명하였다. C구역 상가의 업종 구성은 〈그림 30-4〉의 'C'그룹 업종과 'B'그룹의 업종이 주류를 이룬다는 것을 충분히 짐작할 수 있을 것이다. 여기에(C구역) 주거지 단일상권에서 주류를 이루는 'A'그룹의 업종은 극히 드물거나 존재하기 힘들다는 것도 알 수 있다.

〈그림 30-4〉 상권 내 업종의 분류(3)

이처럼 하나의 특정된 상권은, 주요 이용 세대와 상권의 이용목적에 따라서 유흥, 외식, 숙박 등의 구조로 일정한 경계선을 가지고 특징적으로 구분되어 존재하게 된다. 즉, 상권은 세대로 나뉘고 다시 소비자 그룹의 특정된 이용목적으로 나뉘게 된다.

당구장 창업을 앞둔 우리가 상권의 이용 연령층을 파악하는 이유는, 고객 맞춤형 창업을 위함이 주목적이다. 즉, 주요 이용 고객에 맞춰진 시설 전략과 영업 전략을 세움으로써 보다 효율적이고 영업적인 접근과 타 경쟁 당구장에 비하여 경쟁 우위를 점하는 것이 주된 목적이 된다.

초보 창업자의 당구장 자리 찾기 실전 방법론

이는 당구장 시설의 고급화와는 조금 다른 개념의 접근이 필요합니다. 고급화는 좋은 자재의 사용와 고급화된 편의시설 정도로 해석이 되죠. 예를 들어 레자소파vs가죽소파, 필름자재vs원목자재, 석대vs석재 모양의 도배지, 데코타일vs대리석 등으로 비교가 가능한 고급화의 이미지라고 생각해야 합니다. 필자가 이야기하는 맞춤형의 의미는 타깃고객의 형태와 취향에 따라서 레자소파, 필름자재, 데코타일을 사용할 수도 있다는 개념으로 받아들이면 무난합니다. 즉, 세대별로 선호하는 패턴과 취향이 존재한다는 이야기입니다. 10대, 20대, 30대, 40대, 50대 각각의 세대가 선호하는 시설과 서비스 전략의 구성은 장사의 성패를 좌우하는 중요한 요소이므로 반드시 상권의 주요 세대를 구분하고 명확한 타깃고객을 향한 전략을 구상할 것을 권장합니다.

31

죽은 매장을 살린다? 까불지 마라!

"실장님, 보증금 3,000만 원에 권리금으로 기본 시설비 1,000만 원만 달라고 하는 데, 여기를 사서 살리고 싶습니다!"

어느 날, 몇 개월을 만나 온 예비 창업자가 다 쓰러져 가는 망한(문 닫기 직전의) 당구장을 인수하고 싶다며 통화했던 이야기다.

"아~ 그래요?"

"자리는 좋아 보이세요?"

"네! 자신 있어요. 그리고 무엇보다 창업 비용이 4,000만 원으로 매우 저렴해요. 이것저것 새로 사도 5,000만 원이면 충분하니 매우 유리한 것 같아요~"

"아~그래요. 정말 자리가 어떤지는 우리 같이 검토해 보기로 하구요. 자리가 좋다면, 영업을 정상화시키기 위한 방안과 투자 예산을 정리해 보는 것이 좋을 것 같습니다!"

이 상담의 결과를 미리 이야기 하자면, 필자는 영업 정상화를 위한 방안과 함께 추가 투자 예산과 인수 비용을 합하여 약 7,000만 원의 예산을 제안하였다.

"헉! 3,000만 원이나 추가로 비용이 들어가야 한다고요?"

매우 황당한 듯하게 창업자는 내게 물었다. 그리고 난 단호하게 말을 이어 갔다.

"네! 현 상태로는 불가능 합니다. 지금 상태로 이 당구장을 정상화 시킨다는 것은 말도 안 됩니다."

"그럼! 제가 그냥 알아서 하겠습니다. 전 자신 있습니다. 청소 깨끗이 하고, 서비스 강화해서 장사하면 충분할 것 같습니다!"

그렇게 창업자와 필자의 인연은 서로가 단호하게 끝났었다. 창업자의 입장에서는 아마도 필자의 방안과 추가 예산의 편성에 신뢰가 가지 않았을 듯하다. 그러나 몇 년의 시간이 지난 지금도 당시의 내 생각을 바꿀 생각은 전혀 없다.

가끔 망한(문 닫기 직전의) 당구장을 헐값에 인수해서 살려 보고자 하는 무모한 도전을 하는 경우가 있다. 물론 불가능한 것은 아니다. 그러나 창업자가 꼭 알아두어야 할 것은. 당구장 장사에 경험이 많은 베테랑들도 이러한 매장의 영업 정상화를 위하여 일반 창업자가 생각하는 것보다 많은 자금과 시간의 투자를 통하여 영업 정상화를 위한 기본 시설 구성을 갖추는 데 충실하다는 것과 신설 창업보다 몇 배는 더 치열한 전투적인 영업과정을 이겨 낸 피눈물 나는 노력의 결과물임을 알아야 한다. 그리고 그들 역시 그럼에도 불구하고 실패를 하기도 한다.

흔히 다 망해 가는 당구장을 헐값에 사서 무모한 도전을 하는 초보 창업자의 대표적인 생각은 이렇다.

-신설을 하는 것보다 적은 비용의 창업을 할 수 있다.

-내가 하면 분명 장사가 잘 될 것이다.

-자리가 좋으니 최소한 기본은 할 것 같다.

-투자비가 적으니 경험삼아서 해보기 좋은 것 같다.

그리곤 당구대 천 새 것으로 갈고, 청소하고 장사를 시작한다.

그렇다면,

이들의 오류는 무엇일까?

첫째, 신설보다 적은 투자비가 들 것이라는 잘못된 생각이다. 사실 폐업 직전까지 내몰린 당구장의 경우 주변에 비하여 시설 경쟁력이 매우 떨어져 있는 경우가 많다. 서비스와 운영 노하우는 그 다음의 문제다. 초보 창업자가 다 쓰러져 가는 시설과 노후된 당구대를 교환해야 한다는 생각을 했다면 아니 최소한 인테리어 보수를 해야 한다는 점을 생각했다면 '신설보다 적은 투자비'란 생각은 하지 않았을 것이 분명하다. 이런 분야의 베테랑들은 반드시 인테리어 리모델링과 간판의 정비가 필수적이며 상황에 따라서는 노후된 당구대까지도 교체하고 장사를 시작한다. 즉, 장사가 될만한 시설을 갖추고 죽은 당구장을 살리는 데 필요한 영업적인 능력을 발휘해야 한다.

둘째, 지나친 자신감이다. 아니 무모한 자신감이다. 현실적으로 당구장 창업이 처음인 '나보다 못한 경쟁자는 없다'는 생각을 반드시 해야만 한다.

셋째, 자리가 좋아도 망한다. 결국 경쟁력의 문제인데 상권 내의 영업력의 순위가 위치(목)의 좋고 나쁨의 순서와 반드시 일치하지 않는 것을 생각하면 쉽게 이해가 될 것이다.

넷째, 경험삼아 해보겠다는 생각은 어리석기 그지없다. 경험삼아 4,000만 원을 길에 버릴 것인가? 망해도 보증금 3,000만 원은 남아있고 결국 1,000만 원의 손해가 발생하는 것이라고 생각하는가? 당구장이 뜯어져 나가면서 보증금 받아서 나가는 경우는 현실적으로 드물다.

이 정도 되면 이미 보증금은 다달이 밀린 월세와 관리비로 소진되고 없을 것이 분명하다. 장사에 창업에 '경험삼아서'라는 말처럼 무책임하고 비겁한 말은 없다. 치열하고 전투적인 창업이 되어야 성공한다. 아니 최소한 밥은 먹고 살 수가 있다.

결론적으로, 죽은 매장을 살리는 것은 아무나 하는 것이 아니다. 꼭 당구장 업(業)이 아니라 하더라도 장사 경험이 많아야 하고, 매장을 보는 경쟁을 보는 상권을 보는 안목(眼目)이 있어야 하고, 운(運)도 있어야 한다.

32

팔 때의 조건을 생각한 선택과 협상을 해라

"임대 보증금을 1,000만 원 내리고, 월세를 10만 원 더 드리면 안 될까요?"

"흠~ "

임대차 계약 과정에서 건물주와 임대인과의 사이에서 흔하게 주고받는 이야기 중의 한 대목이다. 임대인이 여러 가지 사정으로 1,000만 원의 자금이 모자랄 경우도 있겠지만, 실상은 보유자금의 상황과는 다른 이유가 있다.

창업자가 여러 가지 조건에 딱! 맞는 정말로 마음에 드는 상가를 찾았다. 그런데 주변의 다른 건물들에 비해서 임대 보증금이 다소 높다면 어떻게 해야 할까? 물론 창업자는 이 정도의 임대 보증금을 충분히 예치할 여력은 충분하다. 어차피 임대 보증금은 맡겨놓고 계약이 만료되면 찾아가는 돈이며 1년간의 이자를 건물주가 이득을 보는 정도로 생각하면 크게 무리가 되는 액수는 아니다. 그럼에도 불구하고 임대료 지불에 무리가 없는 선에서 임대 보증금을 적정선으로 낮추어야 하는 이유는 향후 매도 시점에서의 원활한 매도 가격을 설정하기 위함이다.

처음 장사를 시작하게 되면 5년, 10년 이상 당구장을 운영할 것 같지만 실상은 대부분의 창업자가 2년 이내에 매도를 결정하게 된다. 이때 보증금의 비율이 너무 높으면 전체 매매 가격이[54] 매수자의 심리적 부담감

---

54) 매매 가격은 임대 보증금+영업 권리금+시설 권리금의 총 합(合)이다.

을 줄 수가 있기에 사전에 대비하여야 한다. 상황에 따라서는 매도 시점에서 건물주가 임대 보증금 또는 월세를 상향조정 할 가능성도 있기에 염두에 두어야 한다.

예를 들어 다음과 같은 조건의 두 매장이 있다고 가정해 보자.

조건1) 임대 보증금 5,000만 원, 월세 200만 원, 권리금 6,000만 원

조건2) 임대 보증금 3,000만 원, 월세 220만 원, 권리금 6,000만 원

조건1)의 경우는 총 매도 금액이 11,000만 원, 조건2)의 경우는 총 매도 금액이 9,000만 원이 된다. 매수자의 입장에서 매장의 다른 조건이[55] 모두 비슷하다면 과연 어떤 매장을 선택할 것인가? 아마도 특별한 사유가 없는 한 조건2)의 경우가 매도에 조금 더 유리한 상황임에 틀림이 없다. 단순 금액의 비교 외에도 매수자의 대상 범위가[56] 그만큼 넓어지게 된다. 물론 매수인과 건물주와의 조정을 통하여 조건1)과 같이 협상이 가능하지만 그게 현실적으로는 쉬운 일이 절대 아니다. 꼭 팔아야 하는 상황에서는 매수자의 자금 부족분에 대하여 매도자가 받아야 할 권리금에서의 조정이 이루어지는 경우도 발생이 될 수가 있으며, 이는 결국 매도자의 손해로 이어진다.

때문에 자리를 알아보고 결정하는 과정에서부터 임대 보증금에 대한 부분을 매도 시점에서의 매도 금액과 연계하여 충분히 고려해야 한다.

---

55) 당구장 인수를 위한 조건 등. 즉, 장사의 정도, 인테리어의 정도, 주요 고객의 구성, 자리의 좋고 나쁨의 정도 등

56) 당구장 인수를 위한 총 창업 비용의 가용 예산. 즉 창업자가 당구장 인수를 위하여 투자할 수 있는 총 예산의 규모에 맞는 매수자의 범위를 의미한다.

33

독점 자리가 가장 무서운 자리다

업종을 막론하고 독점 자리는 위험성이 다분히 많다. 성공하면 '독점 자리'라고 하고, 실패하면 주변에서는 "역시 안 될 자리였어!"라고 말을 하는 곳이 흔히 말하는 '독점 자리'다. 당구장들을 다녀보면 정말 말도 안 되는 생뚱맞은 자리에서 알차게 장사를 하는 경우를 보게 된다. 그런 자리들은 보통 10대 이내에서 운영이 되는데 임대료가 보통보다 저렴한 특징도 함께 가지고 있다.

"와 여기는 당구장이 하나라서 장사가 정말 잘되는구나!"
"다른 곳에는 들어올 자리도 없네~ 정말 좋아! 좋아! 나도 이런 곳에서 장사 하고 싶다!"

그러나 현실은 이런 자리를 찾고, 선택하는 과정이 쉽지가 않다. 아니 불가능할지도 모른다. 필자 역시 '독점 자리'라고 하는 곳에 창업을 생각 했지만 결행에 옮기지는 못했었다. 그 이유는 실패율이 50% 이상은 되기 때문이고, 겁이 났기 때문이다. 즉, 장사가 될 것은 같은데 확신이 없기 때문이다. 필자가 몇몇 분에게 유사한 독점 자리를 추천했을 때에도 그 반응은 비슷했다.

"이 자리는 독점이 가능합니다. 그러나 다소 위험성도 있습니다. 창업

비용이 적게 드는 대신에 실패도 감수를 해야만 합니다."

이렇게 여러 가지 자료와 함께 브리핑을 마치면 대부분은 다음과 같은 답을 한다.

"너무 위험하지 않을까요?"

"사람이 안 다니는데 여기서 어떻게 장사를 하죠?"

"너무 휑~ 해요! 여기는 좀 부담스러워요!"

너무나 당연하게도 일관된 정상적인 반응들이다. 독점 자리는 상권이 작거나, 상권 형성 초기이거나, 철저히 주거지인 경우가 대부분이다. 그만큼 성공에 대한 기대와 함께 실패에 대한 위험 부담이 있다. 특히나 경험이 없는 창업자라면 그 두려움은 당연히 극에 달할 수밖에 없다. 그리고 누구도 장담할 수 없는 자리가 바로 '독점 자리'다. 그렇다면 독점 자리를 꿰 차는 사람들은 과연 누구일까? 아마도 해당 지역의 거주민 특성과 주변의 상황에 대하여 잘 아는 토박이이거나, 임대료에 큰 부담이 없이 건물주와의 협상이 가능한 부동산 업체일 것이다.[57]

이제 막 퇴직을 하고 '당구장을 차려 볼까?' 하는 창업자에게는 너무나 위험 부담이 크다. 그 성공을 50% 이상 누구도 장담할 수가 없다. 성공하면 대박이고, 실패하면 쪽박 차는 자리가 '독점 자리'라는 것을 명심하자.

부연하여 이야기 하면, 이러한 독점 자리에서는 임대료를 최소화 하고, 시설 투자를 최소화 하는 것이 관건이다. 반드시 실패했을 때의 손

---

57) 상권이 성숙되기 전의 신도시 상권과 신규 상가의 경우에 간혹, 건물주와 부동산 업체와의 합의에 의하여 임대료 없이 또는 Rent Free를 길게 하여 당구장이 개설되는 경우가 있다.

실을 최소화 할 수 있는 방안을 모색해야만 한다. 대부분 이러한 자리는 6~8대 규모로 운영된 다는 것을 생각하면 그 손실을 3,000~4,000만원 정도로 추산하면 가능하다. 반면 성공하면 단기간에 손실예상금액 이상의 투자 수익을 만들어 낼 수 있는 조건임에는 틀림이 없다.

장사가 잘되는 독점 자리의 당구장을 보면 누구나가 욕심을 내고, 그 당구장을 사고 싶어진다. 그러나 장사가 잘 될 것 같은 독점 자리에 당구장을 하자고 하면, 대부분의 창업자는 망설이고 포기한다.

당연한 것이다!

그 독점 자리에 당구장을 하기 위해서는 그만큼의 위험을 감수해야만 한다. 그러나 우리의 창업자는 그런 용기가 없다. 용기는 경험과 노하우와 성공 데이터가 있어야 한다. 즉, 유사한 자리에서의 성공 사례에 대한 통계와 자신의 경험에 의한 확신이 있어야 한다. 주변 지인의 통계나 확신은 무용지물이다. 창업자 스스로의 판단과 확신 그리고 용기가 필요한 것이 독점 자리에서의 창업이다.

독점 자리는 절대 아무나 하는 것이 아니다.

당구장 장사의 베테랑이라는 사람들도 50:50의 가능성을 두고 창업을 한다.

실패를 염두에 두어야만 한다.

34

임대 조건은 여유 있게 협상하자

마음에 드는 건물을 찾았다면 이제 꼼꼼히 임대차 계약을 위한 임대 조건의 협상에 들어가야 한다. 현재 3,000만 원의 임대 보증금과 월 150만 원의 임대료로 가정하자.

"실장님, 너무 마음에 들어요. 당장 계약합시다!"

"아니요 그전에 몇 가지 점검을 하고 요청할 것은 요청해 보죠. 급할 건 없습니다."

마음의 결정이 확고한 매장의 경우에도 어느 정도의 시간을 두고 조금이라도 더 유리한 임대 조건에 대한 협상을 해야 한다. 더불어 사전에 점검해 두었던 건물의 상황에 대한 확인과 요구 조건에 대한 협의가 필요하며, 임대료와 임대 보증금, 인테리어 무상 공사 기간[58]에 대한 부분까지도 다시 한 번 조정을 시도해 보는 것도 바람직하다. 너무 일방적이고 무리한 창업자의 요구는 자칫 임대인에게는 감정적으로 받아들여져 계약 자체를 망칠 수 있으니 주의를 해야 하며, 협상에 대한 최선과 양보할 상황들에 대한 정리가 어느 정도 필요하다. 어디까지나 관철시켜야 할 요구

---

58) 통상적으로 30일 이내에서 결정된다. 이 기간에 관리비와 전기요금은 임차인이 부담하게 된다.

가 아닌 협상임을 명심하자.

"그러다가 다른 사람이 계약을 해 버리면 어떻게 해요?"

"아이고 그렇게 쉽게 될 거면 벌써 나갔겠죠."

물론, 많은 사람이 임대를 위해 욕심을 부리는 상황이라면 임대료와 보증금에 대한 부분을 확정하고 나머지 부분은 계약서를 쓰는 과정에서 충분한 시간을 두고 협상을 하면 된다. 임대인 역시도 부동산 중개 업소와 임차인 3자(者)가 계약서를 작성하는 과정에서는 이미 세부적인 협상에 대한 마음의 준비가 되어 있기 때문에 소소한 부분으로 인하여 계약을 망치는 일을 섣부르게 시도하지 않는다는 것을 알아 두자.

통상적인 상황에서는 앞서 말한 바와 같이 부동산 중개 업소를 통해서 요구 조건을 전달하고 그에 대한 답변을 받는 것이 중요하다. 하루 이틀의 시간만 잘 참으면 창업자에게 여러 가지의 편의와 금전적인 이득을 가져다 줄 수 있다. 그러기 위해서는 다음 장에서 설명하는 '점검 사항'에 대한 꼼꼼한 점검과 함께 요청 사항에 대한 점검목록(Check List)을 만들어 두는 것이 바람직하다.

35
임대 계약 전 점검 사항

당구장 창업을 위한 임대차 계약을 위해서 반드시 사전 점검을 해야 하는 사항들을 알아보자.

일반적인 사항 즉, 임대차 계약에 필요한 등기부 등본 확인과 계약서 작성 요령은 여기서는 다루지 않고 당구장 시설과 운영에 필요한 사항들을 중심으로 이야기 하고자 한다. 혹시나 하는 마음에 정화구역의 확인에 관한 사항만 잠시 언급하면, 정화구역의 확인은 관할 교육청에 전화 한 통이면 주소지에 대한 당구장 개설 여부를 바로 확인할 수가 있다. 해당 주소지가 정화구역 내(內)에 위치 한다면 심의신청을 통하여 당구장 개설에 대한 가부(可否)를 15~30일 내에 심의위원회의 결정을 통지 받게 된다. 불가판정을 받은 경우 행정소송을 제기하면 되지만 절대 쉬운 일이 아니다.

다시 본론으로 돌아와서,

임대차 계약 전의 점검/확인 사항에 대하여 하나씩 자세히 알아보도록 하자.

첫째, 건물 출입구의 개폐 시간을 확인한다.

관리 사무소 또는 관리인이 별도로 있는 건물의 경우 또는 보안상의 이유로 인하여 상황에 따라서 주(主) 출입구를 야간 시간에는 폐쇄하는 경우가 있다. 이를 먼저 확인하고 개폐 시간에 대한 협의가 필요하며, 야간 시간에 보조 출입구를 이용해야 하는 경우에는 주(主) 출입구의 개폐 시간을 사전협의를 통하여 가급적 주(主) 출입구를 개방하도록 하여야 한다.

둘째, 엘리베이터 가동 시간을 확인한다.

여러 개의 엘리베이터가 존재하는 대형 건물의 경우에 짝수 층과 홀수 층을 나누어 운영한다거나 일정시간에 대한 운행 제한을 두는 경우가 있다. 운행 층과 운행 엘리베이터의 위치를 확인하고 야간 시간대(저녁 8시 ~마감 시간 까지)의 원활한 이용을 위한 조치를 취해야 한다.

셋째, 간판 및 파사드(Façade)[59] 설치 위치 확인.

건물의 외벽에 설치될 돌출 간판, 전면 간판의 설치 위치를 사전에 협의하고, 엘리베이터, 복도, 이동 통로 등의 위치에 설치 가능한 위치를 협의해 두어야 한다. 자칫 협의가 되지 않은 상태로 계약이 이루어 진다면 추후에 건물의 청결과 타 입주 업체와의 형평성 문제로 설치 자체가 불가하게 될 수도 있다. 반드시 간판과 기타 광고물의 설치 가능 위치를 정확하게 협의해야 한다.

넷째, 주차 가능 대수 및 보조 주차장을 확인한다.

특히 대형 건물의 경우, 각 임대실마다 정해진 주차 대수가 있다. 무료 주차 가능 대수를 확인하고 유료 주차가 가능한지, 가능하다면 주차 조건에 대한 사항도 미리 점검을 해 두어야 한다. 만약 건물 내의 주차가 원활치 못한 경우에는 인근의 공영 주차장과 유료 주차장을 확인하고 주차요금에 대한 사전 조정도 해두면 좋다. 어느 주차장이건 정해진 요금이 있지만 월 계약에 의한 조건 제시가 이루어지면 보다 저렴한 요금으

---

59) 건물의 외부에서부터, 당구장으로 진입하는 과정에서의 유도장치 물들을 통틀어 파사드(façade)라고 한다.

로 협상이 가능하다.

다섯째, 도시가스 설치 여부를 확인한다.

도시가스는 부가적인 사항이다. 실제 당구장에서 가스렌지를 사용 한 다거나 도시가스용 난방기를 사용하는 경우는 매우 드물다. 그러나 건물의 복도와 매장 내부에 설치된 도시가스 배관에 대한 보존과 관리의 차원에서의 확인이 필요하다. (참고: 사용하지 않는 도시가스 배관에 대하여서는 철거 또는 배관의 가림도 가능하다.)

여섯째, 공용 환기구(Duct)를 확인한다.

대형 건물의 경우 공용 환기구가 천장에 매설이 되어있는데, 이 환기시설의 사용 가능 여부와 사용을 위한 환기 시설의 설치 기준을 확인하여야 한다. 간혹, 사용이 불가능한 경우도 있는데 이럴 때는 별도의 환기시설 설치를 위한 조건인 건물 외벽의 타공 위치, 환기 모터의 설치 위치, 외부 환기통의 설치 위치에 대한 충분한 협의가 필요하다.

일곱째, 공용 냉난방 시설을 확인한다.

중앙 냉난방을 가동하는 건물의 경우에 가동 시간과 가동 기준(온도)을 확인하고, 추가적으로 설치할 개별 냉·온방 시설에 대한 설치 기준을 확인하여야 한다.

여덟째, 냉온풍기 실외기 설치 위치를 확인한다.

실외기의 위치가 층별로 구성되어 있는 경우도 있으며, 건물의 옥상 또는 1층의 후면 측면 부에 위치하는 경우도 있다. 실외기의 설치 위치에 따라서 냉온풍기의 설치 비용이 상당히 많은 차이가 발생된다. 사전에 실외기 설치 위치를 확인하고 예산에 반영해야 한다.

아홉째, 건물 전체의 전기 용량 및 임대 실(實)에 대한 배정 용량을 확인한다.

건물마다 정해진 전기의 정격 용량이 있다. 그리고 각 층별로 할당되는 용량도 정해져 있다. 개설될 당구장에 필요한 정격 용량을 산정하고 공급이 가능한지에 대한 협의가 필요하며, 증설이 필요한 경우는 그 비용의 처리 문제까지도 사전에 논의 하는 것이 유리하다.

열 번째, 관리비 산정의 기준 및 월평균 관리비를 확인한다.

소형 건물의 경우 '월 얼마'라고 정해지는 경우가 대부분이지만 대형 건물의 경우는 건물마다의 정해진 관리비 부과 기준에 의하여 매우 가변적으로 적용이 된다. 사전에 관리비 산정 기준을 알아 두는 것은 월 고정비를 예측하는 매우 유용한 자료가 될 것이다. 상황에 따라서는 임대차 계약 자체를 유보해야 할 수도 있는 중요한 확인 사항이다.

열한 번째, 상·하수도 및 오수배관의 위치를 확인한다.

실내 인테리어 과정에서 반드시 확인이 필요한 부분이다. 임대할 공간의 내부에 위치해 있다면 큰 문제가 될 것이 없지만, 때로는 아래층의 배관 시설을 활용해야 하는 경우가 발생되기도 하는 데 사전에 논의가 되면 인테리어공사 중에 아래층 입주자와의 불필요한 잡음을 없앨 수가 있다. 더불어 상하수도 배관도를 챙겨두면 혹시 모를 누수와 터짐에 따른 원인 규명과 손해 배상의 책임에서도 매우 명확해진다.

열두 번째, 배전반의 위치 및 이동 가능 여부를 확인한다.

인테리어 공사를 하는 과정에서 사용상의 편의를 위해 배전반을 이동해야 하는 경우도 발생될 수가 있다. 이동 가능 여부와 이동 가능 위치를 파악해 두고 공사를 진행하는 것이 바람직하다.

열세 번째, 철거의 진행 주체를 확인한다.

기존 시설물에 대한 철거와 정리를 누가 할 것인가에 대한 부분이다. 대부분 원상 복구 규정에 의하여 전 임대인이 철거를 완료하고 계약을 만료하지만, 간혹 기존 시설의 전체 또는 일부분을 남겨 놓는 경우가 있다. 이 경우 임차인이 철거 또는 정리를 해야 하는 데 특별한 경우를 제외하고는 임대인에게 맡기는 것이 유리하다. 어떻게 처리가 되든 그 비용의 문제만큼은 확실하게 집어 두어야 한다.

열네 번째, 원상 복구 조건을 확인한다.

계약 만료 후, 원상 복구를 어떠한 상태로 어떻게 할 것인지에 대한 명확한 확인과 협의가 필요하다. 특히 환기 시설, 수도 시설, 전기 시설에 대한 원상 복구에 대한 정의가 반드시 필요하다.

열다섯 번째, 용도 변경에 따른 소요 비용을 합의한다.

근린생활시설 또는 운동장 시설로의 건축물 용도 변경을 해야 하는 경우에 건물주와의 사전 협의가 이루어지지 않으면 모든 책임이 임차인의 몫으로 돌아간다. 단순히 용도 변경 서류만으로 가능한 경우도 있고, 건물자체의 요건 충족을 위한 사전 조치가 필요한 경우가 있다. 반드시 사전에 그 비용과 절차에 대한 협의가 이루어져야 한다.

기타 이외에 건물의 상황에 따라서 점검해야 할 사항들에 대하여서도 점검목록(Check List)을 만들고 확인/점검/협의 사항에 대한 관철시켜야 할 것과 양보할 것들에 대한 정리가 필요하다. 결국 이러한 과정은 창업자의 창업 비용, 즉 돈과 직결됨을 명심하자.

36

당구장이 몰려 있는 곳은 검증된 상권이다

당구장이 많이 있는 곳에서 자리를 찾는 것이 가장 손쉬운 방법이며, 가장 확실하게 상권을 믿을 수 있는 방법 중에 하나이다. 업종을 막론하고 장사가 기본은 되기 때문에 유사 업종이 몰려 있는 것으로 보아도 무방하다. 만약 어떠한 상권에 당구장이 많이 몰려 있는 장소가 있다면 그만큼의 '당구 자원'이 존재한다고 해석해도 좋다. 다만, 그 상권의 '어디'에 당구장을 차릴 것인가와 상대적으로 치열한 경쟁을 '어떻게' 이겨 나갈 것인가에 대한 고민은 당연한 것이다. 만약 목표상권 내에 10개의 당구장이 있다면 그 중에 반드시 1등과 2등이 있을 것이고 꼴등이 당연히 존재한다. 기존의 10개 당구장 중에서 수익을 내지 못하는 당구장도 분명히 존재할 것이 확실하다.

"실장님, 여기는 당구장이 너무 많아요. 경쟁이 될까요? 저는 자신이 없습니다. 당구장이 10개나 있잖아요~"

창업자가 의아해하며 자신 없게 이야기를 건넸다.

"그만큼 자원이 많다는 반증입니다. 우선 기존 당구장의 실태를 파악하고 가능성을 타진해 보는 것이 우선입니다. 그리고 그에 맞는 전략을 세워 보죠!"

경쟁이 심한 곳일수록 창업 준비 과정에서 타깃 고객과 영업 목표가 명확해야 한다. 어떠한 고객층을 상대로 할 것인지, 어떠한 경쟁 체제를 가

져갈 것인지, 몇 등을 목표로 할 것인지[60] 등에 대한 치밀한 전략과 그에
합당한 시설 전략과 영업 전략을 구성해야 한다. '내가 여기에 당구장을
만들면 중간은 가겠지!'라는 생각은 애초부터 버려야 한다. 기존의 당구
장들은 이미 수년간의 경험을 바탕으로 신규 당구장의 진입에 따른 매출
의 손실을 충분히 방어해 내고 꿋꿋하게 영업을 하고 있다는 것을 명심
해야 한다. 그러나 너무 겁먹지는 말자. 어떤 사업이건 경쟁은 당연한 것
이고, 신규 업체가 시장에 진입하고 경쟁 우위를 점하는 과정에서의 치
열한 전투는 피할 수가 없다.

　누군가는 망하고 누군가는 흥한다. 승패는 어디까지나 분석과 전략의
문제이다. 물론 적당한 운도 있어야 한다. 준비 과정에서부터 치밀하게
준비하고 경쟁에 돌입한다면 반드시 좋은 결과로 보답이 올 것이라 믿고,
도전하는 자세가 무엇보다 중요하다. 그래야 계획한 것에 대한 지속적인,
투쟁적인 실행이 가능하다.

　장사는 전투다. 이런 자리에서는 전투를 위한 철저한 무장이 무엇보다
필요하며 우선이다. 전쟁은 승리에 대한 확신이 있을 때 시작이 된다. 당
구장이 많이 몰려 있는 곳에서의 전투는 냉정해야 하며, 치열해야 한다.
승산이 없다면 포기할 줄도 알아야 한다.

---

60) 전략적인 부분에서 상당히 중요한 개념이다. 누구나 1등을 하고 싶고, 최소한 2등은 하고 싶은 것이
　　당연하다. 그러나 현실적인 부분에서의 규모와 시설, 서비스 체계 그리고 경쟁자의 상황 등에 대한 분
　　석을 통하여 창업자인 '나'의 현 상황을 명확히 집어내야 만 한다. 수익을 낼 수 있는 구조에서의 포지
　　션 설정은 냉정해야 하며, 때로는 이 과정에서 목표 위치에서의 당구장 창업을 포기해야 할 수도 있다.

37

성공 후, 두 번째 창업을 조심해라

세상의 모든 일이 그렇듯이 한 번의 성공 이후에 그 자신감은 하늘을 찌를 듯 높기만 하다. 운이 좋았던, 장사에 소질이 있었건, 그 전략이 좋았건 간에 첫 번째 당구장 창업의 성공 이후의 자신감과 의욕은 넘쳐 나는 것이 당연하다. 이러한 창업자의 자신감 넘치는 마음가짐은 새로운 도전에 대한 원동력이 되기도 하며 성공 경험을 바탕으로 한 노하우의 축적과 함께 더 큰 성공을 가져오기도 한다. 그런데 이런 자신감이 지나쳐 때로는 심각한 우(愚)를 범하기도 한다. 필자의 경우도 당구업계에서의 작은 성공 뒤에 여러 가지로 시도한 많은 것들이 실패로 돌아갔다. 내 잘못일 수도 있고, 시장 구조의 잘못일 수도 있고, 그 누군가의 방해일 수도 있다. 중요한 것은 필자 역시도 '지나친 자신감'이 원인이 되어 여러 가지의 실수를 저질렀다는 것은 명백한 사실이다.

"어디든 자신 있다. 자리가 중요한 것이 아니다!"
"내가 성공한 방식으로, 내가 하던 대로만 하면 된다!"
한 번의 성공 이후, 두 번째 당구장 창업은 늘 자신만만하며 의욕이 넘치게 마련이다.
그러나 이러한 생각을 하게 되는 순간 이미 이번(2번째)의 당구장 창업은 심각한 상황으로 빠져들곤 한다. 특히 첫 번째 성공 이후에 '당구장

266   초보 창업자의 당구장 자리 찾기 실전 방법론

자리'에 대한 중요성을 간과하는 또는 그다지 중요하게 생각하지 않는 생각들을 많이 하게 되는데, 그 실패 사례는 무수히 많다.

왜 이런 생각이 드는 것일까?

대부분은 장사에 자신감이 붙은 상황이기에 입지의 불리함 정도는 자신의 성공적인 장사 노하우로 충분히 극복이 가능하다고 믿기 때문이다. 물론 어느 정도의 입지의 불리함은 장사의 노하우로 충분히 극복이 가능하지만 모두가 그런 것이 아니다. 상권의 형태와 여건 그리고 자원(당구를 치는 사람들)의 형태에 따라서 다양한 영업 전략과 시설 구성 등이 활용이 되어야 함에도 불구하고 기존의 자신만의 장사의 방법을 고집한다는 데에 그 원인이 있다. (상권의 형태에 따라서 그에 알맞은 영업 전략과 그 전략을 수행할 수 있는 시설 전략, 서비스 등의 구성은 필수적이다.)

예를 들어, 젊은층이 모여 사는 원룸 단지에 벤츠(BENZ) 전시장을 개설하고 성공적인 판매를 기대할 수가 있을까? 삼성동의 60평대 아파트 단지 앞에 '땡 처리' 신발 가게에서 판매를 기대할 수가 있을까? 물론, 한 번쯤 혹하는 시선을 끌 수는 있지만 궁극적인 매출 목표를 달성하기에는 무리가 있다. 당구장도 마찬가지다. 지역과 상권에 따라서 주 이용 고객층이 다양하며 이들의 이용목적도 다양하며 시설과 이용 서비스에 대한 욕구 역시 다양하게 존재한다. 이들의 이러한 욕구를 무시하고 기존의 성공 모델을 고집한다면 분명한 실패로 다가올 것이 자명하다.

이러한 이유 때문에 두 번째 창업에서는 더더욱이 입지에 대한 신중한 판단과 고민이 필요하다. 기존에 자신이 운영하던 당구장과 같은 형태의 상권을 찾던지 아니면 새로운 영업 전략을 구상하여야 한다. 그러나 실제에서는 기존 성공에 도취되어 '난 어디서 하던지 자신 있어! 당구장 별거 없다!라는 잘못된 생각으로 접근하게 되며, 입지에 대한 고민을 충분히 하지 않는다. 한 번의 성공은 분명히 두 번째 창업에서 유리한 조건임에 틀림이 없다. 그러나 지나친 자신감과 입지 조건의 무시는 모든 것을 한 번에 잃을 수 있는 독이 될 수 있음을 명심해야 한다.

"여기는 아무래도 힘들 것 같습니다."

"아니요 저는 자신 있습니다. 저는 제 눈과 경험을 믿습니다. 하던 대로만 하면 될 것 같습니다!"

이러한 고객과의 대화 이후에 1년도 채 되지 않아서 당구장을 정리해야만 하는 상황을 참 많이 보았다. 장사의 노하우가 없어서라기 보다는 입지 조건의 불리함을 극복하지 못한 경우가 대부분이다. 손님이 올 수 있는 여건이 마련된 입지여야 자신이 가지고 있는 노하우와 장사 소질을 발휘 할 수가 있다. 다시 한 번 말하지만 두 번째 창업은 모든 면에서의 신중함과 함께 특히 입지 선택에 있어서 신중에 신중을 기해야 한다.

38
주거지의 버스정류장에 속지 마라

주거 지역의 버스정류장은 간단하게 두 가지로 구분이 된다. 〈그림 38-1〉과 같이 주거지 소방도로의 주(主) 출입구에 위치한 정류장과 그 사이에 주거지로의 진입의 편의성을 위해 만들어진 정류장이다. 다시 설명하면 주(主) 출입구에 위치한 정류장은 주거지 세대의 모든 편의 시설인 SSM, 은행CD기, 편의점 등의 생활 밀착형 업종이 집중되어 있는 곳으로 주민 생활의 중심이 되는 정류장이다. 주거지의 규모에 따라 다르지만 500~600m 내외의 간격으로 존재하는 데 이들 정류소 사이사이 (100~200간격)에 주민의 편의를 위해서 몇 개의 정류소가 존재한다. 이러한 곳에는 부분적으로 작은 소비 상권이 형성되기도 하지만 그 영향력은 매우 미비하다. 이러한 정류장의 주목적은 주거지 출입의 목적 보다는 보조적인 편의 통로로서의 역할을 한다. 즉, 주민의 편의를 위한 중간정류장임을 잊지 말아야 한다. 단순히 정류장이라는 이유로 초보 창업자가 실수를 많이 하는 부분이 바로 이러한 정류장에 속는 것이다.

"실장님, 버스정류소 앞이라 참 좋은 자리 같아요!"

"아! 그래요? 그런데 그냥 간이 정류장이군요~"

"여기는 배제하고 좀 더 올라가서 보는 것이 좋겠습니다."

"아니 왜요? 여기도 좋아 보이는데요?"

"좀 더 위로 올라가면 분명 앞뒤 정류장이 합쳐지는 하나의 정류소가 있고, 그곳을 중심으로 상권이 형성되어 있을 겁니다. 여기는 그냥 통로입니다."

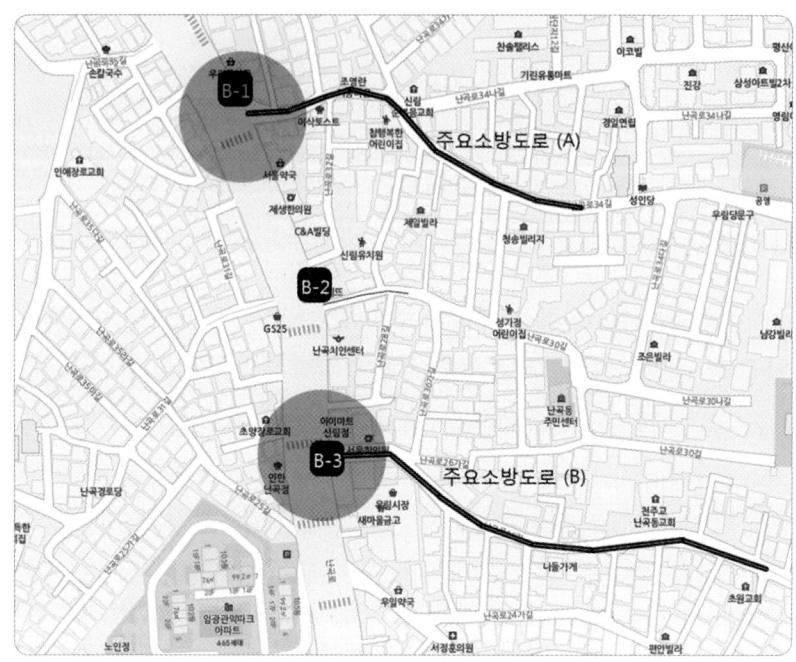

〈그림 38-1〉 주요소방도로 (A) (B)

　주거 지역의 입점 위치에서는 사람들의 이동 반경이 넓지 않다는 것과 주 상권에서의 결집력에 주의를 해야만 한다. 주출입로의 50m 앞의 정류소에서 사람이 하차(下車)하는 경우는 다른 목적이 없이 단순한 빠른 귀가의 목적뿐이다. 그러나 주출입로의 정류소에 하차(下車)하는 경우는 다양하다. 시장을 보아야 할 경우, 친구를 잠시 만나야 할 경우, 문구점을 들려야 할 경우, 단순히 큰길로의 귀가가 목적인 경우 등 그 이유는 다양하다. 그 이유가 무엇이건 간에 인근 주거지의 거주민들은 대

　초보 창업자의 당구장 자리 찾기 실전 방법론

부분 중간에 위치한 작은 정류소보다는 주출입로의 정류소를 선호한다는 것을 명심해야 한다. 앞서 설명한 중간에 위치한 정류장들은 〈그림 38-1〉의 주요소방도로 (A), (B) 사이의 이동 통로 정도로 간주해야 하며, 주거지 진입에 편의를 위해서 만들어진 중간 정류소임에 유의해야 한다. 단순히 정류장이라는 이유만으로 당구장 개설 후보지로 선택하는 실수를 범하지 말아야 한다. 이러한 중간 정류소들 주변의 업종은 대부분 철물점, 인테리어 사무실, 설비업체 등과 같은 특수 목적형인 경우가 많다. 독점 자리이거나 영업 전략과 운영 시스템에서 특별한 경쟁 우위가 없는 한 이러한 정류장에 속는 경우가 없어야 한다. 전체의 정류장을 표기하고 그 역할을 파악한 후에 당구장 개설 후보지에 대한 판단을 할 것을 권장한다.

39

전용클럽/회원제 당구클럽의 입지 특성

국제식 대대 전용클럽, 포켓볼 전용클럽이 대표적인 전용클럽이라고 할 수가 있다. 회원제 당구클럽은 현재로써는 강습 위주의 '당구 아카데미' 정도의 개념으로 이해하는 것이 무방하다. 실질적인 회원제 당구클럽이 2010년도에 모 당구 회사에서 시행된 적이 있지만 여러 가지 이유로 실패로 돌아갔다. 그 실패의 원인 분석은 오토빌코리아에서 2014년 발행한 '회원제 당구클럽 개설에 관한 연구'에서[61] 자세히 기술하고 있으므로 참고하면 된다. 이번 이야기에서는 회원제 당구클럽의 운영에 대한 이야기는 배제하고 전용클럽 위주의 내용을 이야기하고자 한다.

전용클럽의 입지는 어떻게 파악을 해야 할 것인가?

우리가 일반적으로 이야기하는 당구장을 범용적인 범위에서의 놀이 문화를 중심으로 한 당구장이라고 정의한다면, 전용클럽은 놀이 문화를 벗어난 스포츠로 받아들여야 한다. 탐구하고 경쟁(탐구에 대한 경쟁, 승부에 대한 경쟁)하고 성취를 갖는 데 당구 활동을 하는 주된 목적이 있다고 이해해도 좋다. 전용클럽의 형태를 이해하는 방법으로 와인 동호회, 독서 동호회, 자전거 동호회와 같은 전문성과 친목 목적의 구성원 간

---

61) 오토빌코리아에서 2014년 발행한 '회원제 당구클럽 개설에 관한 연구'에서는 회원제 클럽의 입지 선택, 운영 방법 등에 대한 연구 결과와 함께 벤치마킹 대상에 대한 연구와 유사 사례에 대한 성공과 실패의 자료가 수록되어 있다.

의 활동으로 접근한다면 이해하기에 보다 쉬운 이야기가 될 것이 분명하다. 이들의 목적은 단순히 '자전거를 탄다', '와인을 마신다', '책을 본다'의 목적을 넘어서 '같이 즐긴다', '자랑한다', '우월성을 확보한다', '배운다'라는 또 다른 목적에 의한 자발적 참여의 형태를 보인다. 단순히 내가 집에서 '책을 본다' 또는 친구들과 취하듯 '술을 마신다'와는 다른 개념의 경쟁과 우월 의식이 존재하게 된다. 이는 '차별화'와는 다른 개념이다.

당구 역시도 마찬가지다. 하나의 기술, 경쟁을 통한 승부(게임 이외의 탐닉에 대한 우월적 승부), 일반 당구인과는 차별화된 우월성을 확보하려는 심리가 작용하는 것이 일반적이다. 이러한 이용자의 심리적 상황과 목적성에 근거하여 전용클럽의 입지에 대한 판단이 필요하다.

그렇다면 어떤 조건을 갖춘 입지가 유리 할까?

첫 번째, 외형이 좋은 건물이어야 한다.

클럽에서 활동하는 회원의 감성적 수준을 높여 주어야 한다는 말이다. 허름한 건물에 큐 가방을 들고 입장하는 회원의 이미지를 생각해 볼 필요가 있다. 건물에 들어서고 클럽 내부로 진입하는 회원에게 무언가 특별한 자부심과 남다름에 대한 관념을 심어 주어야 한다. 그들은 그런 특별함을 즐긴다는 것을 상기해야 한다.

두 번째, 중심가에서 크게 벗어나지 않아야 한다.

유흥 상가의 중심가를 벗어나지 말라는 이야기는 아니다. 넓은 의미에서의 지역의 범위(강남역 인근, 일산 라페스타 인근, 서울대역 인근 등)로 받아들이면 좋다. 이유는 뒤에서 설명할 접근성과도 연관이 되며 앞에서 설명한 '고객의 수준'에 대한 이야기와도 같은 개념이다. 큰 범위에서의 대표 지명을 벗어나지 않는 선택을 해야 한다.

세 번째, 주차 시설이 좋아야 한다.

클럽을 이용하는 대부분의 회원들은 자가용을 이용하는 것이 보편적이다. 3쿠션 전용 당구장의 경우는 30세~50세까지의 넓은 회원 층을 갖는다. 때문에 자가용의 이용은 필수적일 것이다. 포켓볼의 경우는 20대, 30대가 주류를 이루고 여성 회원이 많다는 점을 고려하면 다소 동떨어진 이야기라고 받아들일 수도 있다. 그러나 전용클럽의 경우 일반 당구장에 비하여 특별한 목적에 의한 방문이기 때문에 통상적인 수준에서의 이용 시간에 비하여 장시간 당구장을 이용하게 된다. 때문에 귀가의 편의성을 위해서라도 많은 회원이 자가용을 이용할 것이라는 사실을 염두해 두어야 한다. 때문에 원활한 주차 시설의 확보는 필수적인 요건이며, 대중교통과의 원활한 연계성도 반드시 고려해야 한다. 앞서 설명했듯이 중심가를 벗어나지 말아야 하는 이유이기도 하다.

네 번째, 위성 지역에서의 접근이 좋아야 한다.

전용클럽의 경우는 상권 내의 당구 자원만 가지고는 운영이 불가능하다. 최소한 한 개의 구(區) 또는 한 개의 시(市) 정도는 영업 범위로 보아야 한다. 그러기 위해서는 당구클럽으로의 외부로부터의 원활한 접근을 위한 연계가 필수적이다. 대중교통의 원활함과 더불어 외각순환도로, 올림픽대로 등과 같은 타 구/시와의 연계성이 좋은 형태를 취해야 한다.

현재 시점에서 국제식 대대 전용클럽 또는 포켓볼 동호회 회원들의 이동 범위를 생각해 보자. 그들은 당구를 치겠다는 목적 하에 한 개 구(區)정도는 쉽게 넘나들며 동호회 활동을 하고 있다. 이는 단순히 당구를 즐기겠다는 의미에서 벗어나 있음을 직감할 수 있을 것이다. 집 앞에도, 회사 앞에도, 학교 앞에도 당구장은 많다. 그런데 왜? 굳이? 먼 길을

마다하고 금쪽같은 시간을 투자해서 생활과 연고가 없는 곳까지 '당구를 치러 가는 것일까?'를 다시 한 번 상기할 필요가 있다. 앞서 설명했듯이 하나의 기술, 경쟁을 통한 승부(게임 이외의 탐닉에 대한 우월적 승부), 일반 당구인과는 차별화된 우월성을 확보하려는 심리가 기본적으로 깔려 있다.

일반 당구장과는 고객의 형태와 이용목적이 다르다는 것을 꼭 염두하고 입지 선택에 반영해야 한다.

·전용클럽의 시설 형태에 대한 내용은 오토빌코리아에서 2014년 발행한 '회원제 당구클럽 개설에 관한 연구'를 참고하기 바란다. (www.abbi.co.kr)

40
임대료, 7일 이내에 벌어야 한다

당구장 입지의 선택에 있어서 임대료는 매우 중요하다. 자칫 너무 높은 임대료로 인해서 빛 좋은 개살구가 될 수도 있다.

그렇다면,

얼마의 임대료가 가장 적당한 수준일까?

일반적으로 요식업체의 경우는 3~4일을 임대료 충당 기간으로 보는 것이 보편적이나, 당구장의 경우는 조금 다른 기준이 필요하다. 요식업의 경우는 '객 단가'가 높고 재료비의 비중이 크기에 요식업 전문가들이 제시하는 그러한 기준에 동의한다. 그러나 당구장의 경우 회전율과 객 단가가 낮은 편이며 재료비의 비중이 매우 낮은 '특수 시설 이용' 업종이기에 요식업과는 다른 기준의 산정이 필요하다.

당구장의 큰 지출 비용은 임대료+전기세+인건비+경비로 형성이 된다. 이들 중 가장 큰 비용이 임대료(월세+관리비+부가세)와 인건비의 지출이다. 10대 내외의 당구장에서 인건비와 임대료를 2주 안에 해결해야만 적절한 수준에서의 수익을 기대할 수가 있다.

"하루에 30만 원은 충분히 벌 수가 있을 것 같아요"

"그럼 임대료는 210만 원 내에서의 조정이 필요하겠군요"

초대형 당구장을 제외하고는 대부분 이러한 기준에서의 임대료 적정선을 판단하는 것이 유효하다. 이 임대료의 적정성에 대한 판단은 '매출

예상'과도 밀접한 연관이 있는데 단순히 임대료가 '싸다', '비싸다'의 논의에서 벗어나 별도의 판단이 필요하게 된다. 단순히 임대료를 기준으로 당구대수를 결정해서도 안 되며, 예상 매출을 시장 규모에 맞지 않는 예측을 해서도 안 된다. 우선은 정확한 시장 규모를 예측하고 그에 적합한 임대 면적과 당구대 수를 결정해야 한다. 중요한 것은 7일 이내에 정해진 매출을 올릴 수 있느냐 없느냐의 판단이며, 그럴 수 없다면 과감히 포기해야 한다.

[표 40-1] 당구장 손익분석표 샘플

1. 창업 투자비 산정

단위 : 원

초기 투자비용				
NO	항목	금액	투자비중	비고
1	임대보증금	40,000,000	34.2%	80평
2	인테리어	35,000,000	29.9%	
3	익스테리어	4,000,000	3.4%	
4	당구대시설	25,000,000	21.4%	
5	중개수수료	–	0.0%	
6	냉온방시설	6,000,000	5.1%	
7	환기시설	5,000,000	4.3%	공조시설
8	기타비품	2,000,000	1.7%	컵, 쟁반등의 비품
9	권리금	–	0.0%	영업+시설권리금
투자비합계		117,000,000	100.0%	

2. 고정비 지출항목 산정

단위 : 원

NO	항목	소요비용			비고
		(1개월)	(1년)	지출비중	
1	건물임대료	2,200,000	26,400,000	27.3%	월고정비(부가세포함)
2	건물관리비	800,000	9,600,000	9.9%	월고정비
3	인건비(1)	1,200,000	14,400,000	14.9%	월고정비 (파트타임 낮 8시간)
4	인건비(2)	1,200,000	14,400,000	14.9%	월고정비(파트타임 저녁 10시간)
5	인건비(3)	–	–	0.0%	

6	직원식대	500,000	6,000,000	6.2%	주/야 식대지출
7	전기세	700,000	8,400,000	8.7%	봄, 여름, 가을, 겨울 평균 전기세
8	통신비	45,000	540,000	0.6%	
9	수도세	–	–	0.0%	관리비 포함
10	음료비	500,000	6,000,000	6.2%	기본제공 음료 서비스 비용
11	기타 서비스	200,000	2,400,000	2.5%	과일, 간식류 등의 서비스 비용
12	당구재료비	50,000	600,000	0.6%	쵸크,팁,장갑 등 년간 소요비용의 월평균
13	당구대수리비	150,000	1,800,000	1.9%	천갈이,수리 년간 소요 비용의 월평균
14	상대교체비	–	–	0.0%	상대교체 소요비용의 월평균
15	기타잡비	500,000	6,000,000	6.2%	간식, 교통비 등
16			–	0.0%	
17			–	0.0%	
18			–	0.0%	
	합계	8,045,000	96,540,000	100.0%	

3. 매출단계별 추정손익

단위 : 원

	예상매출			예상손익		투자수익율
	일 평균매출	월 평균매출	연 매출	손익(월)	손익(년)	(연%)
ex1	200,000	6,000,000	72,000,000	-2,045,000	-24,540,000	-21.0%
ex2	250,000	7,500,000	90,000,000	-545,000	-6,540,000	-5.6%
ex3	300,000	9,000,000	108,000,000	955,000	11,460,000	9.8%
ex3	350,000	10,500,000	126,000,000	2,455,000	29,460,000	25.2%
ex4	400,000	12,000,000	144,000,000	3,955,000	47,460,000	40.6%
ex5	450,000	13,500,000	162,000,000	5,455,000	65,460,000	55.9%
ex6	500,000	15,000,000	180,000,000	6,955,000	83,460,000	71.3%
ex7	550,000	16,500,000	198,000,000	8,455,000	101,460,000	86.7%
ex8	600,000	18,000,000	216,000,000	9,955,000	119,460,000	102.1%

초보 창업자의 당구장 자리 찾기 실전 방법론

4. 추정 손익분석

월		단계	시기	매출내역		예상지출	예상손익
				일 평균	월총매출		
M1	2월	성숙기	성수기	450,000	9,724,000	8,045,000	-256,000
M2	3월		비수기	300,000	9,262,000	8,045,000	-718,000
M3	4월		비수기	300,000	7,422,000	8,045,000	-2,558,000
M4	5월		비수기	300,000	9,181,000	8,045,000	-799,000
M5	6월	안정기	준성수기	450,000	8,730,000	8,045,000	-1,250,000
M6	7월		준성수기	450,000	9,918,000	8,045,000	-62,000
M7	8월		준성수시	450,000	13,500,000	8,045,000	3,520,000
M8	9월	추정	비수기	300,000	9,000,000	8,045,000	-980,000
M9	10월	추정	비수기	300,000	9,000,000	8,045,000	-980,000
M10	11월	추정	극성수기	600,000	12,000,000	8,045,000	2,020,000
M11	12월	추정	극성수기	600,000	12,000,000	8,045,000	2,020,000
M12	01월	추정	극성수기	600,000	12,000,000	8,045,000	2,020,000

일(평균매출)	예상매출 합계	예상지출 합계	년간 순수익	수익률(년)
333,526.03	121,737,000	96,540,000	25,197,000	22%

41

0.6~0.9 중개 수수료의 차이

상가 임대의 경우 중개업체의 중개 수수료는 0.6~0.9%까지 가변적으로 적용이 된다. 그 차이는 중개업체가 임차인을 위해 어떠한 이익을 가져다 주었는지에 따라서 결정되는 것이 보편적이다. 단순히 임대 건물을 소개하고 계약을 한 것으로는 0.6~0.7%가 적용되며, 임대 조건의 협상 과정에서 임차인에게 금전적 이익 또는 사용의 편의를 가져다 주는 이익을 제공하는 협상을 이끌어 냈다면 그 수준에 따라서 0.9%까지의 중개 수수료를 지불하는 것이 통상적이다.

그렇다면,

'임차인에게 어떠한 이익을 가져다 주어야 정당한 대가의 지불에 망설이지 않을까?'

원하는 수준에서의 임대료 조정, 임대 유예 기간의 조정, 입주 전 인테리어 기간의 확보 등이 대표적이며 부수적으로 용도 변경, 기존 시설물의 철거, 전기 증설 등의 비용 처리 문제에서의 적절한 조정이 이루어진다면 그 대가의 지불에 큰 문제는 없을 것이다.

"상가 임대는 무조건 수수료가 0.9%입니다"

"저에게 유리한 조건으로 협상을 이끌어 낸 것이 무엇이죠?"

나에게 아무런 이익도 없이 당구장을 개설한 건물을 소개한 것으로 무조건 0.9%를 요구하는 중개업체와의 대화에는 반드시 따져 물어야 한다. 대부분은 특별한 역할이 없었던 경우에는 0.6~0.7% 소개비를 자진해서 양심껏 청구한다. 그러나 간혹 아닌 경우도 있으니 한 번쯤 진지하게 따져 물어야 할 것이다.

42

당구장 바닥 권리금의 비밀

당구장을 매매하는 과정에서 반드시 논의가 되어야 할 부분이 권리금이다. 권리금은 시설 권리금, 영업 권리금, 바닥 권리금으로 나누어지게 되는데 시설 권리와 영업 권리금은 매출과 시설의 수준으로 표준화된 양식만으로도 어느 정도 가늠이 가능하다. 그러나 문제는 바닥 권리금이다. 이 바닥 권리금의 해석은 상권의 영업 영향력과 잠재력에 대한 비용의 지불 정도로 생각해도 무방하다. 1층의 분식점도 바닥 권리금만 5,000만 원에서 많게는 수억 원까지도 형성되곤 한다. 문제는 당구장에 이러한 상권의 잠재 이익에 대한 바닥 권리금이 존재하냐는 것이다. 당구장의 경우 대부분 지하 또는 2층 이상에 위치한다. 일반 업종에서도 이러한 경우는 바닥 권리금이 없어진지 오래 되었다. 그럼에도 불구하고 간혹 당구장 매매 과정에서 바닥 권리금이 있는 경우가 있다.

"바닥 권리금이 2,000만 원입니다"

"네? 바닥 권리요? 여기가 1층도 아닌데 왜?"

표면적으로 이런 대화가 오고 간다면 특별한 경우를 제외하고는 이를 인정할 당구장 창업자는 아마도 없을 것이다.

가령 시설비에 7,000만 원, 바닥 권리에 2,000만 원이 소요된 매장이 있다고 가정을 해 보자.

"시설 권리금이 9,000만 원 입니다."

"아~좀 비싸군요. 이정도 시설이면 7,000만 원이면 적당할 것 같은데요?"

이런 식의 대화가 오고 간다면 아마도 그 조정을 위해 상호 간의 노력이 있게 된다. 매수자의 입장에서는 2,000만 원의 차이에 대한 고민만 하면 된다. (물론, 시설비의 평가에 대하여서는 시설 점검 기준에 의한 객관적인 판단이 필요하다. 여기서는 7,000만 원을 인정이 가능한 범위로 놓고 설명한다.) 그렇다면 2,000만 원의 권리금은 어떻게 생겨난 것일까? 크게 두 가지의 경우로 볼 수가 있는데, 하나는 처음 신설을 했을 때 건물 임대를 위해 조건부 임대 조항에 의하여 소요된 비용 중에 일부일 가능성이 높다. 임대 조건에 철거, 용도 변경, 증설 등을 임차인이 부담하게 된 경우, 이를 시설 권리금 이외에 바닥 권리로 생각하는 경우가 비일비재하다. 현실적으로 이를 바닥 권리금이라는 항목으로 매수인 또는 새로운 임차인에게 청구하기 어렵기 때문에 2,000만 원이라는 시설 권리금의 납득할 수 없는 차이가 발생이 되기도 한다.

또 하나는 임대 전부터 중간에 끼어 있는 중개업체가 있는 경우이다. 사전에 당구장을 할 만한 자리를 점찍어 두고 건물주, 중개업소와의 계약을 통하여 보증금 이외에 별도의 수수료(권리금)를 책정하는 경우이다. 이 권리금은 흔히 자리를 잡아 놓은 중개인에게 지불이 되는 금액인 것이다. 다시 설명하면, 임대 보증금 5,000만 원 짜리의 건물을 7,000만 원(5,000만 원+2,000만 원)에 파는 경우인 것이다. 기존 당구업계에서는 이러한 사례가 종종 등장하는 데 이를 흔히 '자리 피'라는 명목으로 지불해 왔다. 자리가 욕심이 나고 자리를 볼 능력이 없는 창업자에게는 이런 '자리 피'를 지불하고서라도 창업을 해야만 했다. 그러나 이 비용을 다음 창업자에게(매도인) '권리금'으로 전가하는 것은 다소 불합리하다. 이 비용은 좋은 자리를 찾아 준 누군가의 수고비 정도로 비용 처리를 하는 것이 맞다.

앞서 설명한 건물 임대를 위한 조건부 임대에 의한 소요 비용의 경우는 시설 권리금(당구장을 만들기 위해 소요된 초기 투자 비용)으로 통합하여 매수자와 협의의 대상이며, '자리 피'의 경우는 순수한 경비로 처리하는 것이 바람직하다. 다시 말해서 당구장의 바닥 권리금은 '자리 피'다. 이것을 인정할 것인가 말 것인가는 창업자(매수인)의 몫이지만 필자는 분명 불합리하다고 생각한다. 그렇다면 신설 창업의 경우에 발생되는 '자리 피'는 어떻게 할 것인가? 장사가 될 만한 자리를 찾는 것이 결코 쉬운 일이 아니다. 많은 시간을 투자해야 하고, 발품을 팔아야 하고, 나름의 판단이 필요한 일이다. 누군가가 미리 정하여 놓은 자리를 손쉽게 얻는다는 측면에서의 적절한 비용의 지불은 내가 해야 하는 노력과 판단과 경비를 누군가가 대신하여 이행을 한 것이기 때문에 어찌 보면 비용의 지불이 당연한 것이다. 이 비용을 다음 창업자에게 '권리금'이라는 명목으로 전가 하지만 않으면 될 것이다.

43
철거, 그냥 건물주에게 맡겨라

임차인

"철거는 어떻게 하죠? 직접 해 주실 거죠?"

건물주

"직접 하시고 비용은 청구를 해 주세요~제가 좀 바빠요"

임대 조건의 조정 과정에서 내부 시설물의 철거를 해야 할 경우에 서로 간의 편의를 위해서 오갈 수 있는 대화의 내용이다. 그런데 이렇게는 하지 말자. 가급적 건물주에게 철거에 관련된 일체의 내용을 일임하고 임차인은 완벽히 깨끗한 상태에서 입점하는 것이 유리하다. 특별한 시설물을 사용해야 하는 경우에는 건물주에게 양해를 구하고 철거 부분에 대한 협의를 하는 것도 좋은 방법이다. 그렇다면 왜? 철거를 건물주에게 맡기는 것이 좋은지에 대한 이야기를 해 보자.

창업의 초기에는 신경 써야 할 것들이 많다. 자금 계획, 인테리어, 당구대 구매, 영업 전략의 구성 등 많은 부분을 신경 써야 하는 데 철거를 위해서 며칠을 허비하는 것 자체가 일단은 낭비다. 몇 군데의 업체를 섭외하고 결정하고 안전하게 철거를 시행하고 다시 건물주에게 비용을 청구하는 과정 자체가 여간 큰 스트레스가 아닐 수 없다. 특히나 비용의 청구 부분에서 많고, 적음까지 건물주와 옥신각신하는 상황이 온다면 정말이지 낭패가 아닐 수 없다.

"철거는 들어오시는 분이 업체 알아보고 하시고, 비용은 청구해 주세요"

"아~전 아는 곳이 없어서요. 그리고 잘 알지도 못해요. 건물에서 직접 해 주시면 좋겠습니다"

라고 양해의 의사를 표시하는 것이 현명하다. 그 시간에 영업적인 고민을 하던지, 아니면 임대 계약 과정에서 힘들고 지친 몸과 마음을 며칠만이라도 푹 쉬게 해 주는 것이 다음 진행 과정을 위해서도 득이 된다.

44
상권의 규모에 맞는 시설과 규모를 갖추어라

|

최근(2012년 이후) 들어 당구장들이 대형화, 고급화되어 가는 추세에 있다. 대형 상권(강남, 일산, 전남 광양 등)의 경우는 30대, 40대 규모의 당구장들이 즐비하다. 이제 당구장도 경쟁 체제를 거쳐 통합/정리의 과정을 겪고 있다. 다시 말해서 경쟁력 있는 상대에게 하나로 매출과 고객이 집중되고 있다는 말이다. 혹자는 당구 시장의 침체로 인해 '당구 자원'이 줄고, 그로 인해서 자연히 경쟁력이 약한 당구장은 도태되고, 그 자리에 남을(경쟁력 있는 당구장) 것만이 남았다고도 이야기하지만 필자의 생각은 좀 다르다.

2010년 이후 우후죽순처럼 많은 당구장들이 생겨나고 이로 인해서 당구를 즐기는 자원(사람) 역시 늘었다고 보는 것이 맞는 판단이라 생각한다. 그 이유로는 2010년부터 호황을 누리면서 공중파에서의 당구 경기 중계가 활성화되고, 당구 전문 방송이 개설되고, 각 업체의 홍보 이벤트가 활성화되었다. 당구업계의 지속적인 투자도 큰 역할을 했다. 4구 중심의 당구 문화가 3쿠션과 포켓볼 중심의 당구 문화로 변화된 데는 업계의 투자와 노력이 큰 역할을 했다. 이로 인해 당구에 대한 과거의 '양아치 놀이 문화'에서 '스포츠' 혹은 '건전한 놀이 문화'로의 인식의 전환이 많이 되었다. 더불어 요즘은 TV드라마 에서도 과거와 같은 '양아치 소굴' 보다는 건전한 '친목과 소통의 장'으로 그려지는 경우가 많다. 실제로 불경기라고는 하지만 한 개 상권의 매출 현황을 보면 과거(2010~2012년)와 지금이 크게 다르지 않음을 확인 할 수가 있다. 2012년 이후 당구장의 수는 분명히 감소 추세에 있지만 상권 내의 전체매출 규모는 오히려 늘었거나 유지 상태를 보이고 있다.

결국 지금의 대형화, 고급화 추세는 자연스런 경쟁과 통합 그리고 환경의 변화로 받아들여야 한다. 다시 말해서 고객의 선택이 좀 더 쾌적한, 좀 더 좋은 환경을 갈망하게 되면서 당구장의 대형화 추세에 한 몫을 했음을 인정해야 한다. 그렇다면 무조건적으로 크고 고급스러운 매장이어야 하는가? 해답은 '그렇지 않다'이다. 시장의 규모에 맞는 규모와 시설 수준을 갖추어야 한다는 이야기이며, 해당 상권의 규모를 통합할 정도의 적정한 규모를 갖추어야 한다는 말이다. 이 규모를 판단하는 데에는 상권의 형태와 소비성향 등의 다양한 검증과 판단의 방법이 필요하다.

극단적인 예를 들어 보자. 10대, 8대, 9대, 7대의 당구장이 성업중인 주거지 상권이 있다고 가정을 해 보자. 현재의 시장 규모는 28대 매출의 합이다. 여기에 과연 몇 대 규모의 당구장이면 하나로 통합된 경쟁 우위를 점할 수 있을까? 단순한 논리로 28대 이상이면 분명 규모로는 1등을 할 수가 있으며 전체를 통합할 만한 규모이다. 그러나 생각해 보아야 할 것은 '과연 이 상권에서 28대를 감당할 만한 매출이 확보될 수 있을까?', '전체를 하나로 통합하는 당구 자원의 여건(당구를 즐기는 목적 즉, 스포츠로서의 활동인가? 놀이/여가 문화로서의 활동인가? 등의 이용목적)이 마련되어 있는가?'에 대한 고찰이 필요하다. 결론적으로 1등은 가능하겠지만 그 수익률은 장담할 수가 없게 된다. 어쩌면 15대 정도의 규모만으로도 통합의 효과를 가져올 수 있다.

어느 상권이건 상권에 적합한 규모와 수익률이 존재하는 데 이를 벗어나지 않는 선에서의 규모 설정이 반드시 필요하다. 20~30대 규모의 당구장이 즐비한 곳에 10대의 당구장을 개설한다고 가정해 보자. 그 결과는 영업적인 특별한 '무언가'가 없는 경우를 제외하고는 불을 보듯 뻔하다. 반대로 7~10대의 소형 당구장이 영업을 하는 곳에 30대 규모의 당구장이 들어 선다고도 가정해 보자. 규모적으로 상권에서의 1등은 가능할지 몰라도 수익률은 장담할 수 없다.

결론적으로 전체 상권의 규모와 형태에 알맞은 규모를 찾아 내는 것이 관건이다. 이를 위해서는 상권 전체의 매출을 유추하고, 운영 형태와 고객의 성향을 분석함으로써 경쟁 우위를 점하고 시장을 통합할 수 있는 적절한 규모와 당구장의 시설 수준 그리고 서비스의 형태를 도출해 낼 수가 있을 것이다.

당구장에서는 큰 규모와 함께 시도되는 수준 높은 시설과 서비스는 분명히 영업적인 강점이 발휘하고 서서히 또는 일순간에 주변을 통합하는 과정을 밟는 것은 분명하다. 그러나 결과론적인 상권의 영업적인 통합의 목적은 달성 된다고 하더라도 '적절한 규모'의 판단은 반드시 필요하다. 자칫 과도한 규모의 창업비용의 낭비는 뒤로 하더라도, 시장을 통합한 1등이 적자로 허덕이게 되는 경우는 피해야 한다.

45

대형 옆에 가지 마라! 머리가 아프다

2012년 이후, 대형 상권에는 30대, 40대의 당구장들이 즐비하게 들어섰다. 20대 이상의 당구장은 유흥상권과 대규모 사무단지 주변에서 쉽게 찾아볼 수가 있다. 이들 당구장은 국제식 대대, 포켓볼, 4구, 3쿠션 전용 당구대의 종목별로 다양한 당구대를 구비하고 있으며, 편의시설 역시 10~15대의 당구장들과는 차별화된 서비스 시설을 갖추고 영업을 하고 있다. 이러한 대형 당구장들은 차별화된(이미 규모만으로도 차별화되었다고 할 수 있다) 시설과 서비스로 상권에서의 막강한 경쟁 우위를 점하고 있는 것이 분명하다.

"저만의 특별한 서비스와 시설로 골리앗을 잡겠습니다"

"아! 어떻게요? 어떤 서비스가 있지요?"

"네 음료 무한 서비스에 과일 서비스에 퍼주기 전략이지요!"

"네? 그거 앞집도 옆집도 모두가 하고 있는 걸요!"

"저는 고급화된 안락한 시설로도 승부를 볼 겁니다!"

"그러지 마세요. 그 정도로는 특별할 것이 없어요. 저들의 규모만으로도 그 특별함은 이기지 못합니다."

초보 창업자의 당구장 자리 찾기 실전 방법론

간혹 20대, 30대의 대형 당구장 옆에 또는 인근에 창업 상담을 하는 경우에 필자와 창업자 사이에 오고 가는 대화의 내용이다.

필자는 왜? 이런 대형 클럽 옆에서 소규모 당구장을 개업하려는지 그 의도를 알 수가 없다. 물론 경험이 많은 베테랑이 그만의 특별한 노하우와 영업 방식으로 먹고 살 만큼의 장사를 만들 수도 있다는 것에는 충분히 동의한다. 그러나 다시 한 번 생각해 보자. 그들과의 경쟁에서 내 당구장의 경쟁 우위가 무엇인지를 따져보아야 한다. 규모, 시설, 서비스, 고급화, 편의시설 무엇 하나 우위를 점하기에 쉽지가 않다.

대형 당구클럽은 그 규모와 상주하는 인원만으로도 새롭게 만들어질 중소형 당구장(12대 이하)과 비교도 안 될 만큼의 경쟁력을 갖추고 있음을 명심해야 한다. 잘하면 먹고는 살 수가 있다. 그런데 그 이상을 기대하기 힘들 수도 있으며 무엇보다 그들과의 경쟁을 위해 규모에 비하여 막대한 비용을 투자를 해야 하고, 그들의 몇 배에 달하는 서비스 체계를 갖추고 경쟁을 해야만 한다.

굳이 그럴 필요가 있겠는가?

다시 한 번 심사숙고해야 한다.

마치며

　4평 남짓의 연구소.

　책상 앞, 두 대의 모니터에는 빨강, 파랑, 흰색의 복잡한 도면 속에 당구대가 어지럽게 들어가 있습니다. 당구대를 이리 돌려 보고, 저리 돌려 보고를 반복합니다. 그리곤 마우스의 미세한 움직임과 딸깍! 딸깍! 클릭으로 이런저런 당구대의 배치도를 만들고 카운터와 싱크대 등의 여러 가지 집기들도 배치를 해 봅니다. 그리곤 잠시 모니터 속 당구장 손님이 되어 당구장을 이리저리 돌아다녀 봅니다. 지우고, 그리고 다시 다녀 보기를 반복하면 어느새 마음에 꼭! 드는 당구장 하나가 뚝딱하고 만들어지죠.

　잠시 눈을 감아 봅니다.

　그리곤 낮에 다녀온 도면 속의 당구장이 들어설 예정인 건물을 떠올리며, 나의 손길을 통하여 완성된 당구장을 머릿속에 가슴에 다시 이미지를 떠올려 봅니다.

　'내가 점주가 되어 손님을 맞이하는 상상', '손님들이 당구대 위에 엎드려 당구공을 노려보는 상상', '무언가를 불편해하는 손님의 푸념' 등을 상상하고 시뮬레이션하면서 새롭게 만들어질 당구장을 다듬어 가죠.

좋은 당구장을 만들기 위해 고민하던 모든 것이 결정되고 나면,

"와! 여기 당구장 진짜 좋아~"

"오호~ 우리 동네에 이런 당구장이 있다니. 진짜 좋은 당구장이야~"

"야! 딴 데 가지마, 여기보다 좋은 당구장 없어"

"여긴 일반 당구장이 아냐, 딴 당구장 하고는 차원이 틀려"

등등

손님들끼리 주고받을 이야기들도 상상해 봅니다.

필자는 늘 이렇게 당구장을 모니터에 그리고 상상하는 것으로 새로운 당구장을 만드는 일을 시작합니다. 창업자와 좋은 인연이 되어 모니터에 가슴에 머리에 그려 둔 당구장이 현실 속 실제의 당구장으로 만들어지는 경우도 있고, 그렇지 않은 경우도 있죠. 그 인연이 길지 않았던 어떤 당구장을 방문해서 필자가 그려 보고 상상한 당구장과 곧잘 비교를 하기도 합니다. 때로는 필자의 생각과 다르게 표현된 당구장의 모습에 아쉬워하기도 하며, 내가 아닌 누군가의 상상과 손길에 의해 만들어진 당구장에서 미처 생각하지 못했던 새로운 생각과 표현을 배우기도 하죠.

지금 당구장 창업을 위해서 창업 현장에서 뛰고 있는 독자 여러분과 필자는 늘 같은 처지입니다. 우리는 창업의 과정과 운영단계에 접어들어서도 따뜻한 마음과 열정과 인내와 때로는 적당한 가식으로 무장하고

고객을 위해, 고객이 될지도 모르는 누군가를 위해, 그 누군가와 인연을 맺기 위해 그들이 반드시 필요로 하고 좋아할 만한 '무엇'을 생각하고 실천해야만 하죠.

우리는 그 결과에 대한 기대로 필자와 독자 여러분의 바른 마음으로 이루어진 그 '무엇'의 실천을 통하여 '나를' 찾아 주길 바라고, '내 당구장을' 다시 찾아 주길 바라는 간절한 마음이 드는 기대는 당연한 것이며 정당하며 분명 바른 마음입니다.

이 책이 마무리가 될 즈음 문득, 저 스스로에게 한 가지 질문을 던져 보았습니다.

"조 실장! 밤새워 가며 이 책을 왜 쓰고 있는 거니?"라고 말이죠.

당구업계에 대한 남다른 열정과 사명감? 창업자를 위한 애틋한 마음? 돈을 벌기 위해서? 창업 현장에서의 경험과 연구의 정리? 이 책을 보는 창업자가 좋은 당구장 자리를 찾고 안정적이고 성공적인 창업을 하길 바라는 간절한 마음? 등등. 질문에 대한 해답을 찾아봅니다. 그러나 '무엇이다!'라고 결정하려고 하는 저 자신이 한심하고 부끄러웠습니다. 왜냐하면 경중의 차이는 있겠지만 모두가 맞는 생각이니 말이죠.

필자의 이러한 생각들이 어쩌면 우리가 '당구장을 하는 진짜 이유'와 같지 않을까요? 다만 바른 마음을 갖고 창업을 준비하는 우리가 남들과 다른 것은, 당구를 칠 만한 좋은 환경을 생각하고 만들고, 손님이 좋아할 만한 서비스를 밤새워 고민하여 고객에게 만족과 감동을 제공하고자 하는 노력 아닐까요? 그것이 우리가 생각하고 행동하는 바른 마음에서 출발한 정당하고 바른 노력 아닐까요? 이러한 우리의 '바른 마음'이 돈을 벌기 위해서든, 가식이든, 열정이든, 사명감이든 말이죠. 누군가를 향한 바른 마음이 기본이 되었기 때문에 가치 있는 노력이라 믿습니다. 저는 독자 여러분을 위한 바른 마음을, 여러분은 내 당구장을 찾는 손님을 향한 바른 마음이 당구장 창업과 운영에 기본이 된다면 우리 모두가 분명 좋은 결실을 맺으리라 믿습니다.

마지막으로, 이 책이 독자 여러분의 성공적인 당구장 창업과 운영에 알토란 같은 작은 밑거름이 되었으면 하는 간절한 마음을 가슴에 담아, 하늘에 해에 별에 달에 우주에 새겨 넣습니다.